国家出版基金项目

"百年汉语发展演变研究"丛书
———————— 刁晏斌 / 主编

早期现代汉语语法在台湾的发展演变研究

ZAOQI XIANDAI HANYU YUFA ZAI TAIWAN DE FAZHAN YANBIAN YANJIU

刘吉力 / 著

东北师范大学出版社
· 长 春 ·

图书在版编目（CIP）数据

早期现代汉语语法在台湾的发展演变研究/刘吉力著. —长春：东北师范大学出版社，2024.1
（"百年汉语发展演变研究"丛书/刁晏斌主编）
ISBN 978-7-5771-1119-3

Ⅰ.①早… Ⅱ.①刘… Ⅲ.①现代汉语—语法—研究 Ⅳ.①H146

中国国家版本馆 CIP 数据核字（2024）第 000208 号

□策划编辑：陈国良
□责任编辑：黄玉波　　□封面设计：张　然
□责任校对：李　丹　　□责任印制：侯建军

东北师范大学出版社出版发行
长春净月经济开发区金宝街 118 号（邮政编码：130117）
销售热线：0431—84568147
传真：0431—85691969
网址：http://www.nenup.com
电子函件：sdcbs@mail.jl.cn
东北师范大学音像出版社制版
吉林市海阔工贸有限公司印装
吉林市恒山西路花园小区 6 号楼（邮政编码：132013）
2024 年 1 月第 1 版　　2025 年 3 月第 2 次印刷
幅面尺寸：170mm×240mm　印张：17.25　字数：284 千
定价：76.00 元

总　　序

2013年，由本人作为首席专家投标的国家社会科学基金重大招标项目"百年汉语发展演变数据平台建设与研究"竞标成功（项目批准号为13&ZD133），感谢吉林大学徐正考教授、河北大学郭伏良教授和中国传媒大学的侯敏教授，他们作为子课题负责人的倾情加盟，既增加了课题组的重量，也是我们得以获批立项的重要砝码。

早在1992年，我就提出了开展现代汉语历史发展演变研究的构想[①]，此后的主要研究时间和精力都放在这个方面，在进行了一系列理论思考与事实积累后，于2000年正式提出"现代汉语史"的概念[②]。2005年，本人在这一主题下，申报并获批一项国家社科基金一般项目"现代汉语的历时发展演变研究"，它的结项成果《现代汉语史》于次年由福建人民出版社出版，同年该书的姊妹篇《现代汉语史概论》也由北京大学出版社出版。此外，本人从2007年开始在北京师范大学为硕士研究生开设"现代汉语史"课程，2008年起招收现代汉语史方向的博士研究生。可以说，本人近三十年来，无论做科研、搞教学还是进行人才培养，都与现代汉语史紧紧地捆绑在一起。

百年汉语发展演变研究是现代汉语史研究的具体化，其意义和价值，正如我们在投标课题论证中开宗明义："一百年来，中国社会发生了翻天覆地的变化，受此变化的影响和拉动，我们的汉语也发生了巨大的变化，这种变化是全方位、多层面的，并且体现出极强的规律性，因此，百年汉语发展演变的内涵非常丰富，既有大量的各类语言事实亟待发掘，同时也有由事实上升到理论的巨大空间，所以非常值得进行全面、深入的研究。"现在项目完成，回头再看这段话，自然有了更深一层的体会。

按项目的设计，除了建立研究所用的语料库之外，另有三个子课题，其

[①] 见拙文《关于现代汉语历史发展研究的构想》，香港《语文建设通讯》1992年总第36期。
[②] 见拙文《论现代汉语史》，《辽宁师范大学学报（社会科学版）》2000年第6期。

立足点及具体内容如下：

第一是"清末民初语言研究"，立足和着眼于现代汉语的前发展阶段，同时有意填补长期以来这一研究领域的空白。这一子课题具体包括以下三项内容：一是清末民初词汇研究，二是清末民初语法研究，三是以此期最具时代特点和影响力的梁启超作品为剖析对象的"新文体"语言研究。

第二是"国语的分化及其变迁研究"，这是百年汉语两条发展线索之一的研究，即早期的传统国语到境外现代汉语的发展。限于条件，后者我们仅以台湾现代汉语为代表。该子课题包括以下三项内容：一是国语分化研究，二是早期现代汉语词汇在台湾的发展演变研究，三是早期现代汉语语法在台湾的发展演变研究。

第三是"百年汉语发展演变分阶段研究"，这是百年汉语另一条发展线索，即普通话发展演变的研究。按我们的现代汉语史分期，分为三个阶段进行研究，即第一阶段（1919—1949）、第二阶段（1949—1978）和第三阶段（1978至今）。

立项伊始，整个课题组就开始高速运转，从最初的语料库建设，到后来的具体研究，再到最后的成文及修改，可谓环环相扣。而时间也飞快地溜走，原本计划用五年时间完成，结果却花费了整整六年，直到2019年底才最终告竣，完成了由以上三个子课题组成的三套微型丛书。

古人云，"学然后知不足"，此时我最想说的却是"做然后知不足"。我们的项目设计和规划看似比较丰满，但是相对于百年汉语无比巨大的内涵，却显得比较单薄，大概只能反映其部分侧面的部分内容，并且即使在这"部分内容"中，也难以做到全面和完整，基本都采取了"选点式"的研究策略，即选取若干最具代表性的语言现象来进行相对深入的剖析，希望由此获得"窥一斑而知全豹"的效果。

任务完成后，一方面我们积极准备结项事宜，另一方面项目成果的出版也提上日程。在这个时候，承蒙在学术界享有良好声誉的东北师范大学出版社不弃，决定以我们的成果申报2020年度国家出版基金项目，这让我们非常高兴；而更让我们高兴的是，经过严格的评审程序，该项申报最终获批为本年度的资助项目。至此，我们的一项研究受到国家两大基金项目的垂顾，可谓幸运之至！这里要对以上两大基金以及东北师范大学出版社表示由衷的感谢。

本项目的最终完成,是课题组全体成员,特别是各书作者共同努力的结果,本丛书由我担任主编,各书的作者信息如下:

《清末民初语法研究》,刁晏斌、聂大昕著;

《梁启超"新文体"语言研究》,唐元发、刘兴忠著;

《国语分化研究(1919—1949)》,吴亮著;

《早期现代汉语词汇在台湾的发展演变研究》,邹贞著;

《早期现代汉语语法在台湾的发展演变研究》,刘吉力著;

《百年汉语第一阶段研究(1919—1949)》,崔新颖、杨亚贤、涂佳楠著;

《百年汉语第二阶段研究(1949—1978)》,郝锐著;

《百年汉语第三阶段研究(1978—)》,梁永红著。

作为项目首席专家,本人除参与部分具体研究工作外,主要精力用于保障整个项目的顺利进行。在各书写作的不同阶段,均与作者反复沟通,进行全程监督指导;各书初稿完成后,由本人统稿并反复修改,直至最终定稿。如有不妥之处,由本人与作者共同承担责任。

是为序。

2020 年 5 月 29 日

目 录

第一章 关于海峡两岸现代汉语发展演变研究

003　第一节　现代汉语发展演变概况
004　　一、早期现代汉语
005　　二、早期现代汉语在大陆的发展与变迁
007　　三、早期现代汉语在台湾的发展与变迁
009　　四、海峡两岸现代汉语的差异与融合
013　第二节　全球华语视野下早期现代汉语语法在台湾的发展与变迁研究
013　　一、研究对象和内容
015　　二、研究价值和意义
018　　三、研究目标、思路与方法
021　第三节　海峡两岸语法对比研究综述
021　　一、所做工作与主要成绩
031　　二、需要加强的几个方面
034　第四节　语料来源及相关说明
034　　一、自建的语料库
035　　二、非自建的语料库

第二章 词法的发展演变

041　第一节　实词
041　　一、动词"搞"

059	二、形容词"夯"
077	三、量词"逼"
091	第二节　虚词
091	一、副词"太"
114	二、连词"并"

第三章　句法的发展演变

143	第一节　短语
143	一、介词框架"在X下"
179	二、"述+宾+（介+宾）"结构
200	第二节　句子
201	一、"除（了）"句式
209	二、差比句

第四章　结语及余论

241	第一节　本书内容小结
243	第二节　海峡两岸语法差异与融合的类型
243	一、差异的类型
244	二、融合的类型
247	第三节　海峡两岸语法差异的发展趋向

249　参考文献

第一章 关于海峡两岸现代汉语发展演变研究

- 第一节 现代汉语发展演变概况
- 第二节 全球华语视野下早期现代汉语语法在台湾的发展与变迁研究
- 第三节 海峡两岸语法对比研究综述
- 第四节 语料来源及相关说明

第一节　现代汉语发展演变概况

按照学术界的一般看法，现代汉语迄今已有百年历史。刁晏斌（1992）提出现代汉语历史发展研究的构想。刁晏斌（2000a）将构想升华为理论，对现代汉语史进行了系统阐释、科学论证，包括何为现代汉语史、现代汉语史的提出依据、现代汉语史的分期、现代汉语史的研究范围和内容、现代汉语史研究的原则和方法、现代汉语史研究的意义和价值等，并指出现代汉语史是以现代汉语的历史发展演变及其规律为研究对象的现代汉语的一个分支学科，也是整个汉语史的一个组成部分，它的核心内容就是全面考察现代汉语的发展演变，分析和解释造成发展演变的内部及外部原因，在此基础上，再对其发展演变的规律加以总结。现代汉语史分为四个阶段：1919年至1949年为第一阶段，1949年至1966年为第二阶段，1966年至1976年为第三阶段，1978年至今为第四阶段，如果分期不必过于苛细的话，二、三两个阶段可以合而为一，视为同一阶段的两个下位分期。此期分阶段的现代汉语史应属立足于大陆普通话的现代汉语史。后来，刁晏斌（2015a：428）明确指出，站在不同的角度，现代汉语史有两种不同的"史"：一是立足于大陆普通话的现代汉语发展演变史，二是立足于最初的现代汉语，探讨它的分化、变迁路径及过程，二者相加，才算是一部完整的现代汉语史。刁晏斌（2018：107）进一步指出，完整的现代汉语史由两条线索以及它们的共同起点构成：起点是20世纪前半叶的早期现代汉语；两条线索中，一条是较为曲折、与早期现代汉语相比变化较大的普通话的形成与发展演变，另一条则是相对较为平直、与早期现代汉语有更高一致性的现代汉语。完整的现代汉语史观是对以往现代汉语史认识的拓展和深化。

在现代汉语史的视角下，刁晏斌（2017a：2）对海峡两岸现代汉语及其对比研究有如下认识：第一，二者本为一体，后来有一个明显的分化与变迁过程；第二，当今两岸汉语的诸多差异是历时发展在共时平面的反映；第三，两岸汉语今后的发展主要是缩小差异，由差异走向融合。现代汉语史理论是本书重要的理论基础，上述论断对于本书的写作具有指导意义。

从"五四"时期到20世纪40年代末，大陆的通用语被称作"国语"；20世纪50年代以后，海峡两岸现代汉语在相互隔绝的两个空间里发展，分化出两个变体：大陆普通话和台湾现代汉语（参看：李行健、仇志群，2014）。20世纪80年代后期以来，随着海峡两岸逐步开放交流，两岸汉语的差异逐渐缩小，在差异基础上的融合已有不同程度的显现。以下我们基于百年现代汉语发展演变的历史，对早期现代汉语和它在大陆与台湾的发展变迁进行概述，并简要探讨海峡两岸现代汉语的差异与融合。

一、早期现代汉语

早期现代汉语指"五四"时期至中华人民共和国成立初期这一阶段的现代汉语，它与现代汉语的第一阶段重合，是全球华语的起点和"蓝本"，也被称作"初期现代汉语"等（刁晏斌，2018：130）。

刁晏斌（2019a）回顾百年书面汉语与中国语文现代化运动的历史，指出"五四"白话文运动最终导致新型的汉民族共同语书面语初步形成，并使之开始取代文言成为社会文化生活中的主要书写方式，由此也开启了百年现代汉语的发展历程。百年汉语发展历程中，有几个重要的节点，而早期现代汉语的分化就是其中重要的一个，因为它是现代汉语两条发展线索分道扬镳的起点（吴亮，2019）。郭熙（2013：305-306）认为，现代汉语书面语规范的真正确立是在20世纪50年代，此期所确立的规范实际上是大陆地区汉语的规范，它是以延安时代形成的"标准化的革命工作语言"为源头的。而台湾现代汉语与早期现代汉语是一脉相承的（刁晏斌，2018：141）。

关于早期现代汉语及其发展演变的研究，北京师范学院中文系汉语教研组（1959）论述了1919年至1959年四十年间汉语书面语的发展演变情况，回顾了"五四"以来汉语书面语的变迁历史，并对现代汉语词汇、语法（包括词法和句法）的发展作了较为详细的归纳和论述。刁晏斌（2007a）从词类、句子成分、句子三个角度较为全面深入地讨论了"五四"时期到20世纪40年代早期现代汉语语法的一些重要现象及其发展。崔新颖（2018）认为，现代汉语史视角下的早期现代汉语是现代汉语形成和发展的重要阶段，其语言特点可以概括为五个方面：纷纭复杂、文白夹杂、欧化色彩浓重、方言掺杂其中、有发展变化。刁晏斌（2018：130-145）对早期现代汉语的来源、形成、特点等作了简明的论述，指出早期现代汉语是经过欧化洗礼的文言与白话，即明末清初以来逐渐形成的欧化文言与欧化白话，系由二者整合与发展变化而来；早期现代汉语书面语的形成时间大致在"五四"时期；早期现代汉语及其使用最为明显和突出的特点，主要表现在古雅色彩突出和外来特征明显两个方面。

二、早期现代汉语在大陆的发展与变迁

王理嘉（1999）指出，在20世纪50年代的现代汉语规范化学术会议上，现代汉民族共同语正式获得了"普通话"这一名称；从历史上看，"普通话"这个名称早在清末已经出现，1906年朱文熊在"切音字运动"中提出"普通话"，他的解释是"各省通行之话"。关于大陆普通话的定义和标准，王均（1995：276-277）有如下说明：

> 在一九五五年十月召开的全国文字改革会议和现代汉语规范问题学术会议期间，经过研究讨论，决定将规范的现代汉语（也是中国各民族间的族际共通语）定名为"普通话"，并确定了普通话的定义和标准，这就是"以北京语音为标准音，以北方话为基础方言的现代汉语"。一九五六年二月六日，国务院发出《关于推广普通话的指示》，指示中把普通话的定义和标准作了增补，成为"以北京语音为标准音，以北方话为基础方言，以典范的现代白话文著作为语法规范"。

王理嘉（2011）认为，对普通话的界定总结了过去，指导了未来，可认为是现代汉语走向标准化和规范化最具历史意义的重要成果。

从以往研究来看，大陆普通话发展与变迁的线索比较清晰。除了早期现代汉语阶段，按照刁晏斌（2000a）的观点，可将其分为三个阶段，即1949年至1966年为第一阶段，此期在早期现代汉语的基础上发生了巨大的变化，涉及语音、文字、词汇、语法等多个方面；1966年至1976年为第二阶段，此期的语言出现了新的特点，产生的原因主要是社会政治生活对语言的影响，在词汇、语法等方面均有体现；1978年至今为第三阶段，这是大陆汉语受到海外汉语巨大影响和冲击的时期，此期语言最大的特点有三：一是复旧，二是趋新，三是模仿。此外，第一、二两个阶段可以视为同一阶段的两个部分。

郭伏良（2001：21-23）分三个时期概述了中华人民共和国成立以来汉语新词的产生情况：第一时期是1949—1965年；第二时期是1966—1976年；第三时期是1977年至今。邵敬敏（2006）认为，现代汉语在近一百年里发生了三次急剧变化：第一次是20世纪初期，即1919年五四运动前后，现代汉语（白话）从口语领域扩大到书面语领域，并且牢牢占领了这一阵地，这可以看作"文学革命"的成果，从而形成了"新文化语言"；第二次是1949年前后，中华人民共和国的成立标志着以解放区语言为代表的新词新语新用法迅速替代了旧词旧语旧用法，这体现为"社会革命"的成果，从而形成了"革命式语言"；第三次则是1978年以来，中国实行了改革开放的新国策，经济、文化都飞速崛起，语言面貌也发生了巨变，这体现为"经济革命"的成果，从而形成了"开放式语言"。据张普（2009：215）介绍，1982年北京航空学院刘源教授主持国家科委重点科研项目"现代汉语词频统计"，该课题组将现代汉语语料分为四个时间段，即1919—1949年、1949—1966年、1966—1976年、1976—1982年。总起来看，上述分期与刁晏斌（2000a）的观点一致。

何九盈（2007：16-17）认为，中国现代化进程中的语文转向经历了五个阶段，其中第五阶段始于1979年，本阶段是语文地位提高、语文观念大开放的年代。这一阶段的现代汉语又被称作当代汉语。刁晏斌（2014a）着眼于语言事实、语言研究和语言应用，对当代汉语概念的产生基础作了详细讨论，认为当代汉语的时间范围基本与改革开放以来的新时期重合，它与现代汉语是包含关系，即属于整个现代汉语的一个下位发展阶段。这是对当代汉语及其与现代汉语关系的明确论述。

关于普通话在语音、词汇、语法、修辞等方面的发展演变，相关的研究成果较为丰硕。例如，郭伏良（2001）深入研究了中华人民共和国成立以来汉语词汇的发展变化，细致考察分析了新词、词义演变、旧词衰亡与复活、熟语演变等问题；又如，刁晏斌（2006a）从语音、词汇、语法、修辞四个方面，对现代汉语的发展演变情况进行了分类描写和分阶段考察；再如，郝锐（2017）对中期现代汉语（1949—1978）语法进行了较为细致、深入的研究，指出此期现代汉语语法大致呈现出通俗化趋势、简约化趋势、欧化趋势与"去欧化"趋势并行等三类比较突出的特点。关于当代汉语发展演变研究，论文、著作比较丰富，如刘丹青（1987）、马孝义（1994）、魏志成（1994）、汤志祥（2001）、钱宗武和邢芙蓉（2007）、林有苗（2008）、刁晏斌（2001、2013a、2016a、2020）、张谊生和赵彧（2019），这些研究成果调查分析最新的语言事实，对于人们正确认识和把握当下各种新的语言现象很有帮助，其中不少成果事实与理论相结合，视野开阔，研究深入，充分体现了此类研究的价值和意义。在当代汉语词汇研究方面，刁晏斌（2011a）将当代汉语中出现的处于语素和词过渡地带的中介物称为"语素词"。随着当代汉语中简缩词语的大量出现，刁晏斌（2011b）提出将缩略形式分为"用语缩略"和"造词缩略"。这些从事实出发、不同于以往的观点富有新意，是对过去一般认识的新的补充。刁晏斌（2015b、2016b）深入探究了"借形赋义"和"借音赋形"这两种当代汉语词汇发展以及新词语生成的重要模式。据梁永红（2016）的评介，刁晏斌先生有关当代汉语的研究，在内容上主要围绕它的两种存在形态（即普通话与非普通话）展开并集中于两大方面：一是普通话各要素的研究，二是海峡两岸暨香港、澳门现代汉语的对比研究。相关研究具有自己的特色，主要表现为：研究内容广泛，勇于尝试，在研究中寻求新的增长点，不局限于某一具体语言现象的考察和分析，往往寻求更高层次的归纳和解释，注重方法创新，在研究中适时回顾、反思和前瞻。

中国语文现代化进程中的革命化目标与通俗化追求及其实现，最终铸成了现代书面汉语最基本、最重要的特点——口语化，并且在中华人民共和国成立后直至当下的书面语及其使用中都有充分的表现（刁晏斌，2019a）。可以说，普通话呈现出的口语化特点是其发展演变的结果，也是普通话与台湾现代汉语形成差异的重要体现。

三、早期现代汉语在台湾的发展与变迁

台湾现代汉语在继承早期现代汉语的同时，受到方言、古汉语、外语、语言政策等多种因素的影响，已产生较为明显的发展变化。目前，学术界对于台湾现代汉语还缺少统一的定义和标准。就我们所见，顾百里（1985a）、林文金（1992）、仇志群（1996）、王理嘉（1999）等对此都有所论述。根据仇志群（1996）的研究，台湾一直没有像大陆那样明确地提出现代汉语的标准，实际上"以北京语音为标准音，以北方话为基础方言"也就是台湾所说

的标准现代汉语的标准。台湾自 1949 年以来与大陆长期隔绝，直至上世纪 80 年代末两岸才逐步恢复人员往来，形成了一个相对封闭的汉语言环境，虽然坚持以现代汉语为标准语，但台湾现代汉语的规范标准自然地靠向了南方官话痕迹颇重的 20 世纪 50 年代前的现代汉语书面语，也可以说靠向了一个历史的静态的标准[①]。

在语言文字政策与规划方面，许长安（2011）回顾了中华语文在台湾的传承，并分时期对台湾地区的语文政策作了概述。戴红亮（2012）介绍了台湾语文的基本状况和语言文字规范标准，讨论了台湾语言文字政策措施及特点，并对台湾汉字繁简之争等语言文字热点问题进行了研究。熊南京（2013）以"二战"后台湾语言政策为研究对象，全面分析了台湾语言政策的背景、内容、性质及其演变经过，对"二战"后台湾重要的语言政策作了评价。另外，郭光明（2021）研究了 2000 年后台湾地区的语言规划。

从以往研究成果看，大多同台湾语言文字政策与规划、语言使用状况等有关，而较少关注台湾现代汉语的发展演变。活着的语言永远在变化，变化是绝对的（张普，2009：209）。台湾现代汉语从推行至今已有近八十年的历史，它的发展演变是明显的，而且正处在不断发展变化当中。仇志群、范登堡（1994）的观点值得重视：

> 台湾现代汉语虽然已成为台湾的通行语，但目前并不稳定。台湾现代汉语的环境和各种社会条件都在变化之中。特别是近几年，台湾内部语言政策有较大调整，外部与大陆交流日频，经济、文化、教育、传媒、科技各领域的相互接触都会对台湾现代汉语的发展产生影响。台湾现代汉语将会呈现什么面貌，还需要进一步长期的观察。

由于以往反映台湾现代汉语发展演变的研究成果还不多见，有关其历时演变的脉络还不清晰并且缺少合理的分期，因此这方面的研究还有待进一步加强。

---

① 据仇志群、范登堡（1994）观察，较之语音，台湾现代汉语在词汇和语法方面，规范模糊，人们的规范意识也比较弱，异变发展在这方面要快一些。两位学者还指出，台湾现代汉语的底层是南方系官话（与受现代汉语书面语影响有关），这一语言底层往往对台湾现代汉语接受闽南话影响的程度和方式起作用。另据仇志群（1996）介绍，随着信息工业的发展、社会的进步，台湾各界已经认识到语文规范化的重要意义，目前台湾面临的最大问题是如何确定语言规范的标准。虽然台湾现代汉语已是一个事实，但仍处在一种变动不居的状态中，哪些是台湾现代汉语语音、词汇、语法的特点，还没有明确全面的描写。台湾的这一语言现状，使台湾的语文规范化更难定位。

此外，关于台湾现代汉语的特点，刁晏斌（2000b：228-234）总结为以下三点：(1) 守旧与趋新并存；(2) "有法"与"无法"并存；(3) 崇尚简约，讲求效率。这些特点在海峡两岸现代汉语的对比中体现得较为明显。

四、海峡两岸现代汉语的差异与融合

朱德熙（1987）提出，台湾现代汉语由于长期与基础方言北京话隔绝，必然要发生变异；与基础方言隔绝的另一后果是使它失去了赖以维持其稳定性的制约力量，较之大陆普通话，其不稳定的程度可能会更高。陆俭明（2015）在阐述两岸语言的差异时指出，语言是随着社会的发展而发展变化的，而且会受到地域语言、文化等的强烈影响；由于众所周知的原因，海峡两岸现代汉语在语音、文字、词汇、语法等诸多方面都存在着不同程度的差异。刁晏斌（2015a：1）在阐述内地与台港澳地区语言之所以会有整体上的差异的原因时，指出主要是因为它们经历过分化，而在分化后又经历了不同的发展过程。经过几十年的发展变迁，海峡两岸现代汉语在继承早期现代汉语的同时，均产生了或大或小的发展变化。大陆普通话在不同阶段呈现不同的特点，台湾现代汉语也有较大的变化，两岸汉语呈现出不少差异；随着两岸频繁地交流互动，两岸汉语出现了在差异基础上的趋同，这种融合体现在语言的多个方面。因此，可以说两岸汉语的差异与融合均由各自不同的发展变迁所致。关于海峡两岸语言对比研究，刁晏斌（2015a：431-434）提出了"建立两翼分布的格局"的重要理念，即不仅要研究两岸语言的差异，还要研究它们的融合。以下结合以往研究，简要介绍和阐述海峡两岸现代汉语的差异与融合。

（一）海峡两岸现代汉语的差异

刁晏斌（2000b）首次立足海峡两岸现代汉语的差异与融合进行了考察分析，涉及多个要素、方面，对两岸汉语作了比较全面系统的对比。除此之外，我们还对语音、词汇等方面的对比研究成果作些简单介绍。

在语音方面，已出现一些研究成果。李青梅（1992）对比两岸字（辞）典的注音，指出它们都以北京语音为标准，两岸的字音大同小异，特别是常用音义方面差别不大。邵敬敏（2016）对海峡两岸汉语轻声词进行了比较，提出了以下观点和意见：少量轻声词规定必须读轻声，其他的长期两读，经过实践淘汰，适时再行规范，尽可能保留本调，减少轻声词的数量。王幼华（2016）对比考察了海峡两岸汉语儿化词的异同，总结了两岸儿化词的特点，并提出了相应建议。竺家宁（2019）指出，随着海峡两岸交流的日益频繁，两岸某些读音上的差异在语言交际过程中会逐步得到自然选择，最终一致起来；同时，消除两岸语音差异，仅仅依靠语言的自然选择显然是不够的，还需要两岸学者之间充分开展学术交流，共商对策。

两岸词汇对比研究涉及多个方面，成果比较丰富。苏金智（1994）用社会语言学的语言与社会共变理论，通过海峡两岸暨香港词语差异的大量语言事实，讨论四十多年来海峡两岸暨香港词语差异的原因、模式及其将来的发展方向。徐复岭（2019a：402-418）指出两岸同形同义异用词属于两岸相对差异词（即隐性差异词）中的下位类型，又可按照使用范围不同、搭配对象不同、语法特点不同、文化附加义或色彩附加义不同、活跃程度和使用频率不同细分为不同的小类。许蕾（2014）对比了两岸日常生活词语的差异并探析了原因。邹贞（2014a）以"起跑"为例探讨了两岸通用词语的隐性差异，将两岸词语对比研究从显性差异层面深入隐性差异层面。邹贞（2014b）考察分析了台湾社区词在大陆的使用情况。邹贞（2015）发掘新材料、建立新角度、运用新方法，对海峡两岸词汇的差异与融合进行了深入的研究。刁晏斌（2017a）对两岸词汇的差异与融合作了细致的考察。据徐复岭（2019b）的研究，台湾指人的名词后缀"生"应当是古代汉语、近代汉语和早期现代汉语固有意义和用法的继承与发展，是台湾现代汉语较多保留汉语传承词语和传承用法之特点的又一证据。

在语法方面，成果也不少见，且不同的阶段呈现出不同的特点，本章第三节"海峡两岸语法对比研究综述"中有较为详细的介绍。

（二）海峡两岸现代汉语的融合

海峡两岸现代汉语不仅呈现出差异，更显现出明显的趋同倾向。百年现代汉语的发展流变，特别是普通话的发展变迁，使其与早期现代汉语有了较大的距离，也与台湾现代汉语形成了诸多差异，而新时期两岸的密切交流又使海峡两岸现代汉语出现了新的发展变化，即在差异的基础上出现了融合。相对于两岸语言的差异，以往对于融合的研究比较少，以下我们从几个方面展开初步的讨论。

1. 融合是什么

既往不少研究在对比考察海峡两岸现代汉语时，都会提及两岸语言的融合，但是大多没有明确的界定与阐述。刁晏斌（2000b：2）较早指出，海峡两岸语言的融合是一个趋同的过程，到目前为止，海峡两岸语言某种程度的融合，主要是通过大陆语言的变化而实现的，这是一个引进、吸收进而融合的过程。后来，刁晏斌（2015a：432）将两岸汉语的融合表述为"主要是指差异部分一定程度上缩小，一致部分一定程度上增加，以及与此相关的发展变化"。刁晏斌（2017b）从历时角度看待两岸语言的融合，指出融合是一个动态的过程，由历时的发展变化呈现出来。而两岸汉语之间，也确实经历了一个由相互封闭到局部性的有限开放、再到较大规模的相互开放和吸收这样一个过程。刁晏斌（2018：299）在谈到全球华语各变体之间的融合现象时指出，有一些属于"已经完成的变化"，而更多的是美国著名社会语言学家拉波夫所说的"正在进行的变化"，另外肯定还有更多的融合现象属于"可能的发展变化"。以上表述将海峡两岸现代汉语的融合阐释得逐渐全面、深入。

邹贞（2016a）专门探讨了两岸语言的融合问题，认为融合是海峡两岸语言在相互借鉴、吸收的过程中产生的趋同变化，其具体表现可以是从无到有的质变，也可以是由少到多或者由多到少的量变；融合是一个变化的过程，也是一种变化的结果。

本书的观点与刁晏斌（2000b）、邹贞（2016a）等的一致，融合即趋同，海峡两岸语言的融合建立在差异的基础之上，主要表现在数量的增减或使用频率的高低上，融合是一个动态的发展变化过程，需要持续跟进考察。

2. 融合的进程

林文金（1992）较早注意到，自海峡两岸实现"三通"以来，台胞陆续回来探亲、祭祖、旅游观光、投资经商，海峡两岸同胞的接触、沟通多了，大陆汉语和台湾汉语就已经发生一些细微的变化，出现了一些趋同现象；该文还指出，实现两岸直接交流，实现双向交流，这是人心所向、大势所趋，随着两岸交流的日益频繁，大陆汉语和台湾汉语必将日渐减少差异、加快趋同。

据李行健、仇志群（2012）介绍，2008年11月两岸签订"三通"协议，两岸关系的发展逐渐步入快车道，两岸交流有了历史性突破，随之而来的是语言的流动、浸润以及积极性的"融合"。

刁晏斌（2017b）从历时角度考察两岸汉语的融合发展，认为着眼于大陆，大致经过了大量引进和趋于饱和两个阶段；着眼于台湾，则经过了贬损性引进和中立性引进两个阶段，并且有一个明显的从引进到吸收的发展过程。该文还指出，两岸汉语融合的天平，由最初大陆向台湾一方倾斜，到现在基本平衡，普通话与台湾现代汉语处于一种积极的双向互动之中。

3. 融合的成因

两岸语言的融合有多种原因，其中有这样两个原因常被提及：

一是语言接触。社会分化造成语言分化，社会接触则造成语言不同程度的趋同（叶蜚声、徐通锵，2009：196）。20 世纪 80 年代，大陆和台湾打破互相隔离的状态，在这几十年的发展过程中，两岸在许多方面的交流都有所加强，两个言语社区的交流也日益频繁，反映在语法上即是两岸在词法、句法和表达方式上以互相借用为开端，逐渐由引进变为吸收。

华语区与普通话区的共时融合建立在两区之间的密切互动之上（王晓梅、张欣怡，2019）。关于大陆与其他华语社区语言因接触引发的趋同，周清海（2007）有如下论述：

中国改革开放之后，因为交流的需要，和外面华语世界的语言接触频繁，普通话和其他地区的华语差距正在逐渐拉近。各华语区的新词新语大量涌入普通话，新的表达方式逐渐出现在大陆的书面语中，这也使普通话出现新的面貌。频繁的交流使语言互相影响，互相吸收，这和以前的相互隔离的局面大不相同。普通话对各地华语的影响，也越来越大，这是交流中难以避免的。语言交流的结果，就会出现你中有我、我中有你的现象。

二是两岸通用语同属汉民族共同语。整体来看，两岸的核心词汇和语法有很高的一致性与相似度，这是因为二者有着共同的来源——早期现代汉语，往更久远一点儿说，都来自古代汉语及近代汉语。汉语和汉字是海峡两岸血肉相连不可割断的纽带（王理嘉，2011）。周永军（2015）认为，提到华语，很多学者都提到它具有认同功能，而认同的社会属性是构成言语社区互动的前提，没有认同，就无法在一个言语社区内形成语言互动和语言接触。周清海（2016）指出，高度统一的书面语和正式的标准口语，以及采用汉字记录语言的传统，是汉语融合的坚实基础；再加上中国门户开放，国力不断发展，增加了华语区之间交流的机会。

海峡两岸人民对两岸汉语都有强烈的认同感，这是两岸语言互动、接触进而融合的重要条件。如果说人员来往、互联网普及等引发的社会接触是两岸语言融合的直接原因，那么大陆的迅速崛起以及由同宗同源带来的认同感与向心力等则是更为深层的原因。

第二节　全球华语视野下早期现代汉语语法在台湾的发展与变迁研究

全球华语是以早期现代汉语为基础、以普通话为核心的华人共同语。观察和分析华语，应该有历史和现实两个视角，或者说华语有历时和共时两个维度（刁晏斌，2015c）[①]。汤志祥（2009）认为，我们迎来了一个可以称之为全球华语大发展、大融合、大变化的时代。全球华语作为当前汉语研究的热门话题之一，已经产生了不少成果，而这也使我们在全球华语的视野下对早期现代汉语在台湾的发展与变迁加以研究成为可能。

一、研究对象和内容

本书写作有两个参照点：一是早期现代汉语，二是普通话。比较而言，早期现代汉语是静态的，普通话和台湾现代汉语都是动态的。20世纪80年代后期以来，普通话和台湾现代汉语相互影响，联系日益紧密。考察早期现代汉语语法在台湾的发展演变，需要有早期现代汉语的视角，但更离不开普通话的视角，普通话和台湾现代汉语同为海峡两岸现代汉语，二者互为参照，能更好地揭示发展变化，因此本研究需要进行海峡两岸语法对比。海峡两岸

[①] 关于"全球华语"的名称与内涵，学术界有不同看法。陆俭明（2016）将"大华语"定义为"以普通话为基础而在语音、词汇、语法上可以有一定的弹性、有一定宽容度的全球华人的共同语"。郭熙（2010）认为，"华语"是"以普通话为基础的华人共同语言"。周明朗（2017）认为，全球华语有广、狭二义，狭义的全球华语"就是大华语"，而广义的全球华语"应该是世界各国所有说汉语群体的通用语（lingua franca）"。从现代汉语史的视角出发，我们采用刁晏斌（2015c）的观点。关于全球华语及其相关问题可参看刁晏斌（2018）。

语法对比属于海峡两岸现代汉语内部的对比，差异与融合是研究的主要内容；研究任务和目的主要在于揭示差异，描写在差异基础上的融合，并解释差异与融合的原因，在深入对比分析海峡两岸现代汉语语法的同时，为两岸沟通与交流服务。除了与普通话及早期现代汉语的对比外，比较台湾现代汉语在不同时期的使用情况本身即体现发展变化，因此是研究的重要内容。本书主要探讨早期现代汉语语法在台湾的发展与变迁，此外还在一定程度上揭示出或进一步明确普通话语法的发展演变情况。刁晏斌（2016c）基于现代汉民族共同语的多元观，指出共同语包括口语和书面语。本研究以书面语为主，有时会涉及口语。海峡两岸现代汉语同属现代汉语，我们主要采用现代汉语史的相关理论和方法进行考察与分析。

刁晏斌（2016a：245-317）从宏观层面对海峡两岸语法的主要差异作了概要性描述，包括两岸实词、虚词、词组和句子等方面的诸多差异，形成较为全面、系统的"海峡两岸语法差异大纲"。换个角度来看，这是基于对比的"台湾现代汉语语法长编"，为人们提供了一个研究的向导或提示。考察早期现代汉语语法在台湾的变迁与发展，理想的做法应该是实现研究对象的"全覆盖"，然而这样的研究模式难以做到细致、深入，从而影响研究的质量。本书在研究内容上不是"全景式"的，不追求面面俱到，而是采取"选点"的研究模式，我们认为这种有点有面、点面结合的模式有助于对比研究细致、深入地开展，从而更好地探究与显示早期现代汉语语法在台湾的发展演变情况。

本书在已有相关研究的基础之上，经过仔细观察与初步考察，选取具有丰富内涵、能够体现早期现代汉语语法在台湾的发展与变迁的若干词法和句法项目展开对比研究。词法部分，在实词方面包括动词"搞"、形容词"夯"和量词"通"，虚词方面有副词"太"和连词"并"；句法部分，在短语方面有介词框架"在 X 下"和"述＋宾＋（介＋宾）"结构，句子方面则选取"除（了）"句式和差比句。不过，尽管我们在选点时尽量做到相对平衡，比如分为词法和句法，词法部分选取实词和虚词，句法部分选取短语和句子，但这种研究方式毕竟不是穷尽性的，因而缺少全面性和系统性。限于时间和精力，在选取考察的九个语法项目之外，肯定还会有一些反映差异与融合并且呈现发展演变趋势的项目没有考察到，这就使本书的研究结论可能存在片面之处，或者说得出的结论可能还不够全面、准确。

值得一提的是，本书围绕早期现代汉语在台湾的变迁与发展，探讨与此密切相关的诸多问题，这种通过早期现代汉语在台湾的发展演变来看现代汉语流变的视角是以往研究中较为少见的。在研究内容上，海峡两岸现代汉语语法对比是以往两岸语言对比的薄弱环节，因此我们的探究在一定程度上体现出了"补缺"意识。以往两岸语法的对比研究较多地讨论一些相对比较显性的差异点，其中部分也涉及两岸语法的融合，但是把差异与融合并列起来并进行较为系统考察的还比较少见。本书既讨论两岸语法差异，也探讨两岸语法融合，由此在一定程度上构成了对两岸语法对比相对完整的表述，从而较为客观、准确地展现现代汉语语法的流变，特别是早期现代汉语语法在台湾的变迁与发展。此外，本书除了讨论相对显性的差异点，还探讨一些较为隐性的差异，其中有些还是以往研究很少涉及的，这种内容的扩展无疑有助于丰富研究的内涵，促进早期现代汉语语法在台湾的发展演变研究向深化、细化的方向发展。

二、研究价值和意义

在全球华语的视野下探讨早期现代汉语在台湾的发展与变迁问题，具有多重价值和意义。概而言之，集中体现在以下三个方面：

（一）学术价值

下面我们主要从两个方面来说明。

第一，促进海峡两岸现代汉语乃至全球华语语法的对比研究。许嘉璐（2012）指出，两岸语言文字的差异，就是分头演变之果，是特定历史环境之使然，其实也是对汉语汉字的传承和丰富，都应该得到尊重、珍惜。李行健、仇志群（2014）提出"一语两话观"，"一语"指现代汉语通用语，"两话"指大陆普通话和台湾现代汉语。文中认为，"一语两话"是现代汉语通用语的共时状态，也是两岸语文生活的现状。刁晏斌（2016d）指出，海峡两岸暨香港、澳门语言差异及融合的事实及其背后的规律和理论内涵，可以说是上天对所有汉语/华语研究者的一份厚赐，不仅应该充分尊重和珍惜，更应该充分开发和利用，从而出成果、出方法、出理论，进而推动整个汉语语言学研究。本书以早期现代汉语语法在台湾的变迁与发展作为研究内容，据上述观点，这是两岸现代汉语对比研究的重要组成部分，其研究水平的高低以及研究程度的深浅将对两岸现代汉语对比研究的整体质量和水平产生较大影响,而深入开展早期现代汉语在台湾的历时演变研究将对两岸现代汉语对比研究起到不可替代的重要作用。另外,大陆普通话和台湾现代汉语分别作为全球华语社区中使用人口第一和第二的两大言语子社区[①],将海峡两岸现代汉语扩展至全球华语,两岸汉语差异的现状与融合的过程,在一定程度上可以说是全球华语现状及其发展变化的一个缩影,而全球华语研究在很大程度上是这一研究的放大。刁晏斌(2016e)描绘出两岸语言对比研究及其将来发展方向的线路图,即由海峡两岸暨香港、澳门现代汉语的对比研究,再由此扩展到整个全球华语本身及其对比的研究。由此看来,探讨早期现代汉语在台湾的发展与变迁,对现代汉语乃至全球华语研究而言具有重要的意义。

第二,丰富现代汉语史乃至全球华语史的研究内涵[②]。古代汉语和现代汉语方言使我们可以通过共时差异看出汉语历时演变的过程,而各地华语差异的视角给我们提供了一个观察标准语发展过程的机会(郭熙,2017)。海峡两岸现代汉语同属现代汉语,如果立足于普通话,台湾现代汉语是在多个方面(语音、词汇、语法、文字等)与普通话存在差异的另一种"存在"。从这个意义上说,台湾现代汉语是研究现代汉语现状及其发展变化的另一个重要的、鲜活的"样本"。

此外,研究两岸汉语的发展演变,能为社会语言学的共变理论提供更多有价值的例证,甚至有可能补充进而完善相关理论和方法。例如,台湾现代汉语受古代汉语、方言、外语以及两岸语言接触的影响比较明显,从语言接触的角度深入研究,不仅能为接触语言学提供很好的例证,还能丰富其理论内涵。同时,研究两岸汉语的历时演变,还能推动动态语言学的发展,有可能进一步完善语言演变观以及规范观。

总的来说,深入探究早期现代汉语语法在台湾的发展与变迁情况,考察两岸汉语语法在共时平面上的种种差异,并从历时角度进行探讨,描写和总

---

① 全球华语社区是一个依托全球华人社会的言语社区(徐大明、王晓梅,2009)。刁晏斌(2016c)认为,按社会语言学的社区理论,海峡两岸暨香港、澳门是同一言语社区下的四个子社区。

② 作为一个学术概念,"全球华语史"至少应该包含四个要点:它是汉语的国际传播史,是现代汉语史的上位概念,是汉语史的一个组成部分,是汉语史的拓展与延伸(刁晏斌,2017c)。刁晏斌(2018:109)指出,全球华语史是以全球华语的历史发展演变及其规律为研究对象的全球华语学的一个分支学科,也是整个汉语/华语史的一个组成部分,它的核心内容是全面考察全球华语的发展演变,分析和解释造成发展演变的内部及外部原因,在此基础上再对其发展演变的规律加以总结。

结它们融合的进程及其演变的规律，对两岸汉语语法的发展趋向作出一定预测，无疑属于现代汉语史乃至全球华语史范围内的研究。本书以早期现代汉语语法在台湾的发展与变迁为主要研究内容，能够带动和促进相关研究的发展。

(二) 应用价值

本研究的应用价值主要体现在下列两个方面：

第一，促进全球华语教学及其研究，包括母语以及汉语作为第二语言的教学与研究。语言教学及其研究在一定程度上容易存在重视共时状况而忽视语言发展演变的倾向，有关早期现代汉语语法在台湾发展演变的最新成果可以应用于全球华语教学及其研究，并且有利于相关教学和研究确立共时与历时两个视角，增强其科学性并提高其准确度。

第二，有助于工具书和语言类教材的编纂与编写。华语研究是一种理论研究，而华文教育既属理论研究，也属应用研究，后者在一定程度上需要利用华语研究的成果（郭熙、王文豪，2018）。与不断发展变化的语言相比，工具书和教材难免存在一定的滞后性，加之以往人们对两岸汉语的比较，尤其是对台湾现代汉语的发展演变研究还不够充分，不同工具书和教材在涉及这部分内容时，编写质量还有进一步提高的空间，而加强该领域的研究（尤其是历时研究），相关成果就能在工具书和教材中得以体现，凸显其应用价值。

(三) 社会意义

陈章太（2008）指出，语言以它的物质结构系统，承载着丰富、厚重的社会文化信息，为社会所利用，能够产生社会效益和政治、经济、文化、科技等效益，所以是一种有价值、可利用、出效益、多变化、能发展的社会资源。姚双云等（2015）认为，按照语言是一种资源的观点，全球华语属于一类重要的资源，既具有词汇和规则上的隐性价值，又具有经济和文化上的显性价值。因此，描写不同地区华语语法的变异有很高的学术价值，也有很强的实际应用价值。基于语言资源观，我们认为对比研究海峡两岸现代汉语具有重要意义。张世平、李行健（2014）指出，在促进两岸语言顺畅沟通的同时，注重并注意发掘差异的价值，用以丰富中华民族的共同语；差异不是累赘，是语言中的资源，特别是在当前两岸语文的发展态势下，作为"一枝"上的"两朵"，它们是认识今天的汉语和研究汉语发展变化不可或缺的资料与财富。李行健（2017）指出，构建实现两岸和平统一的语言文化基础，需要深化两岸语言对比研究，促进民族共同语在两岸的融合与统一。刁晏斌（2017c）认为，全球华人对自己的祖语有强烈的认同，由此使各地现代汉语也具有强烈的向心力，其具体表现就是互动不断，相互吸收、补充，从而维持其"大同"。

由此看来，海峡两岸现代汉语作为两岸共享的宝贵资源，研究它在两岸的差异与融合，进而化异为同，不仅有利于两岸交流互动，减少沟通的不便，还有助于促进两岸人民之间的了解与互信，增强两岸同胞对同宗同源的语言文化的认同感与责任感，从而使两岸汉语成为两岸团结的纽带。因此，开展早期现代汉语在台湾的发展演变研究，对比考察海峡两岸现代汉语的差异与融合，对于增进两岸汉语的交流与互动，促进两岸语言资源的协同开发与利用无疑具有重要意义。

三、研究目标、思路与方法

（一）研究目标

本书的研究目标主要有以下三个：

首先，充分观察并描写海峡两岸部分语法项目的主要差异，试图理出台湾现代汉语里一些语法项目发展演变的线索，反映早期现代汉语在台湾发展与演变的事实。刁晏斌（2012a）指出，以往的海峡两岸语言对比研究中，人们往往更关心一些大或者比较大的方面，做的多是一些大而化之的题目，这固然有它的合理性，但是也有明显的不足，其中最重要的一点就是微观层面的观察、描写和解释难以做到充分，最终由此影响到研究的质量和水平。积累多少个"大同小异"就会形成一个"大不一样"（吕叔湘，1979：10）。对于本书比较研究的语法项目，我们力求做到充分观察、精细化描写，汇集多个"大同小异"，进而得出这些语法点在两岸"大不一样"之处，并试图进行尽可能充分的解释。简言之，在共时描写的同时，注重从历时角度探究早期现代汉语语法在台湾的发展演变情况，是本书的主要研究目标。

其次，试图描写和说明海峡两岸语法融合的具体表现及进程，并尝试就某些语法点的发展方向进行适当预测。这项研究需要在充分考察两岸语法共时差异的基础之上，结合历时发展线索的梳理来作进一步的考究。两岸汉语的共时差异体现了早期现代汉语在不同时空的发展与变迁，而两岸汉语的融合同样是早期现代汉语发展与变迁的体现。从这个意义上讲，不仅研究两岸差异，还研究两岸融合，这样才能较为全面地揭示早期现代汉语的发展与变迁。不过，与两岸语法差异研究相比，以往讨论两岸语法融合及其发展趋势的成果还比较少见，因此研究基础相对薄弱。鉴于此，我们试图在自己的研究中对此有所补益，虽然我们能做的非常有限，但是足以说明以下两点：一是两岸语法的融合研究大有可为，二是这方面的研究同样也是非常重要的。

最后，分析影响两岸语法特别是台湾现代汉语发展与变异的内外动因。联系两岸汉语的历史与现状来看，古代汉语、早期现代汉语、方言、外语等对其产生了重要影响。此外，语言政策的影响也不可忽视。本书需要探讨的正是这些因素如何影响两岸汉语特别是台湾现代汉语，进而造成两岸语法差异的。

需要指出的是，全面、细致、深入地考察早期现代汉语语法在台湾的发展演变尚有一定的难度，这可以通过学术界的有关论述来说明。邢福义、汪国胜（2012）指出，全球华语的语法研究，涉及很多深难的问题，语法差异不像语音和词汇那样较为容易发现和描写，往往需要在更深的层次上才能观察到内部的不同。关于这一点，姚双云等（2015）也认为，全面、系统地揭示华语法的地区差异是一项颇具难度的工程。本书不仅讨论两岸语法的差异与融合，还要通过深入对比以揭示早期现代汉语语法在台湾的变迁与发展，从而使研究的难度进一步加大。郭熙、王文豪（2018）在谈及全球华语语法的全面描写时指出，由于研究者多是中国学者，缺乏赵元任所说的土著感，容易出现重视"我无他有"、忽视"我有他无"的情况。本书作者生活在大陆，研究中也容易出现这种情况。本书在观察、描写和解释上存在的不足，与上述客观情况有关，也与作者的研究素养以及时间、精力等有关。由于我们对两岸汉语的共时状况与历时演变缺乏足够深入的了解，尤其是对台湾现代汉语的现状和历史缺乏充分的认识，加之对语言接触、语言变异等相关理论了解和掌握得还不够深入，这也使本书在深度上、理论性上还需要进一步提高。

（二）研究思路

本书的研究思路主要有两个：

一是"小题大做"。邢福义（2015）提倡学术研究不妨多点"小题大做"。本研究从微观入手，采取"选点"的方法，即选定若干具体的、具有丰富内涵的语法项目进行尽可能详细、深入的对比分析，通过考察分析多个有代表性的语法项目，以小见大，以点带面，由此及彼，由表及里，力图展现早期现代汉语在台湾的发展与变迁，促进相关研究。

二是"两翼研究模式"，即不仅研究差异，还研究融合。刁晏斌（2015a：431-432）认为，多年来两岸语言的差异一直是人们关注和研究的重点，成果也最多，但是即使如此，也犹有所待；至于两岸语言的融合，到目前为止，人们的关注程度还远远不够。当前基于"两翼研究模式"思路的成果已不少见，但是海峡两岸语言对比仍需要进一步全面、深入地进行探讨，本研究就是在此思路指导下的继续探索。

（三）研究方法

本书常用的研究方法主要有以下四种：

一是对比。吕叔湘（1977）提出通过对比研究语法，具体包括汉语和外语对比、现代汉语和古代汉语对比、普通话和方言对比、普通话内部的对比等。本书主要探究早期现代汉语在台湾的变迁与发展，不仅要与早期现代汉语进行对比，还要对两岸汉语进行对比，通过对比分析探寻两岸汉语在语法上的共性特点及个性差异，以及差异基础上的融合。因此，探究早期现代汉语在台湾的发展与变迁离不开对比。

二是定量分析与定性分析相结合。数量分布是语法的组成部分（琼·拜比，2010：122）。基于统计的定量研究能大大提高定性研究的科学性与准确度。探究台湾现代汉语语法的发展演变以及两岸汉语的差异与融合，需要在定量研究的基础上进行定性分析，得出较为客观、具有说服力的结论。本书的研究基于数据统计，主要对两岸主流媒体进行定点调查，以此分析某些语法项目在两岸的差异与融合，从而反映早期现代汉语语法在台湾的发展与变迁。

三是共时考察与历时考察相结合。不少人相信，语言共时平面上的变异是语言历时演变不同阶段不同层次的反映（沈家煊，1998）。刁晏斌（2015a：429）提出海峡两岸语言对比应加强历时研究。本书在对两岸语法差异进行共时描写的基础上，还从现代汉语史的角度作出历时考察；而探讨两岸语法的融合，既要对其作出共时描写，还要就融合的过程进行追踪调查，只有这样，才能深入了解差异的表现及其来龙去脉，探讨两岸语法的融合以及预测未来的发展，考究早期现代汉语语法在台湾的变迁与发展。总之，共时与历时的细致考察能够使本研究走向深入。

四是在多样性基础上进行倾向性考察。储泽祥（2011）提出在多样性基础上进行倾向性考察的语法研究思路。倾向性考察的核心是句法语义结构的优先序列研究，即通过统计、按照使用频率的高低对句法语义结构进行从多到少、从高到低的优先排位，同时探讨优先序列的制约条件，并从形式、语义、语用、认知等不同角度作出分析和解释。随着海峡两岸现代汉语持续、频繁地接触，两岸语法"有"与"无"的差异点已不多见，差异最为常见的表现形式往往体现在使用频率上。因此，基于数据统计的倾向性考察是海峡两岸语法对比、探究早期现代汉语语法在台湾的历时演变行之有效甚至不可或缺的重要方法。

总的来讲，本书最基本的研究方法是对比。此外，书中常用的方法还有定量分析与定性分析相结合、共时考察与历时考察相结合、在多样性基础上进行倾向性考察等。

第三节　海峡两岸语法对比研究综述

在探讨早期现代汉语在台湾的发展演变之前，需要对以往海峡两岸语言对比的研究成果进行相对全面的回顾与梳理。马重奇、林玉山（2013：19-25）首次对海峡两岸语法对比作了简述，内容包括主要成果、所取得的成绩及存在的问题等三个部分，不过书中涉及的相关研究成果还不够全面、丰富，且未分阶段展开详细论述。本节主要以大陆普通话和台湾现代汉语语法对比的研究成果为对象，在分阶段概述的基础上，力图对两岸语法对比、特别是有关早期现代汉语语法在台湾发展演变的成果进行较为全面、准确的述评，并就研究中存在的不足提出我们的意见和建议。

一、所做工作与主要成绩

从以往研究成果呈现的特点来看，相关研究可以分为两个阶段：20世纪八九十年代为起步阶段，21世纪以来为发展阶段。

（一）起步阶段

海峡两岸语法对比以及台湾现代汉语发展演变研究大致起始于 20 世纪 80 年代，20 世纪八九十年代是研究的初始时期，其主要特点为：一般从词法入手，兼及句法，对显性的语法差异进行描写和比较，展现一个个差异点。

黄国营（1984）举例说明台湾与大陆在语音、词汇和语法上均存在差异，认为这些差异是方言背景和社会背景不同的产物，并意识到这项对比研究具有的价值和意义。这一论述尽管简短，但有较强的解释力与前瞻性。黄国营（1988）从词法和句法两个方面描写和分析了台湾当代小说的语法特点，在多个具体语法项目上展现了台湾不同于大陆的用法：词法方面涉及词缀、重叠、量词与名词的搭配、名词的谓词化、副词和语气词、叹词的特殊用法等，句法方面则包括比较句、"有"字句、"用"字句、"到"字句、双重补语句、无"得"复杂补语句等，并认为这些语法特点主要来自当地方言的影响。该文还指出，对台湾当代小说这种"混杂"的语言事实的分析，能为了解民族共同语的变化规律提供一些有启发性的线索，加深对语言的社会性和历史性的了解。

在 20 世纪 80 年代的基础上，20 世纪 90 年代比较研究的语法项目有所增多，人们的描写分析相对比较细致，而且有意识地寻找差异背后的原因。游汝杰（1992）认为，闽语和蓝青官话是台湾现代汉语的底层，台湾与大陆书面语的差异大多是方言或蓝青官话语法影响的结果。文章指出，台湾保留了较多的中国传统文化，同时与西方文化和日本文化接触较多，因此台湾现代汉语一方面有较多的文言成分，另一方面又有较多的外来词和欧化句式。针对两岸汉语存在的差异，该文还指出两岸应该互相吸收对方的优点，譬如大陆可以吸收台湾的某些新词和后缀；同时，两岸汉语亟待规范化[①]，一方面剔除一些非规范化的词语和用法，另一方面两岸汉语需要统一。

仇志群、范登堡（1994）描写和分析了台湾助动词"有""会""要"

[①] 2014 年 5 月 3 日台湾《联合报》首次出现"语言癌"一词，大意指无意义的冗词赘字，充塞媒体上及许多人的口中，就像癌细胞不断复制增生，如"下架"常被讲成"进行一个下架的动作"，"了解"成了"做一个了解的部分"，"下架""了解"前累赘地加上动词"进行""做"及数量词"一个"，后面再加上"的动作""的部分"（《你得语言癌了吗？》，《联合报》2014-12-19）。综合该报的多篇报道来看，"语言癌"的议题在台湾社会被广泛讨论，起初不少人都持批评态度，但后来也有包括台湾语言学者在内的一些人认为"语言癌"可能是"误诊"（《语言癌是误诊？语言学家热议》，《联合报》2016-01-25）。"语言癌"的问题尚可继续讨论，但它显然涉及台湾现代汉语的规范化，可参看魏晖（2017）。

"V＋neg＋V（O）"反复问句、双宾语句的语序、"给""用""掉""来去"的特殊用法等，指出台湾现代汉语明显受到闽南话的影响。张宁（1994）从构词、词语运用及搭配、句式等方面出发，举例描写台湾现代汉语与大陆普通话的差异，构词方面涉及重叠和词缀，词语运用及搭配方面涉及词类活用、否定词的使用、"好"的使用、"亦、甫、之"的使用、量词"款、班、间"的搭配对象、"比较"与否定式的搭配等；句式方面涉及比较句、有字句、被动句、反复问句等。该文认为台湾现代汉语语法除受方言影响外，还受到古汉语和外来语的影响，这种解释相对比较全面。此外，文中还较早地指出两岸语言应加强交流，以减少差异、增进融合。

杨必胜（1998）对比两岸新闻用语的语言风格，指出台湾新闻的突出特点是文言色彩较浓，其在语法上的表现有二：一是使用"之、于、其、者"之类的文言虚词；二是多用相对简练的句法，比如经常让本来不大带宾语的动词或形容词带上宾语，又如一些做中心语的动词与其前定语之间有时省去"的"。刁晏斌（1998）概括了台湾现代汉语几个比较明显的特点：古旧色彩较为浓厚、语言形式不够统一、日语形式的存留和方言成分的吸收等，其中古旧色彩体现在沿袭古代汉语（包括近代汉语）和现代汉语初期（"五四"前后到20世纪40年代）的某些形式，前者如使动用法，后者如数量定语与中心语之间加结构助词"的"；日语形式的存留体现在"（在）VP中"和述宾倒序；对闽方言成分的吸收则体现在"有"用于VP前，"无"用作否定副词，表领属的结构助词"的"可以不用，句尾常带"而已"，常用"……的样子""这样子的"等。此外，廖礼平（1999）就重叠这一两岸常见的词法差异，从构成成分和语法功能两个方面讨论了形容词重叠在两岸的差异。

过去不少学者认为，海峡两岸现代汉语的差异始于1949年，如邱质朴（1990）认为，自1949年起，两岸中断了公开的和通畅的语言交流渠道，导致汉语在两个相互封闭的社会里各自随着不同的政治、经济、文化、心理的发展而发展。郭熙（1999）对此有不同看法，文章指出，"五四"兴起的白话文可以说是两岸汉语书面语的共同源头，但两岸又各有所承地接受了当时的差异。国共两党政治立场对立、意识形态斗争以及内战爆发等因素造成了汉语在中国不同地区使用的分化。该文认为，1949年以后，两岸分别继承了在大陆时各自的语言传统，而又由于交往中断，使原有的分化进一步加剧。该文从历史角度谈两岸汉语差异的起源,视角独特,富有新意。刁晏斌(2000b:227)从早期现代汉语分化与流变的角度,对两岸语言差异的形成和发展作了进一步的明确论述,从而勾勒出两岸语言差异与融合的历史轮廓。此外,侯昌硕(2003)也谈到了早期现代汉语的分化。

总体而言,20世纪八九十年代两岸语法对比以及台湾现代汉语语法发展演变研究还基本处于起步阶段,但毋庸置疑的是,这一时期的研究为21世纪相关研究的深入开展打下了比较坚实的基础。

(二)发展阶段

进入21世纪以来,相关研究进入了全面、深入发展的新时期,研究成果较为丰富,研究的质量和水平有了较大的提高。另外,这一时期还举办了与此项研究密切相关的两个连续举办多届的学术会议,会后均有论文集出版,并产生了一些具有代表性的研究成果。概括起来看,这一时期的研究进展具体表现在以下几个方面:

1. 研究范围扩大

首先,研究范围的扩大体现在不仅观察与描写、分析和解释差异,还兼及融合,代表性的成果有刁晏斌先生的三本专著:一是《差异与融合——海峡两岸语言应用对比》,二是《海峡两岸及港澳地区现代汉语差异与融合研究》,三是《海峡两岸民族共同语对比研究》。

《差异与融合——海峡两岸语言应用对比》对两岸语言的差异与融合作了较为全面的描写与分析,内容涵盖语音、词汇、语法和表达方式等四个方面,其中对语法的差异与融合着墨最多,书中对两岸句子成分及其语法—语义关系差异最大的动宾结构进行了比较全面、细致的讨论,包括台湾动语的构成和动宾之间的语义关系两方面,其中台湾与大陆有区别的动语有形容词、不及物动词、动词性词组,在台湾动宾关系的部分则探讨了不及物动词动语与宾语的语义关系,动宾词组动语与宾语的语义关系,并且在差异的基础之上探讨两岸的融合,其具体表现是大陆不及物动词带宾语、动宾词组带宾语、动词性固定词组带宾语和形容词用如动词等现象明显增多。除此以外,书中还从社会和语言自身两个方面对两岸语言差异与融合产生的原因进行了一些探讨,并对两岸语言的发展趋势作了一定的预测。陈淳义(2000)指出,《差异与融合——海峡两岸语言应用对比》是我国第一部比较全面地描写和研究海峡两岸语言差异与融合的著作。可以说，此书开创了海峡两岸语言对比研究既讨论差异又探究融合的先河。

《海峡两岸及港澳地区现代汉语差异与融合研究》在主要讨论差异的同时，基本都涉及融合，作者的其他相关研究大致也都是如此。例如，刁晏斌（2012b）指出两岸"获"字句的差异体现在使用频率、结构类型和使用范围等方面，融合的表现则是大陆"获"字句的用例增多，使用范围有所扩大，并且预测未来两岸这一句式还有可能进一步融合。刁晏斌（2013b）调查发现，两岸"（在＋）VP＋中"句的使用存在较大差异，大陆"VP＋中"在一定限制下的使用可以看作它在大陆基本属于"初显"，这也就是此形式在两岸趋同的体现。两岸语言融合除了一般所说的"差异→融合"模式外，刁晏斌（2012a）通过对两岸"而已"一词的详细考察，还发现两岸语言关系的另一种类型，即只有差异没有融合的"差异→"模式，并提出"言语社区特征词"的概念。而在台湾言语社区里，"而已"应当属于最具特征、反映个性的特征词，它一方面有相当的稳定性，另一方面也不易被其他言语社区完全吸收。

《海峡两岸民族共同语对比研究》内容丰富，视野开阔，是在前面两本专著基础之上的继承和发展，此书包含海峡两岸现代汉语在词汇、语法、语言风格等多个方面的比较，如语法对比涉及两岸离合词、趋向动词、拷贝结构等，都是以往很少讨论甚至没有讨论的语法点；再如语言风格对比涉及生动、庄雅、简约等，视角独特，新颖度高，为两岸语言对比研究开辟了新视角、新领地。该书还展示了海峡两岸语言对比的诸多新视域，如"深度对比""直接对比""微观对比""计算对比"，富有指导价值和借鉴意义。该书不仅研究两岸语言的差异，还深入探讨了差异基础上的融合，对两岸动词"搞、抓、干、弄、闹"以及数字略语等的融合进行了较为细致充分的考察分析，并由此引发一些理论思考。正如该书"内容简介"所言，"本书在很大程度上发前人所未发，堪称这一领域的总结与提高之作"。

此外，戴昭铭、赵一凡（2009）从英语、方言和文言等三个影响源出发，举例讨论"港台式"语法与大陆语法的诸多差异及其成因，同时谈到"港台式"语法对大陆书面语语法的影响，并指出这种影响是有限度的。储泽祥、张琪（2013）以"透过"为例，调查分析它在两岸用法的异同，指出大陆倾向动词用法，台湾倾向介词用法，是两岸"透过"在动态层面最明显的差异。

两岸"透过"在词性、义项方面有不同倾向,台湾用法比大陆丰富,但不存在根本性的差别,文中还以此讨论了两岸汉语相互交流、相互影响、相互融合的趋同性表现。邹嘉彦、莫宇航(2013)主要比较量词"通"在北京、上海、香港、台湾书面语中搭配对象上的差异,同时尝试探讨上海和香港量词"通"的用法受到台湾的影响,这也涉及两岸语言的融合问题。

其次,研究范围的扩大表现在从研究两岸书面语推展至口语。方清明(2013)基于两岸口语语料库统计发现,两岸语气标记存在诸多差异,具体表现在:第一,从宏观层面上说,普通话、台湾现代汉语都有各自的语气标记系统,它们在灵活性、泛用性、语篇功能、位置等方面存在较为显著的差异;第二,从微观使用风格来说,台湾"啦、的啦、喔、耶"颇具特色,是台湾腔的代表,普通话里"呀"自成特色,"是吧、好吧、对吧"等标记用法也非常丰富,而台湾现代汉语无此用法;第三,从情感倾向来看,台湾"啦、的啦、喔、耶"等标记体现更多的礼貌低值,因此显得亲昵、密切。方清明(2014)认为,不同的语体对指示标记的使用有着不同的限制,普通话里无论口语语体还是书面语体,"这"的使用频率都高于"那",但是在台湾对话体里,"那"的使用频率高于"这"。上述表现的具体造成原因有三:(1)对话语体、应答句里有利于"那"出现;(2)新信息、话题跳跃与弱社会化程度有利于"那"出现;(3)非现实事件有利于"那"出现。

靳玮(2013)以两岸口语语料为主,详细考察了副词"是""在""就""也"等在普通话和台湾现代汉语中结构分布位置、语义及语用方面的异同,并通过对这几个副词的比较研究,突显了台湾语法的三个主要特点,即深受台湾闽南语的影响,与普通话相比其语法分析性更强,保留上古汉语至中古汉语初期的语法特点。杨海明、鲁小龙(2016)从语义、使用频率、句法及语用等多个角度充分描写了两岸口语词"这样子"的差异,并对两岸语言差异下的互动与融合作了一定的分析和说明。褚靓(2016)基于两岸多个语料库,从"类"的角度对两岸语气词的差异与融合作了较为全面、细致的对比考察,提出了台湾与大陆语气词使用异同的七个特点,该文将两岸语气词纳入差异与融合的互动关系中去考察,主张将融合看作一个过程而非结果。

再次,研究范围的扩大还表现在最初的研究从多围绕词法到后来扩展至句法。刁晏斌(2012b、2012c、2013c)分别对两岸"获"字句、"遭"字句和"被"字句等被动句的差异与融合做了细致、全面的对比考察。刁晏斌（2012d、2014b）分别描写和分析两岸"将"字句、"把"字句，以此探讨处置式在两岸的差异与融合。赵春利、石定栩（2014）描写并解释"有信心"句式在两岸的差异。从词法扩展至句法，不仅扩大了研究的范围，还有助于将相关研究引向深入。

2. 研究内容深化

在20世纪八九十年代，海峡两岸语法对比以及台湾现代汉语语法发展演变研究大多是罗列差异点，并对它们进行比较简单的描写和分析，以展现用法等的不同；如今，则常就某个或几个差异点作精细化的深入描写与比较分析。例如，刁晏斌（2012a）对两岸语气助词"而已"作了微观层面的对比研究，观察、描写和解释做到了三个"充分"。该文着眼于台湾"而已"的用法，从"配对词"及其使用情况、和其他语气标记共现、不与配对词语共现、常用于复句之中等四个方面作了详细分析，并认为两岸"而已"的核心意义和基本用法相同，但是使用频率有相当明显的高低之别，由此又使台湾此词在语义内涵、语体色彩、搭配对象、使用范围等方面都有了新的发展变化。又如，刁晏斌（2016e）深入考察单纯趋向动词和复合趋向动词在两岸用法的具体差异，并分析形成差异的主要原因，即台湾因袭传统用法、受方言影响以及为了保持"庄雅"的语体风格。该文还由趋向动词看两岸语法差异研究，得出一些有益的启示，如两岸语法对比研究大有可为，应当有系统和"系联"的观念，应当以词为立足点等。

综观相关研究，"有＋VP"形式是讨论最多的热点和难点之一。赵元任（2011：755）注意到现代汉语中"有"受到方言影响出现新用法，即作为助动词"没有"的肯定形式。后来，顾百里（1985a）、黄国营（1984、1988）、林文金（1992）、仇志群和范登堡（1994）、张宁（1994）、刁晏斌（1998、2012e）等对此均有论述，其中刁晏斌（2012e）在已有研究基础上作了总结性的探讨，并对两岸"有＋VP"形式的使用情况进行了对比考察。该文在调查大量真实语料后指出，台湾"有＋VP"形式有如下几个比较独特之处：经常用于未然，疑问句中比较常用，VP可为形容词，大量前加确认性修饰语，正反并列形式主要有"有无＋VP""是否有＋VP"等。该文认为，台湾"有＋VP"形式与闽方言源形式有同有异，符合现代汉语对方言形式"引进—改造—发展"的一般模式和规律。此种形式已经成为通用口语的"主流"形式，但在书面语中只是"支流"，"主流"仍然是汉语传统的"VP了"以及"VP过"等。另外，"有＋VP"形式在大陆普通话口语中还远未达到像台湾那样的"普及"程度，就书面语来说，充其量只能算是刚刚"开始"。该文还着眼于台港澳地区的研究和内地的研究两个方面，对今后如何进一步开展相关研究作了较为充分的论述。

在专题研究方面，刁晏斌（2012b、2012c、2013c）就海峡两岸暨香港、澳门被动句的差异与融合展开了深入讨论，文章语料来源丰富，采用数据统计的方法，提高了研究的科学性，研究结论也比较可靠。刁晏斌（2012b）从两个方面对台湾"获"字句的使用频率高于大陆作了解释：一是台湾书面语言较多保留文言成分，更具文雅色彩，大陆则趋向于通俗化与口语化，由此形成二者语言风格色彩的明显差异；二是大陆表［＋如意］多用"被"字句，台湾则在很大程度上趋向于用"获"字句来表示，而这也与两岸书面语言风格的取向不同有关。该文基于对大量语料的考察后发现，在使用标记词的被动句中，台湾"被"字句、"遭"字句与"获"字句三足鼎立的局面已经初步形成，同时对同为被动标记的"被""遭""获"在表意功能上的发展趋势作了进一步的预测，即［＋中性］［－如意］［＋如意］均衡三分。刁晏斌（2012c）描写和分析了两岸"遭"字句的差异，指出此句式在大陆用例不多见，而在台湾相对常见，且结构类型比较丰富，这种差异与两岸语言表达的风格、习惯不同有关。刁晏斌（2013c）对两岸"被"字句在语义倾向、使用范围、句子结构本身等三个方面的差异作了细致分析：从语义倾向来看，大陆［＋如意］"被"字句的用例较多；从使用范围来看，大陆新兴的另类"被XX"的大量出现和高频使用独具特色，另外在大陆通常不用"被"字句表达的意思在台湾地区可以、甚至于经常使用"被"字句；从句子结构本身来看，台湾较多使用光杆动词、较多出现复杂的动词性词组、较多使用古汉语被动句。该文还认为，无论着眼于共时平面还是历时平面，两岸"被"字句一定程度上都有融合的倾向及表现。

另外，专题研究方面的成果还有刁晏斌（2012f、2012g、2013d）等，文章对两岸虚义动词"进行"、"搞"、"做"与"作"的差异与融合作了细致的讨论。刁晏斌（2012f）认为，大陆"进行"使用频率较高、"传统"用法较多,更具有"形式动词"的典型特征,另外在新时期还有明显的用法拓展;相对而言,台湾"进行"的用法更具多样性。刁晏斌(2012g)认为,就台湾"搞"字使用情况来说,它在使用频率、用法和感情色彩等方面都与大陆呈相当明显的对立分布,造成这一状况的重要原因则是对此词的负面认识和评价。刁晏斌(2013d)根据语料统计指出,两岸"做"与"作"虚实分布的一致性比较高,但是实际上的差异不小,比如台湾"作"的宾语较少有"报告、规定、发言、讲话",而它们在大陆比较多见;台湾"作"的宾语是"表示"或包含"表示"的用例较多,而大陆较少;台湾单音节动词"收"做宾语的"作收"相对较多,大陆则很少见。由此看来,两岸"作"的使用范围及搭配习惯等有很大的不同。该文还讨论了"做/作"在两岸的融合趋向,并预测两岸"做/作"有可能还会进一步融合,相似度也可能会越来越高。

李行健、仇志群(2018)的观点富有新意。文章认为,台湾作为一个言语社区,现今的语言格局表现出典型的"高变体+低变体"的双言制特征;在分析认识两岸语言差异时,不能无视差异的层次性,需要分清这一差异是普通话与台湾现代汉语高变体之间的差异还是与其低变体之间的差异。

此外,邢梅(2003)、毛忠美(2007)、陈丽琴(2009)、李亚娜(2014)、崔平(2015)、侯润婕(2017)等是有关海峡两岸语法差异以及台湾现代汉语发展演变的硕士学位论文,在研究内容上有所拓展与加深。本阶段涉及相关研究的还有廖礼平(2000、2002)、刁晏斌(2004)、徐复岭(2019a)、张明辉(2014)、蔡晨(2014)、陈蓰霖(2016),等等。

3. 研究思路创新

研究水平的提升离不开研究思路的创新。田原(2006)设计并建立了包括台湾和北京本土作家的小说语料库,采用语料分析和听力测试的方法,对评定副词"就"在两岸的不同用法进行了对比分析,这为"就"的研究提供了一个新的视角。研究发现,北京话"就"在一些场合里表示"早""时间短"或"数量少",在另外一些场合里却表示"晚""时间长"或"数量大",台湾"就"基本上只用来表示"早""时间短"或"数量少";"就+……"的结构在北京话中比较常见,而在台湾很少出现;在北京话中重音在区分语意上有很重要的作用,而在台湾此作用并不明显。

对于海峡两岸语言对比研究,刁晏斌(2012h)概括为"一、二、三"模式:"一"是指"一个背景",即把整个研究置于全球华语这一大背景下;"二"是指"两个面向",即面向两岸人民实际的语言交际和沟通,面向两岸现代汉语的研究。前者可以看作应用层面,后者则为研究层面;"三"是指"三个结合",即点与面结合、事实与理论结合、共时与历时结合,其中"点与面结合"是针对以往研究大多只着眼于某一个或一些具体的"点"而缺少"面"上的完整认识而提出来的。所谓"面",包括三个层次:在相对微观的层次是一个一个的"类"(如词的类、句子的类),在中观层面则是一个子系统(如语音、词汇、语法),而在宏观层面是整个语言系统。对于海峡两岸语言对比研究而言,"一、二、三"模式具有较强的启发性和可操作性。另外,鉴于以往研究多着眼于一些大的方面,刁晏斌(2012a)提出两岸语言微观对比研究的思路。所谓"微观研究",即以最小的语言使用单位——词为对象的研究。该文还指出,两岸语言微观对比应当作为今后一段时间研究的重要内容之一,而它也有理由成为相关研究一个新的增长点,并且对整个研究将会起到一个巨大的拉动作用。

储泽祥、张琪(2013)摆脱简单的比较研究思路,对"透过"一词在两岸使用的多样性与倾向性作了细致考察,在研究思路上可谓独树一帜。随着海峡两岸现代汉语之间的不断融合,两岸语法的差异形式可能更多地体现为"同中有异"。在多样性基础上进行倾向性考察的语法研究思路,跳出两岸有无某种用法的简单比较模式,无疑有助于真实反映海峡两岸语法的差异与融合情况。

以往研究在解释两岸语言差异的原因时,多围绕台湾现代汉语受方言、古汉语、外语等影响展开,如李子瑄、曹逢甫(2009:237-238)从四个方面举例说明了海峡两岸的语法差异(即词类功能的不同,台湾习惯以助动词构成正反问句,表示尝试貌动词重叠形式的不同,台湾工具格的标记"用"与表示动作的名词短语合用),并认为台湾现代汉语和闽南语的密切接触产生了语法的同化作用,这是形成两岸语法差异的最主要原因。除此之外,刁晏斌(2013e)则从海峡两岸现代汉语与早期现代汉语之间的距离、两岸口语与书面语之间的距离明显不同的角度,论述了这两个距离差异是造成两岸汉语差异最重要的语言内部原因。"两个距离观"分别着眼于历时和共时,视角独特,很有说服力。另外,刁晏斌(2015d)提出两岸语言对比研究中"间接对比"和"直接对比"的概念,前者是指长期以来一直使用的语料采集与选取方式,以及基于这一方式的研究;后者是指有意识、有目的地选取能够形成"直接对比"的两岸语料(比如同一部英文作品在两岸的不同译本),并以此为基础而进行的相关研究。该文探索两岸语言"直接对比"这种新的研究方法,这是研究思路的创新。

4. 研究手段更新

面对浩如烟海的语料,利用大规模语料库或者网络资源开展海峡两岸语法对比以及台湾现代汉语语法发展演变探究已成为研究的必需。

进入 21 世纪以来,相关研究主要依托语料库或网络资源展开,例如北京大学 CCL 语料库、北京语言大学 BCC 语料库、人民日报图文数据库、厦门大学繁体汉语语料库检索系统、香港 LIVAC 泛华语地区汉语共时语料库、台湾现代汉语平衡语料库、联合知识库、台湾新闻智慧网、中时电子报,这些资源的有效利用使过去语料来源比较单一的状况得到较大改善,语料规模明显扩大,而且这些语料库或数据库一般都有检索功能。研究手段的更新在为对比研究所需的举例、统计等提供极大便利的同时,还在一定程度上保证了研究的科学性,从而提高了研究的质量和水平。

然而,还应看到的是,上述不少资源仅为数据库,还不是专门用于语言研究的语料库,而且分语体并能反映共同语现状的平衡语料库比较少见,这是制约研究发展的不利因素。李计伟(2014)认为,研究海外华语语法,要做好描写工作(尤其是基于定量的描写),因此大规模精确语料库必不可少,但目前这方面做得还不是很好。这种对大规模平衡语料库的需求,以及当前还缺少这类语料库的现状,同样是两岸汉语语法对比研究尤其是台湾现代汉语历时演变研究面临的现实难题。

二、需要加强的几个方面

20 世纪 80 年代以来,海峡两岸语法对比以及早期现代汉语语法在台湾发展演变研究的成果逐渐增多,水平逐步提高,队伍不断壮大,表明此项研究具有丰富的内涵以及良好的发展前景。作为一个较新的领域,以往的研究已取得不小的进展,获得了较大的成绩。不过,这一研究所取得的成就应当说还只是初步的,要使研究取得更大的进展,还需要在如下几个方面做出很大的努力。

（一）研究内容的类化和细化

过去的研究内容大多比较"宏观"，展示了两岸语法众多的差异点，当前的研究则需要由这些差异点过渡到"类"的层面。刁晏斌（2012b、2012c、2013c）对两岸被动句作了一系列"类"的研究，而在两岸语法对比研究中，像这种的"类"还有很多。例如，可以就两岸量词、副词、语气词、"有"字句乃至复句等展开不同类别语法项目的细致考察，而且其中不少项目还可以进一步细化。

此外，研究内容的类化和细化还包括分语体、文体、语域等的研究，而其内部还需要进一步细分。以语体为例，通常分为书面语和口语，在以往两岸语法对比以及台湾现代汉语语法发展演变研究中，一般只针对书面语，口语的对比研究显得比较薄弱。刁晏斌（2013e）指出，在两岸语言对比研究已经取得较大进展并且有了相当基础的今天，应当充分注意和重视进行分语体的研究，特别是注意书面语与口语两者之间关系的变化消长及其内外原因，由此来寻找新的增长点。研究内容的类化和细化，不仅能够触及过去被人们忽略的领域，有助于实现研究内容的均衡和系统，还能极大地促进相关研究走向全面与深入。

（二）推动描写和解释相结合

邢福义（1999）指出，描写是展示研究成果和显示研究深度的最基本环节，只有充分描写，才能有充分的反映；解释是高层次地揭示规律、描绘事物本质面貌的重要环节，只有充分解释，才能有充分的认识。

有关研究如要继续深入发展，首先需要对两岸语法差异与融合的事实做出全面、细致、深入的描写，然后力求作出充分解释。蒋绍愚、曹广顺（2005：27）在论述如何进一步深入展开近代汉语语法研究时指出，既要有扎实的材料，又要有深入的理论思考。以上论述同样适用于两岸语法对比研究。苏金智（2009）从语言接触的角度讨论了海峡两岸暨香港、澳门的语言差异，这是很有意义的探索。储泽祥、刘琪（2014）把汉语本体研究中常用的词汇化理论和方法用于两岸语法对比研究，使描写和解释紧密结合。为了进一步增强对比研究的理论性，刁晏斌（2012i）认为一方面应重视对已有理论的使用，这包括语言接触、语言对比、语言发展、语言规范、语言本体研究等理论，特别应当注重对当今词汇、语法等研究中比较常用的理论的借鉴和吸收；

另一方面应进行理论创新，包括从研究中总结新理论，或者是对已有理论加以补充、完善。刁晏斌（2016d）指出，已有海峡两岸暨香港、澳门现代汉语对比研究主要依托应用语言学和社会语言学两个支点，今后在此基础上还应该再增加本体语言学、演化语言学、理论语言学和全球华语学等四个支点，进而增强其理论性。

（三）强化历时研究

研究各华语地区语言现象的异同，姚德怀（2007）认为归根结底便是大陆、台湾、香港以及各华语地区的汉语/华语近百年的演变过程是怎样的，最终又怎样达到各地区当代汉语/华语的现状。对于当今两岸语言的诸多差异，刁晏斌（2013e）指出这是各自不同的历史发展过程在共时平面的表现，因此，要真正了解和理解这些共时差异，就必须同时掌握这一历时过程。陈丽琴（2009）等从历时角度对比考察海峡两岸现代汉语的发展演变，体现出研究思路与方法的转变。邹贞（2016b）以两岸"熊猫""猫熊"为例，梳理它们从产生到发展的具体过程，获得词语共时差异背后的诸多信息，借此引起人们对历时考察的重视。李计伟（2018）以普通话为参照，在大华语视域下考察了"帮忙"用法的共时差异与历时变化，指出台湾"帮忙"的特殊用法源自早期现代汉语，该文还提出应当重视对早期现代汉语的研究。

既要观察语言的共时状态，也要观察语言的历时状态，这样的观察才是全面的观察（张普，2009：212）。海峡两岸语法的对比应做到共时与历时相结合，这才是完整的研究。然而，过去的研究多立足于共时而忽略历时，这种研究内容的缺失造成了明显的缺憾。因此，如要理清两岸语法差异的来龙去脉，把握融合的具体过程，并且跟踪研究以反映最新的发展变化，甚至预测今后两岸语法发展的走向，历时研究都是一条不可或缺的线索，甚至是更加重要的方面，因为只有具备历时的观照，才有可能更好地研究共时。可以预见的是，历时研究将会是下一阶段研究的一个重要增长点。

（四）重视语法融合

从整体来看，海峡两岸现代汉语语法的共性是主流，个性是支流。两岸语法对比不仅要研究差异，还要研究融合。针对过去的研究多注重差异而忽略融合，刁晏斌（2013c）明确指出差异以及在差异基础上的融合应当是海峡两岸暨香港、澳门现代汉语对比研究的两翼。储泽祥、张琪（2013）提出趋同性以联系性为基础，讨论趋同性必须深挖共同的根源，揭示历时发展演变过程。这种强调两岸语言融合应进行历时探究的思路，是研究两岸语法融合行之有效、很有解释力的路径。

值得注意的是，以往讨论两岸语言融合多指单向融合，即大陆向台湾靠拢，现在两岸语言融合则呈现双向互动、彼此吸收的态势（刁晏斌、邹贞，2014）。这意味着当前不仅要关注两岸语言的单向融合，还应关注其双向互动，注意考察大陆对台湾的影响以及由此而造成的某些变化。可是，融合如何准确描写，融合的路径、成因、机制等如何正确解释并总结，这些都是以后需要继续关注和探索的问题。

第四节　语料来源及相关说明

在过去较长一段时间内，语料问题一直是制约相关研究发展的瓶颈，例如语料规模不大、有些语料为滞后而不是即时的、缺少历时语料等。因此，语料来源是本研究首先需要解决的重点和难点问题。两岸都有现代汉语语料库，大陆的如北京大学 CCL 语料库，台湾地区的如现代汉语平衡语料库（以下简称"平衡语料库"）。前者语料多属于 1996 年之前的（邵敬敏，2007a）；后者语料的收集始于 1990 年前后，1997 年 10 月建成，约 500 万词[①]。本书主要考察早期现代汉语语法在台湾的变迁与发展情况，需要深入探析 21 世纪以来尤其是最近十多年里两岸汉语语法的共时差异，并探讨它们正在进行的融合趋向。基于以上诉求，上述两个语料库语料的时效性与实用性还难以完全满足研究的需要。

简言之，本研究的语料来源一分为二：自建的与非自建的。

一、自建的语料库

具体包括以下两个语料库：

一是自建两岸小型对比语料库，语料来自《人民日报》（2014-03-01—

[①] 根据该库 3.0 版简介。

2014-09-15）和《联合报》（2014-03-01—2015-05-24），前者共计 1 001 111 字，后者共计 1 001 312 字。为提高两岸语料的同质性和可比性，语料均只包括两岸报纸中的要闻、评论和副刊等三部分内容，且每部分字数各约占 1/3。同时，我们还对文本作了标准化处理，单个文本均只包含标题、日期和正文等三部分。《人民日报》要闻的内容包括头版头条和即时的重要新闻，评论包括社论、《钟声》以及《人民论坛》等，副刊包括文学作品、对话等，其中要闻和评论取自该报第 1—4 版，副刊取自第 24 版；《联合报》的要闻为头版头条新闻，评论主要包括社论、民意论坛，副刊主要包括文学作品和对话，要闻取自该报 A1 版，评论取自 A2、A14—A15 版，副刊取自 D3 版。

二是自建台湾历时报纸语料库，以每五年为一个点，每个点收集约 300 万字，汇集了 1952 年至 2012 年共 13 个点近 4 000 万字的历时语料。

二、非自建的语料库

本研究用到的非自建的语料库（含数据库）比较多，常用的有：

一是人民日报图文数据库。该库收录了《人民日报》从 1946 年 5 月 15 日至今的报纸语料。

二是北京语言大学 BCC 汉语语料库。据简介，该库总字数约 150 亿字，包括报刊（20 亿字）、文学（30 亿字）、微博（30 亿字）、科技（30 亿字）、综合（10 亿字）和古汉语（20 亿字）等多领域语料，是可以全面反映当今社会语言生活的大规模语料库。

三是台湾联合知识库中的全文报纸资料库。据介绍，目前该库是全球唯一拥有 1951 年至今的台湾新闻资料库，包括《联合报》《经济日报》《联合晚报》《Upaper》《美洲世界日报》《民生报》《星报》《欧洲日报》等超过 1 100 万笔的资料。

四是中国国家数字图书馆"电子报纸"中的"台湾新闻智慧网"。该库语料迄今已累计超过 1 300 万笔新闻，包括《联合报》《经济日报》《民生报》《联合晚报》《联合报（地方版）》《星报》《中国时报》《工商时报》《中华日报》《人间福报》等报纸语料。

此外，语料调查还依托如下语料库、数据库：

北京大学 CCL 语料库；国家语委现代汉语平衡语料库，简称"语料库在线",据该库说明,语料以 2002 年前近二十年的为主;香港 LIVAC 泛华语地区汉语共时语料库;暨南大学与教育部语信司共建海外华语研究中心之东南亚主要华文媒体语料库,该库包括马来西亚、新加坡、泰国等国华语语料,时间跨度为 2005 年至 2008 年,约 1.82 亿字次;福建日报社数字报刊平台;新京报网;中国新闻网;人民网;中国传媒大学"媒体语言语料库"检索系统;"中青在线站内全文检索系统",该系统大体提供包括《中国青年报》《青年参考》《中国青年作家报》《青年商旅报》《青年时讯》等多家媒体在内的 21 世纪以来的语料检索;厦门大学繁体汉语语料库检索系统,据网页介绍,此系统中台湾语料达 18 亿字;平衡语料库;台湾政治大学口语语料库[①];"舍我先生报业数位典藏"数据库[②];《中时电子报》,等等。

在上述语料库或数据库中,我们选取《人民日报》和《联合报》作为本研究的主要语料来源,其中的原因大致有二:一是两报分别属于大陆和台湾地区的主流媒体,都为综合性大报,数据量庞大,基本能够反映两岸书面语的共时与历时状况,同时两报语料的同质性相对较高,因此具有比较强的代表性和可比性。具体来讲,《人民日报》影响大,语料规范度高,具有权威性;而据黄裕峰(2011:14-15)介绍,《联合报》是台湾地区历史最久的报纸,同时也是台湾四大报纸之一,并与大陆主流报纸一样,也受到相应的社会文化语境的制约。二是人民日报图文数据库和联合知识库之全文报纸资料库,语料的连续性强,内容丰富,信息量大,而且这两个数据库都具备强大的检索功能,利用它们可以将《人民日报》和《联合报》的语料检索回溯至 20 世纪四五十年代,这为两岸汉语共时状况的对比研究特别是它们发展变化的历时考察提供了良好的条件。需要注意的是,如不加说明,《人民日报》和《联合报》语料检索的时间范围均为二者的起始时间(分别是 1946 年和 1951 年)至 2015 年 9 月 30 日。

本书所用语料以两岸报刊为主。出于精简表达等考虑,如无特殊必要,所用语料一般只标注"大陆""台湾",不注明具体报刊名称。此外,为使读者关注语料本身的语言学价值,而不是更多地关注语料中牵涉的人物信息,必要

---

① 关于该库,请参阅徐嘉慧、赖惠玲(2008)。
② 据该库"舍我先生报业介绍",《世界日报》由成舍我先生于 1925 年 2 月在北平创办,发行时间前后共约十六年,为当时"世界报系"之一。该库提供的《世界日报》新闻语料(1926 年 5 月 1 日至 1931 年底)已实现全文数位化,并配有原文 PDF 版可供对照,这使语料的准确性得到保证。

时，本书一般用"＊＊＊"代替语料中出现的具体人名。

　　总的来看，我们自建历时语料库，并且通过多种渠道搜集和使用大陆、台湾地区和香港地区多个大规模语料库和数据库，语体上涵盖书面语和口语，不仅有数量庞大的共时语料，还有能够反映海峡两岸现代汉语发展变化的历时语料，初步实现了两岸共时语料和历时语料的相对均衡，这与过去相比或许有突破性进展。另外，本书以《人民日报》和《联合报》的共时语料与历时语料作为两岸语法对比的主要语料来源，在考察语料的过程中挖掘出不少因体现台湾现代汉语语法特点而富有研究价值的现象，从而较好地反映出早期现代汉语语法在台湾的发展与演变。

第二章　词法的发展演变

- 第一节　实　　词
- 第二节　虚　　词

早期现代汉语分化以后，现代汉语词法在台湾有比较明显的发展演变，这在实词和虚词两个方面均有表现。比较而言，实词的变化发展更为明显。早期现代汉语词法在台湾的发展与变迁，既造成了两岸词法的差异，也形成了两岸词法由差异趋向融合的变化，因而研究内涵丰富，值得从共时和历时的角度深入探究。

第一节 实 词

刁晏斌（2016a：247-270）概述海峡两岸实词方面的主要差异，涉及动词及动词性词组、名词及名词性词组、形容词及形容词性词组、代词、量词等五个类别，每类下面再分类，比如动词及动词性词组列出及物动词、离合词、可带双宾语的动词、虚义动词、重叠形式、表示指称、直接受副词修饰、趋向动词和助动词等九类，并分别进行简要分析。在上述所列的多个大类中，能够体现台湾现代汉语发展演变的实词比较多，经过细致观察和反复比较，我们从动词、形容词和量词三个大类中分别选取"搞""夯""通"进行较为深入的考究。

一、动词"搞"

（一）引言

"搞"是"做"义类虚义动词（刁晏斌，2004：32）。海峡两岸虚义动词的差异比较大，并且呈现比较明显的融合趋势，刁晏斌（2012f、2012g、2013d、2017a：222-237）对两岸虚义动词"进行""搞""做""作""抓"的差异与融合作了比较细致、深入的研究。一般认为，"搞"来自西南官话，它在大陆使用广泛，而且用法、意义复杂多样，被称作"万能动词"（徐流，1996）、"泛义动词"（杨丽君，2002）。以往不少学者从句法、语义、语用等多个方面深入研究现代汉语"搞"，如杨丽君（2002）、徐时仪（2003）、刁晏斌（2004：268-311）、孙叶林（2004）、姚双云（2011）、郝锐（2017：33-

76）。综观以往动词"搞"的研究成果，多是从共时或历时的角度对普通话"搞"进行细致研究，而立足海峡两岸语言对比，深入探究两岸"搞"的共时差异，特别是从历时角度考察台湾"搞"的发展演变以及两岸"搞"的融合，相关的成果还比较少见。

比较两岸工具书对"搞"的解释，《现代汉语词典》（第 7 版）"搞"表示"①做；干；从事：搞生产、搞工作、搞建设。②设法获得；弄：搞点儿水来、搞材料"，所列词语有"搞掂、搞定、搞怪、搞鬼、搞活、搞笑"。据台湾辞典，"搞"释义为：［动］做、从事。举例如"搞砸、搞好、搞社团"。"搞"及其组合共有"搞、搞懂、搞不懂、搞不好、搞破鞋、搞飞机、搞丢、搞定、搞头、搞妥、搞乱、搞怪、搞鬼、搞活、搞七捻三、搞笑、搞砸、胡搞、瞎搞、怎么搞的"等 20 个。仅从上述词/辞典的对比来看，两岸"搞"在释义和组合两个方面即存在差异，大陆"设法获得、弄"等义不见于台湾，而台湾"搞飞机、搞七捻三"等组合不见于大陆。如果着眼于两岸对比，"搞"是带有明显"大陆色彩"的标志性动词之一，属于最具一个言语社区特征、能够充分反映其个性特征的"言语社区特征词"；在某种意义上甚至可以说，"搞"的发展史就是整个现代汉语发展史的一个缩影（刁晏斌，2015a：215；2017a：222）。由此看来，海峡两岸动词"搞"具有很高的研究价值，需要从多角度展开深入研究。本书在已有研究的基础上，对比分析海峡两岸"搞"的差异与融合，并从历时角度考察台湾"搞"的发展演变。

（二）海峡两岸"搞"的差异

对比考察海峡两岸动词"搞"，刁晏斌（2004：309-311）认为使用频率和感情色彩是其差异的两个主要方面。从我们的调查看，两岸"搞"的使用频率和感情色彩存在比较明显的差异，除此之外，搭配对象也存在差异。

1. 使用频率

调查"搞"在两岸的使用情况，我们考察分析两岸各 100 万字语料，结果显示：《人民日报》共 110 例，每 10 万字的使用频次为 11；《联合报》共 68 例，每 10 万字的使用频次为 6.8。两相比较，大陆的使用频率明显高于台湾。此项调查结果与蔡晨（2014）的研究基本一致，与刁晏斌（2012g）的调查相比，台湾"搞"的使用频率有较大提高，不过总的来说，大陆"搞"的使用频率明显高于台湾这个基本结论却是一致的。

2. 搭配对象

海峡两岸由动词"搞"组成的句法结构都比较复杂，刁晏斌（2004：268-287）对大陆"搞"的句法结构作了较为充分的描写分析，概括起来讲，"搞"做述语或述语中心语，构成"搞＋宾"（如"搞评论"）和"搞＋补＋宾"（如"搞清你的为人"）结构，其中"搞＋宾"的宾语又分为动词性、名词性和中间性宾语等三类；"搞"做谓语中心语，构成"状＋搞"（如"乱搞"）和"搞＋补"（如"搞清楚"）的形式。对比考察两岸"搞"的用法，刁晏斌（2015a：241）对台湾与"搞"经常共现的成分作了简要概括：一是补语，包括简单的补语（如"搞不清楚"）和带"得"引出的补语（如"搞得焦头烂额"）；二是以动词为中心的偏正词组（如"搞什么爱心感化"）；三是名词性宾语（如"搞奢侈税"）；此外还有少量已经或者基本词化的"搞笑"等。从我们的考察来看，两岸由"搞"构成的句法结构主要有述宾结构、述补结构和以"搞"为中心语的状中结构等三类（参看：郝锐，2017：47-51）。总起来讲，当前两岸"搞"的句法结构大体一致。

不过，在具体的搭配对象上，两岸"搞"存在差异，对此以往的论述还不多见。蔡晨（2014）基于两岸语料库调查"搞"的搭配情况，部分揭示了两岸"搞"搭配的异同。以下我们依托两岸大规模语料库或数据库，进一步探讨两岸"搞"在搭配对象上的差异。

A. 大陆常见而台湾不常见

从郝锐（2017：49）的调查可知，在"搞"所带的宾语中，由后缀"化"所构成的"X化"结构在中期现代汉语（1949—1978）中已不少见。刁晏斌（2004：269）列举了普通话里"搞"所带动词宾语"X化"的使用情况，如"合作化、机械化、现代化、自由化、绿化"等。下面是普通话"搞＋X化"的用例：

（1）在生活上，他们公私不分，搞特殊化，追求特殊待遇，贪图享受。（大陆，2018-03-26）

（2）现在的葫芦坝，干净清爽，家家争着搞绿化，处处比干净，村里还挖掘三国时期的故事，打造了几处文化休闲广场。（大陆，2018-12-13）

搜索 BCC 报纸库，"（不）搞特殊化""搞绿化"分别有 1 214、344 个检索结果（含重复用例，下同）；在 2009 年至 2019 年（2009-09-09—2019-08-

18)近十年的《联合报》里,"(不)搞特殊化"仅 4 个结果,且都与大陆有关,而"搞绿化"没有用例。由此可见,两岸"搞+X 化"差异明显。调查显示,大陆"搞+X 化"是比较常见的组合形式,除了"特殊化、绿化",还有"现代化、自动化、自由化、专业化、机械化、市场化、商业化"等,比较而言,台湾却较为少见。

海峡两岸"搞+X 化"的使用存在差异,除此之外,下面大陆"搞"的用例一般也不用于台湾:

(3) 搞社会主义建设,很重要的一个问题是综合平衡。(大陆,2018-05-07)

(4) 陈忠义决定,因村施策,不搞一刀切。(大陆,2018-11-05)

"搞社会主义(建设)、(不)搞一刀切"都是大陆常见且带有"大陆色彩"的组合形式,利用 BCC 报纸库,以"搞社会主义""搞一刀切"为搜索对象,分别有 2 279、586 个结果;而在 2009 年至 2019 年(2009-09-11—2019-08-20)近十年的《联合报》里,"搞社会主义"仅 1 个检索结果,而且出自大陆;"(不)搞一刀切"仅 2 例,均出自大陆。这类大陆常见、带有"大陆色彩"的组合还有"搞四个现代化""搞改革开放""(不)搞大水漫灌""(不)搞大而全""(不)搞小而全"等,它们在台湾都很少使用。

另外,"搞研究"在亓婷婷(1989)的研究中属于被批评的对象,现引述如下:

……许多大陆流行的词语也出现在台湾报章的"大陆版"上,令在台湾生长的人感到好奇……如"抓""搞"这两个语意粗鄙的动词,适用范围相当广泛,从抽象的权柄、劳动到具体实物,都可一贯使用,如"抓生产""搞研究",我们看到流行新词在破坏传统语言甚至社会结构。[①]

历时检索显示,"搞研究"在《联合报》首次出现是 1988 年,即:

(5)(大陆)有二分之一的知识分子不愿担任任何官职和社会工作,惟恐会影响自己"搞研究"。(1988-12-29)

此例与大陆有关,而且"搞研究"用双引号标明,可看作对大陆用法的引进。可是,"搞研究"在台湾虽已引进但未被吸收,《联合报》(2009-09-06—2019-08-15)的调查结果显示,"搞研究"没有用例。刁晏斌(2015a:

---

① 转引自:郭熙. 中国社会语言学 [M]. 3 版. 北京:商务印书馆,2013:124.

229-230)对比"搞""做"等相同性质和功能的虚义动词,指出"搞"和"做"音节形式相同,使用范围也大致相同,所以能够自由变换的情况最为普遍;二者在语体色彩上有明显差异("搞"显俚俗,"做"呈中性),因此可以形成互补分布。在同一时期内,《联合报》里尽管"搞研究"没有用例,但"做研究"共有 751 个检索结果。考察大陆"搞研究"和"做研究",BCC 报刊库分别有 353、507 个检索结果,显示二者都不少见。

与此类似的还有"搞学问""搞科研""搞投资""搞实业""搞规划""搞教学""搞教育"等[①],以"搞教育"为例,它在 2009 年至 2019 年(2009-09-11—2019-08-20)近十年的《联合报》仅有 4 个检索结果,而"做教育"在此期共有 93 个结果。究其原因,台湾"搞"与其搭配的词语在感情色彩上不兼容,或者说是对"搞"字的负面认知。关于这一点,下文还将谈到。

B. 台湾常见而大陆不常见

在使用过程中,台湾"搞"及其搭配出现了一些台湾常见而大陆不常见的情况。例如:

(6)语音难辨识 查号台搞乌龙(台湾标题,2013-03-29)

(7)搞乌龙!业者爆脱团只买单程机票 一个下午又改口(台湾标题,2018-12-26)

调查 2009 年至 2019 年(2009-09-06—2019-08-15)近十年的《联合报》,"搞乌龙"共有 227 个检索结果;在 BCC 报刊库未见"搞乌龙"的用例,但在微博数据库有 17 例,说明大陆正式交际中一般不使用此词组,而在虚拟空间,或者说规范度相对较低的语体里有一定的出现频率。

除了"搞乌龙","搞 KUSO/Kuso/kuso"在台湾也不少见。例如:

(8)学生杨莉洁拿着超大张的邀请函给校长,还用"通缉"的口吻,要校长记得来吃谢师宴。她说:"搞 KUSO 的目的,是希望教师千万不要忘记

[①] 此外,我们还调查了两岸"搞慈善/做慈善、搞公益/做公益"的使用情况,它们在 BCC 报纸库里分别有 9、133、17、224 个搜索结果,《联合报》2009 年至 2019 年(2009-09-11—2019-08-20)近十年分别有 1、194、2、4 303 个检索结果,两岸均是"做"多"搞"少,台湾表现得更为突出。刁晏斌(2015a:214)认为,进入新时期以后,在海峡两岸暨香港、澳门现代汉语交流、融合的大背景下,内地"搞"的使用开始大幅度减少,而"做"的出现频率有了明显的提高,并由此初步实现了"做"在内地与台港澳地区较大程度的一致性。两岸"搞慈善/做慈善""搞公益/做公益"的使用调查能够印证这一观点。对比考察两岸"搞"和"做"的使用情况,我们发现二者呈现此消彼长的互动性变化(参看:刁晏斌,2015a:230)。

我们。"（台湾，2012-06-19）

（9）中秋佳节赏月、吃月饼也能搞Kuso，大润发突发异想，以披萨代替月亮为主题，推出脸书网络活动送好康。（台湾，2015-09-22）

（10）年轻人当家作主趋势虽不可逆，但也不代表着年轻人一定能当家作主，有才有料才有机会引领风潮，追随民粹、只在网络上搞kuso，也未必赢得过大叔或老头儿。（台湾，2015-01-22）

搜索《联合报》2009年至2019年（2009-09-05—2019-08-14）近十年的用例，"搞KUSO/ Kuso/kuso"共76例，而与之相近的"恶搞"有666例[①]；BCC报纸库不见其用例，微博数据库仅1个不重复用例，说明这种中外夹杂的形式在台湾比较多见，但在大陆较为少见，这可能是大陆已有"恶搞"（详后），"搞KUSO/恶搞"二者选其一，而台湾二者皆用，但以后者为主。此外，"搞KUSO/Kuso/kuso"所指相同，但形式不统一，显示其规范化程度不高。

总体而言，海峡两岸动词"搞"及其组合出现大陆常见而台湾不常见、台湾常见而大陆不常见的不同情况，使两岸"搞"的搭配对象形成较为明显的差异。

3. 感情色彩

两岸"搞"在感情色彩上的差异已有一些相关研究成果，刁晏斌（2012g）认为，大陆的"搞"字在感情色彩方面基本是"无色透明"的，所以能与各种情感倾向的词语搭配使用，而"搞"在台湾主要与含贬义的词语搭配，或者是在具体的语境中表现出贬义。蔡晨（2014）的研究结论与此大体一致，即两岸"搞"在语义韵的整体倾向性上大陆以中性为主，台湾则偏消极。该文还进一步指出，"搞"的不同类连接对其语义韵类型有较大影响，在"搞＋补语"的类连接中，两岸都表现出消极的倾向，在"搞＋动宾"的类连接中，两岸都表现出中性的倾向，但在"搞＋名宾"的类连接中，大陆

[①] 据百度百科介绍，KUSO在日文作"可恶"的意思，起先是指教游戏玩家如何把"烂Game认真玩"，通常也拿来当成骂人的口头禅。但对台湾的网络时代而言，"KUSO"则渐渐演化成"恶搞"之意。后来KUSO也逐渐有了"无聊"的意思。KUSO在台湾早期只限于网络，后来则利用网络的特性，影响范围愈来愈大，经台湾传入大陆后，现在用途十分广泛，大陆一般认为对一些图片、文字、媒体发布的消息及官方文件的恶搞叫作KUSO（访问时间为2019年8月9日，有删改）。另据Google翻译，"Kuso/kuso"即"恶搞"，源语言为日语（访问时间为2019年8月22日）。

的语义韵以积极为主,台湾则偏消极。

感情色彩差异是两岸"搞"最大、最明显也是最根本的差异(刁晏斌,2015a:241)。依托人民网,考察 2017 年 12 月《人民日报》131 个"搞"的用例,用于贬义的或在具体语境中体现贬义的有 67 例,其余 64 例为非贬义,各约一半,大致也说明大陆"搞"倾向于中性色彩。搜集并考察 2014 年至 2017 年《联合报》205 个"搞"的例子,用于贬义的或在具体语境中表现出贬义的共 135 例,占比约 65.9%,说明台湾"搞"偏向于贬义。

(三)台湾"搞"的演变

海峡两岸动词"搞"的差异有其特殊的社会历史背景。蔡晨(2014)把 20 世纪 40 年代看作"搞"在两岸变异的开端,1949 年以后,"搞"本身的口语性和经济性,外加政治人物的示范效应,使其在大陆快速推广开来;在台湾,则保持了其最初的面貌。"搞"在大陆有明显的发展变异。刁晏斌(2015a:223-239)对大陆"搞"作了历时考察,调查显示,现代汉语史第一阶段是一个"少"的时期;进入第二阶段以后,用例数开始明显增加;第三阶段到第四阶段开始之前,用量达到最大化;第四阶段开始明显减少,与前一阶段形成鲜明对比;到了调查的 2011 年,开始止跌回升。历时来看,台湾动词"搞"也有明显的发展和演变,其发展路径及演变规律值得深入探究。

1. 使用频率提高

历时考察台湾"搞",我们利用自建的台湾历时语料库(1952—2012),以每隔五年为一个点,每个点 300 万字,定点考察其使用情况,调查结果如下:

表 2-1 台湾动词"搞"使用调查

时间	总频次	每 10 万字出现频次
1952	35	1.17
1957	103	3.43
1962	114	3.8
1967	85	2.83

续 表

时间	总频次	每10万字出现频次
1972	87	2.9
1977	219	7.3
1982	197	6.57
1987	121	4.03
1992	318	10.6
1997	189	6.3
2002	198	6.6
2007	261	8.7
2012	229	7.63

下面是台湾动词"搞"每10万字出现频次的曲线图：

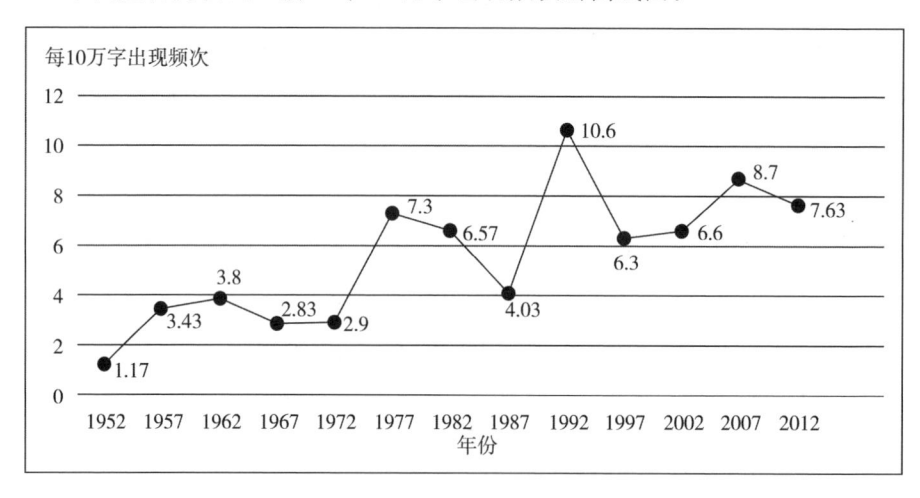

图 2-1　台湾动词"搞"的出现频次

如表 2-1 和图 2-1 所示，在调查的六十年（1952—2012）里，台湾"搞"的使用频率在整体上有很大提高，这可从两个方面来看：一是 1952 年平均每 10 万字的出现频次为 1.17 次，而 2012 年为 7.63 次，后者是前者的近 7 倍；二是 1977 年及其以后的出现频次均高于此前各个调查点，增幅明显。

据刁晏斌（2004：306-307）考察，早期现代汉语中"搞"的使用范围很有限，总体而言使用频率很低。1952年距离1946年早期现代汉语在台湾的推广并不远，此期更多的是延续早期现代汉语的用法，因而"搞"的出现频次最低。不过，继承当中也有发展，如引用大陆"搞"的常见用法（详后）。出现频次最高的是1992年，这一时期台湾"搞"明显受到大陆的影响，直接推高了其使用频率。1977年的情况与此类似，大量引进大陆用例，使其较前面各个调查点的出现频次都有明显上升，下文将会谈及。我们注意到，在1977年及其以后的各个调查点中，1987年的使用频次最低，从调查的语料看，此期很少引用大陆用例，这说明是否引用大陆用例、引用多少影响到台湾动词"搞"使用频率的高低。

一种语言形式（小到一个词，大至一个句子）的发展程度及所能达到的复杂程度，与它的使用频率成正比（刁晏斌，2012c）。台湾"搞"使用频率的提高有助于组合形式的扩大，也有利于自主性使用的增多，对其发展演变产生了重要影响。

2. 搭配范围扩大

伴随使用频率的提高，台湾动词"搞"的搭配范围有扩大的趋势，句法结构由简到繁，呈现出复杂化的特点。

刁晏斌（2015a：241）的调查显示，大陆出现的"（不）搞＋主谓词组"（如"不搞多党轮流执政"）和"搞＋动宾词组"（如"搞铸造空心涡轮叶片"）在台湾比较少见。从台湾历时语料来看，此类动词性词组做宾语的用例较难见到，不过我们在近些年的语料中搜集到一些，例如：

（11）印度也搞内阁改组 出现史上第二位女性国防部长（台湾标题，2017-09-04）

（12）昨日他主动对外澄清，强调国民党在高雄只提名＊＊＊，"一定会挺她到底"，"其他人搞弃黄，我们绝对反对；保黄，我们绝对赞成"。（台湾，2010-10-18）

上面两例"搞"的宾语分别为主谓词组和动宾词组。例（11）"搞内阁改组"用于标题，正文中却把"搞"换成了"进行"，请看：

（13）印度3日进行第三次内阁改组，共有9名新任部长就职，其中国防部长由西塔拉曼（Nirmala Sitharaman）这个大黑马出任，成为印度史上第2

位女性国防部长。(台湾，2017-09-04)

下面一例与此类似：

(14) ……台湾搞千万除籍？(台湾标题，2017-11-13)

此例标题中"搞千万除籍"在正文里换成了"把他们全部'剥权除籍'"。类似情况并不少见，以下"搞+谓词性短语"均用于标题，但在正文相应处都不用"搞"：

(15) 办补习班却搞吸金　9 京点集团负责人吸金 1.5 亿遭诉(台湾标题，2017-05-03)

(16) 卫诗雅年少想搞棉被里有蛇(台湾标题，2017-06-09)

(17) 印军传连夜撤越界士兵　偷运补给搞灭灶诱敌？(台湾标题，2017-08-10)

为什么上述新闻标题里用"搞"而正文中却不用？一般而言，标题必须简短精练，突出醒目(尹世超，2001：133)，标题语言在简练、新颖等方面有较高的要求。孙叶林(2004)认为，"搞"具有经济、口语性强的语用价值。刁晏斌(2015a：226)指出，"搞"具有俚俗化的语体色彩，易于为一般民众所接受。单音"搞"特点明显，谓词性短语用作其宾语，陌生化程度比较高，比较符合标题语言的内在要求[①]。

标题有其自身的功能，尹世超(2001：59)在论述其吸引功能时指出，标题格式的语法语义性质与众不同，半含半露，有意残缺，语义后倾，意在正文，造成悬念，引起兴趣。标题的吸引功能在台湾媒体中常有突出的显现，例如：

(18) 日内瓦表展开幕　Roger Dubuis 搞天崩地裂(台湾标题，2017-01-16)

此例"搞天崩地裂"是少见的组合形式，对于读者具有较强的吸引力，如要明白其中意思，仅仅通过标题还不够，需要依靠正文，即：

(19) SIHH 日内瓦高级钟表展于瑞士时间 1 月 16 日正式开展，Roger

---

① 刁晏斌(2017a：199-200)注意到台湾新闻标题较之大陆更加崇尚简约。台湾"搞"较多地用于标题，也在一定程度上体现了这种风格。值得注意的是，刁晏斌(2017a：200-201)谈到台湾现代汉语简约风格对其自身的影响，指出大致表现在延续传统和偏离传统两个方面，前者使台湾现代汉语与古代汉语、近代汉语以及早期现代汉语保持很高程度的一致性，后者使台湾现代汉语具有一些与时俱进的新特点。我们认为，"延续传统"和"偏离传统"均值得研究，比较而言，"偏离传统"侧重发展变化，就本课题而言更值得探究。

Dubuis 一如往常也同步举办每年开幕仪式，今年以"破坏"为概念，将展场打造成天崩地裂场景。（台湾，2017-01-16）

从例（19）可知，"搞天崩地裂"表示"（将展场）打造成天崩地裂场景"。

刁晏斌（2015a：226）指出，"搞"具有"广谱"适用性，即具有作为"万能动词"的所有特质和功能：既可以作为"代动词"广泛使用，又可以作为"形式动词"发挥多方面的造句功能，因而可以最大限度地满足人们的交际需要。例（18）"搞"即"打造"，起到"代动词"的作用，体现其适用性广的特点。总的来说，"搞"具有鲜明的语用价值，与新闻标题的要求、功能相适应。

台湾新闻标题里出现"搞"正文中却不见，反映了标题语言和正文的差异，同时反映出在一般交际中"搞"与主谓、动宾等谓词性短语组合并不常见，用于标题更多是为了追求简练、新颖等表达效果。此外，"搞"有较为合适的替代者，行文时有选择的余地，这也使正文中倾向于少用或者不用（参看：刁晏斌，2015a：229-230）。

以上"搞＋谓词性短语"多见于标题，下面是正文中的例子：

（20）＊＊＊说，孳生源清除是在产生疫情后最有效的作为，但通常都被地方政府污蔑效果有限，例如高雄市去年搞灌海水入沟，以及今年的关闭狮湖公园，都是完全是没有根据的作法。（台湾，2015-08-26）

（21）他在机场表示，……新党追求两岸和平，不会搞族群对立。（台湾，2017-12-23）

（22）公广集团内部乱象浮现，让外界对其中立性产生质疑。然而，对比几年前学界搞"反媒体垄断"的嚣张，现在却选择集体噤声，不禁令人质疑某些学者是看颜色办事。（台湾，2018-01-23）

例（20—22）动词"搞"的宾语均为谓词性短语，这样的用例在我们调查的近些年语料中才较多地见到，较之过去，"搞"突破以往常规用法，搭配范围扩大，句法结构复杂化。

3. 感情色彩变化

刁晏斌（2004：310-311）考察分析两岸动词"搞"在感情色彩上的差异，指出台湾"搞"主要用于贬义，或者是与表示"不好""不如意"的事物、动作行为或状态等的词语连用。台湾报纸里不同时期、不同作者的论述能够说明这种差异，请看：

(23) 这搞、抓两个字，我们听起来很"草根味"，在大陆上却是个极生动通俗的字。……发展经济，说"搞活经济"。这些搞啊、抓啊的字眼，我们听起来觉得"粗俗"，他们用起来易懂通俗。(万家兴《搞活白话运动》，台湾，1991-03-12)

(24) 受一些习惯的影响，"搞"这字，在我们观念里是极不雅的，可是从对岸的小孩子述来，却是如此理所当然。(Emily《只有两个不会 大陆小亲戚动口我喷饭》，台湾，2007-09-09)

不过，和过去相比，台湾"搞"的感情色彩已有所变化。刁晏斌(2017a：224)注意到，以前所见，台湾"搞"几乎都用于贬义，现在虽然仍以贬义为主，但是中性的用例已越来越多。从历时调查来看，这种变化是比较明显的。我们搜集并考察20世纪50年代138个"搞"的例子，用于贬义的或在具体语境中体现贬义的共108例，占比达78.3%，对比前面调查的65.9%（语料时间为2014年至2017年），近些年的占比要低一些，说明台湾"搞"的非贬义用例有所增加。换言之，台湾对"搞"的负面评价减少了。

随着感情色彩的变化，台湾"搞"在一定程度上突破了贬义的限制，下面一例比较有代表性：

(25) 车厢广告为"把台南搞大"的政绩以及重建热兰遮城愿景。(《"把台南搞大"南县广告 雄客突撤》，台湾，2009-11-12)

此例"把台南搞大"用于广告宣传，"搞"显然不带贬义，这从一个侧面反映了台湾"搞"不一定用于贬义已为越来越多的人所接受。

4. 创新性使用增多

台湾"搞"的发展演变表现在多个方面，以上从使用频率、搭配对象、感情色彩等方面作了描写分析，除此之外，创新性使用也体现出"搞"的演变。下面分别以"搞鬼、搞什么鬼、搞飞机、搞轨、搞瓯、搞'诡'"等为例进行讨论。

"搞鬼"本是一个词，在台湾有时却可以用作词组。例如：

(26) "不给糖，就捣蛋！"西洋万圣节的气氛昨天在台中市私立育仁小学及东海大学附设小学发烧，小朋友发挥创意尽情搞鬼。……东海大学附设小学结合英语教学与艺术人文，举办"欢度万圣师生变装秀"，不仅小朋友变身成为吸血鬼、蜘蛛人、小魔鬼等，就连站导护的教师也化身成各种鬼魅，校

园不断传来阵阵惊叫声。(台湾，2004-10-30)

此例"搞鬼"用于万圣节（即鬼节），依据上下文，"搞鬼"即"扮演鬼"，一语双关，不失简约，此处"搞"不含贬义，已呈中性色彩。

刁晏斌（2015b）指出，当代汉语最为独特的语义扩张模式就是借形赋义，即利用已有词语来表达新义，从而造成其语义的增加。在借形赋义的多个类别中，词义表面化是指在使用某一个旧有词的时候，抛开它原有的意义，而只使用它字面上的含义。例（26）"搞鬼"即属借形赋义，词义表面化。下面的"搞什么鬼"也取"字面义"：

（27）第九届"天母搞什么鬼"万圣节嘉年华，昨在北市天母商圈热闹登场，上万名民众前往感受充满异国气氛的天母万圣假期。（台湾，2017-10-29）

与"搞鬼""搞什么鬼"类似的还有"搞飞机"。据 BCC 报刊库文章介绍，"搞飞机"是台湾用语，有"故意整人，使坏招"的意思（《人民日报海外版》，2005-02-16）。检索台湾辞典，"搞飞机"释义为"乱来，惹麻烦"，如"他们两个鬼头鬼脑的，不知道在搞什么飞机"。不过，"搞飞机"有时也抛开其原有意义，只取字面义。例如：

（28）"遥控飞机社"是西园小学的特色社团之一，为了让其他学校小朋友也能体验玩飞机的乐趣，特别在校际交流时规画"搞飞机"活动，教导小朋友利用一根吸管当机身，两块保丽龙板当飞机的主翼和尾翼，制作出手工飞机，同时运用橡皮筋和回形针变成发射器，让飞机可以飞得更远。（台湾，2007-12-12）

从上下文看，例（28）"搞飞机"即"制作飞机"。"搞"本身的语义表达是模糊不清的（刁晏斌，2015a：229）。徐时仪（2003）将"搞"的意义概括为"搅、弄、开展、制作、设法获得、玩弄、整治、使……达到"等多个义项。孙叶林（2004）指出，"搞"后面接具体名词做宾语、代替具体可感的动作动词时，一定要有上下文的提示，否则由于"搞"词义的宽泛性，容易引起歧义。在"搞飞机"等组合里，"搞"的词义有时存在模糊性，进而影响表达的明确性，导致费解。比如下例：

（29）欧洲迷你国搞飞机（台湾标题，2017-08-06）

仅从标题看，例（29）"搞飞机"语义不明，需要结合具体语境判断，以下是对应的正文：

(30) 事实上,梵蒂冈早已将古代的莱奥妮恩围墙(Leonine Wall)改建成直升机停机坪,天主教宗虽无专机,但意大利空军会提供直升机让他使用。(台湾,2017-08-06)

从例(30)看,"搞飞机"应为"使用飞机"。从例(28—30)看,"搞飞机"除了原有的"乱来"等固定语义,它还在不同的语境中临时活用为"制作飞机""使用飞机"等,这是利用了"搞"词义的模糊性。

下面的用例也体现出"搞"词义的模糊性:

(31) 震惊社会的南回铁路搞轨案,高雄高分院更一审卅日下午宣判,法官认为被告李泰安非主谋,且仅参与一次破坏铁轨犯行,依共同杀人、公共危险等罪,由二审判决十八年减为十三年。(台湾,2010-07-31)

例(31)"搞轨"语义不明,需要结合后文"破坏铁轨"来理解。

刁晏斌(2016b)论述当代汉语"借音赋形"现象时指出,借音赋形即有意识地利用汉字的同音或近音关系,对已有词语加以改造,从而形成一个新的词语形式来表达新义,它包括等义赋形、半新义赋形以及全新义赋形三类。例(31)"搞轨"与"搞鬼"谐音,应是全新义赋形。

下面的"搞匦""搞'诡'"也是借音赋形:

(32) 选票作掉对手 搞匦无奇不有(台湾标题,2010-11-02)

(33) 香港迪斯尼万圣节日夜派对连续48天搞"诡"(台湾标题,2017-08-23)

据台湾辞典,例(32)的"匦(guǐ)"即"小匣子、小箱子",如"票匦"。结合文章正文来看,此例"搞匦"即"搞鬼",应属等义赋形。例(33)"搞'诡'"兼有"扮演鬼""制造诡异"等义,可看作全新义赋形。

无论是借形赋义的"搞鬼、搞飞机",还是借音赋形的"搞轨""搞匦""搞'诡'",尽管存在语义模糊的情况,但总的来说,都可看作从形、音、义的角度对"搞"及其组合的创新性使用。

(四)海峡两岸"搞"的融合

周清海(2016)指出,大陆改革开放之后,就开始了汉语的大融合,该文还预测"大华语"的发展趋势,即逐渐融合几乎是不可避免的。刁晏斌(2017a:230)调查指出,目前"搞"在台湾使用范围之广、用法之复杂,已经丝毫不亚于普通话。换言之,两岸已经达到了深度的融合。以下我们着重从历时的角度来考察海峡两岸动词"搞"融合的进程与结果。

1. 大陆"搞"与台湾的融合

据刁晏斌（2015a：233-234）考察，大陆非正式交际中大量使用由"搞"参与构成的新词语，这种不见于以前的新组合形式主要是由台港澳地区引进的，主要有"搞笑、搞定/掂、恶搞"，其中"恶搞"的引进途径大概是由日语到台湾，再由台湾到大陆。

除了"搞笑"等外，我们还发现"搞乌龙""搞 KUSO"在两岸也有融合的趋势。我们于 2019 年 8 月 21 日检索人民网，"搞乌龙"共 128 个搜索结果，用例时间跨度为 2011 年 9 月 14 日至 2018 年 10 月 12 日，其中刚开始出现的多个例子均是对台湾用例的转引。例如：

（34）谐音搞乌龙　台湾歌手＊＊＊愿望变"患癌"（大陆标题，2011-09-14）

（35）据台湾 TVBS 网站报道，台东鹿野有座公厕，盖得美轮美奂像住宅，特别的是门口还挂了一块门牌……公厕怎么会挂门牌，店家说不是"政府"单位搞乌龙错发门牌，而是向"政府"申请经费盖新厕所，依法必须挂上门牌。（大陆，2012-01-12）

而此后的用例中，转引台湾的也还比较常见。不难看出，"搞乌龙"在大陆的使用有台湾的影响。

下面的例子属于大陆的"自用"：

（36）此时＊＊＊突然语出惊人说自己已经收到邀请，婚期定在 3 月 5 日，后来才知道他是为了宣传节目播出时间，且大搞乌龙，被纠正是 12 日才对，成为意外插曲。（大陆，2016-02-18）

（37）然而，乾隆皇上在文物圈搞乌龙是出了名的，这次他又看走眼了。（大陆，2017-09-05）

与"搞乌龙"相比，大陆"搞 KUSO"使用较少。搜索人民网（时间为 2019 年 8 月 21 日），"搞 KUSO"等共 7 个不重复用例，全部出自台湾《联合报》、《中国时报》、TVBS 电视台等媒体。例如：

（38）据台湾《联合报》报道，本月 26 日，台当局刑事警察局督察员＊＊＊将迎娶小学老师＊＊＊，喜帖搞 kuso（恶搞），仿交通罚单的颜色与格式，并罚双方相伴一生一世。（大陆，2011-11-17）

（39）据台湾《中国时报》报道，……研考会主委＊＊＊说，市府员工在接受标案网路管考系统教育训练大搞 KUSO，不料承包业务厂商将测试画面流出，已发文纠正，要求厂商删除网页，避免民众误信测试资料。（大陆，2013-11-05）

例（38）"搞 kuso"加注，反映其并不常见。

大陆引进"搞笑、搞乌龙、搞 KUSO"等，有的甚至经常性自主使用，可看作大陆"搞"向台湾的靠拢，体现出两岸"搞"的趋同。

2. 台湾"搞"与大陆的融合

仇志群、范登堡（1994）认为，随着两岸交流的扩大，词语相互渗透，普通话吸收台湾词语，台湾也吸收了一批普通话词语，如"抓、搞"。刁晏斌（2019b）指出，以前的全球华语研究中，人们的注意力主要集中在"差异"方面，而对交融发展阶段的"融合"现象（特别是普通话的外向输出）讨论得还很少，该文以"搞"为例进行了相关说明。历时考察显示，台湾"搞"在不同时期受到大陆不同程度的影响，对其发展演变起到不可忽视的重要作用。

A. 基于不同时间点的调查

20 世纪 50 年代初大致可以看作台湾现代汉语的最初时期，此期台湾"搞"即受到大陆的影响。在我们调查的 13 个点中，1952 年"搞"的使用频率最低，300 万字中仅 35 例，不过，其中 5 例与大陆用法有关，或者是对大陆用例的转引，占 14.3%，其中"搞通思想"及其相关表述即有 4 例，另有"搞好春耕"1 例。

据郝锐（2017：45-52）调查，"搞通"在中期现代汉语（1949—1978）发展成熟，达到使用高峰后逐步隐退；在《现代汉语词典》1973 年试用本里，"搞通思想"即作为"搞"的示例之一出现。在 BCC 历时检索里，20 世纪 40 年代后期至 20 世纪 50 年代"搞通思想"有较多的用例，出现频率也比较高，下面是这一时期"搞通思想"的例子：

（40）县区负责同志还必须注意进行个别谈话，耐心帮助他们搞通思想。（大陆，1948-11-29）

（41）我们要以集体学习的方法搞通思想。（大陆，1950-01-04）

受此影响，台湾出现"搞（不）通（思想）"等与大陆一致的相关表述，且均用双引号标出。例如：

（42）不必怕思想"搞不通"。（台湾，1952-01-01）

下面一例则是对大陆的直接引用：

（43）开展群众性防旱抗旱运动，搞好春耕。（台湾，1952-03-06）

到了20世纪70年代后期，台湾"搞"的使用频率有了较大提高，其中不少用例与大陆有关，有的还是对大陆用法的"直引"。例如：

（44）……并且要"带领群众把运动搞深搞透，不获全胜，决不收兵"。（台湾，1977-02-13）

（45）……"学习无产阶级专政理论""安定团结""把国民经济搞上去"等三项指示。（台湾，1977-03-13）

大陆词语进入台湾始于引用，最典型、最自然的引用就是保留"原话"（刁晏斌，2017a：231）。以上两例中"把运动搞深搞透""把国民经济搞上去"均为直接引用，像这样的引用较多地出现无疑使"搞"的使用频率进一步提高。

在13个调查点中，1992年台湾"搞"使用频率最高，共有318例，其中很大一部分"搞"及其组合形式转引自大陆，如"（不）搞改革（开放）"就有18例，"把经济（建设）搞上去"有13例，"搞好（大陆）经济（建设）"共4例，仅三者相加即占全部用例的11%。以下各举一例：

（46）搞改革开放动摇不得。（台湾，1992-03-02）

（47）我们要千方百计快点把经济建设搞上去。（台湾，1992-02-15）

（48）只有搞好经济建设，才能使社会主义具有更强的说服力、生命力和吸引力。（台湾，1992-02-15）

据李行健、仇志群（2012）介绍，1987年台湾当局作出决定，开放台湾同胞赴大陆探亲，此后两岸交流逐渐增多。1992年台湾"搞"急剧增多应与此有关，而大量引进大陆用例直接推高了台湾"搞"的使用频率。

B. 以"搞活""搞建设"为例的调查

郝锐（2017：53）指出，"搞活"在中期现代汉语（1949—1978）萌生，进入新时期以后，为恢复与发展国民经济，在"以经济建设为中心"的社会主题下，"搞活"呈现激增的使用态势。这种情况在台湾也有所反映，如1987年《联合报》（300万字）"搞活"共使用4次，全部引自大陆。例如：

（49）但自某一角度来看，它也生动说明了近年来大陆个别名伶在剧艺上

之创新、突破，以及京剧界为了生存、自救而展开的种种"对外开放、对内搞活"措施。（台湾，1987-03-16）

此例"对外开放、对内搞活"用双引号，为直接引用。

"搞活"的对象一般多与经济有关，它在台湾已有一定的使用频率，联合知识库2009年至2019年（2009-09-04—2019-08-13）近十年的检索结果显示，共有46例，其中"搞活经济"在2009年至2019年（2009-09-11—2019-08-20）近十年的《联合报》里共有3例。在我们搜集的用例中，有一些是对大陆的转引或者见于与大陆有关的表述。例如：

（50）国务院放权　搞活市场（台湾标题，2013-05-15）

（51）搞活光棍节　写销售神话（台湾标题，2013-11-12）

（52）搞活资本市场在大陆经济转型的关键时刻，现在扮演着格外重要的角色。（台湾，2014-12-04）

另有一些已属自主使用。例如：

（53）5亮点产业　搞活三业四化（台湾标题，2012-08-15）

（54）花旗炼金师　搞活有毒资产（台湾标题，2016-06-20）

"建设"是共和国的主旋律（郭熙，2019）。从历时来看，"搞建设"几乎始终保持较高的出现频次。下图是BCC的历时检索结果（荀恩东等，2015；2016）：

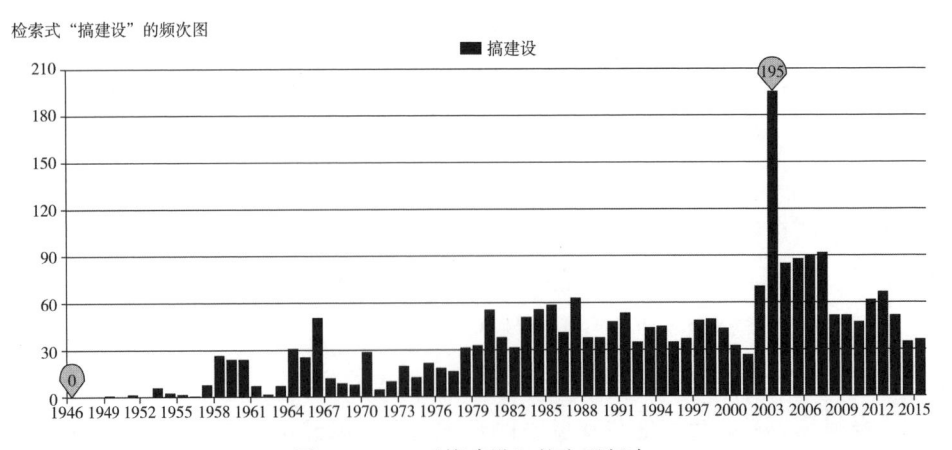

检索式"搞建设"的频次图

图2-2　BCC"搞建设"的出现频次

据调查，台湾"搞建设"首次出现于《联合报》是1984年，且为直引：

（55）……"过去搞民主革命，要适合中国情况。……现在搞建设也要适

合中国情况，走出一条中国式的现代化道路。"(1984-06-04)

检索 2009 年至 2019 年（2009-09-05——2019-08-14）近十年的联合知识库，"搞建设"共 28 个结果，除了有的引自大陆，另有一些已是自主使用。例如：

(56) 4.1 兆搞建设　前瞻在哪里？(台湾标题，2017-03-21)

(57) 地方坐大搞建设　消灭蚊子馆做白工(台湾标题，2015-08-03)

(58) 不要表面搞建设，却是为自己下一届选举铺路。(台湾，2010-01-20)

蔡晨(2014)预测，两岸"搞"会进一步趋同。未来两岸"搞"如果进一步融合，台湾可能会出现更多"与大陆完全相同的、不含贬义的、用于比较典型的书面语的用例"（参看：刁晏斌，2015a：242）。

(五) 小结

立足海峡两岸语言对比，探讨大陆言语社区特征词"搞"在台湾的发展路径，揭示其中演变规律，能够深化现代汉语"搞"的研究。两岸动词"搞"存在一些差异，体现在使用频率、搭配对象、感情色彩等方面，其中感情色彩的差异最为明显。历时考察发现，台湾动词"搞"在使用频率、搭配范围、感情色彩、创新性使用等方面均体现出明显的发展变化，因此它是早期现代汉语语法在台湾发展演变的典型案例。当前，两岸"搞"在差异的基础上已经出现双向互动的深度融合：既有大陆"搞"向台湾的趋同，更有台湾"搞"向大陆的趋同。由此看来，两岸"搞"的融合是通过相互趋同来实现的。

海峡两岸现代汉语的融合对普通话和台湾现代汉语都产生了重大且深远的影响。就动词"搞"而言，大陆增添了一些"搞"的新组合形式，其中有的已是固定组合；而台湾所受影响更大，"搞"不仅有"量"的提高，而且在组合功能、感情色彩、创新使用等"质"的方面都有了发展变化。

二、形容词"夯"

(一) 引言

浏览近些年台湾的报纸语料，常见如下"夯"：

(1) 花博闭幕满一个月，最夯的梦想馆到底何时开放？(台湾，2011-05-26)

(2) 近年果汁断食排毒法很夯，由于从好莱坞明星开始流行，经过电视、

网路、名人见证,仿佛一瞬间成为万灵丹。(台湾,2019-11-07)

查找台湾辞典,"夯"音"hāng",名词"夯"指用来敲打地基、使其结实的工具;动词"夯"义项有三:一是胀满、鼓胀,二是用力以肩扛物,三是用夯砸地。翻检《现代汉语词典》(第7版),名词"夯"(hāng)指砸实地基用的工具或机械,动词"夯"(hāng)表示用夯砸、用力打或用力扛;"夯"(bèn)旧同"笨"。两岸词典对"夯"的解释大体一致,不过均未提及例(1—2)形容词"夯"。由此看来,台湾"夯"较之过去有了发展变化,并与大陆形成了差异。

检索两岸通用词典(网络版),"夯"可表示"流行、热门",台湾常用。在中华语文知识库两岸差异用词里,"夯"为台湾特有的网络新词;"很夯"为口语、流行用语,指"非常热门"。与"夯土"等传统用法相比,形容词"夯"属新义新用,我们研究此类"夯"。如无说明,"近十年"均指 2010-01-01—2019-12-31。

(二)"夯"的用法

从语料考察来看,受副词修饰是"夯"较早的用法。随着"夯"流行开来,其用法呈现多样化、复杂化的特点,概括起来,主要有以下四种:

1. 受副词修饰

在"夯"的所有用法中,受副词尤其程度副词修饰最为常见,如例(1—2)"最夯、很夯"。以下是近十年《联合报》"最夯"等的检索结果:

最夯:4 084	超夯:1 203	很夯:657	更夯:75
太夯:67	好夯:41	颇夯:36	相当夯:27
非常夯:20	够夯:16	(比)较夯:12	极夯:10
正夯:1 864			

数据显示,在修饰"夯"的程度副词中,"最"最常用,远超其他副词,其次是"超",再次是"很","更、太、好、颇、相当、非常、够、(比)较、极"等比较少见。值得注意的是,时间副词"正"的使用量仅次于"最",较为常见。例如:

(3)从演化生物学的角度检视人类的行为,当下正夯。(台湾,2012-02-21)

(4)时下超夯的美食外送平台,标榜花少许运费或服务费,就可享用便捷的美食外送到府。(台湾,2019-11-09)

2. 修饰名词

形容词"夯"一般修饰单音名词，构成双音节。我们于2020年1月20日翻检台湾一家报纸，下面是检索到的"夯+N$_单$"及其数据：

夯品：52　　夯剧：9　　夯点：9　　夯机：6　　夯片：5

夯团：4　　夯包：4　　夯货：3[①]　夯曲：2　　夯景：1

夯歌：1[②]　夯物：1　　夯牌：1　　夯课：1

除此之外，我们在其他媒体还见到多例"夯店、夯礼"以及个别用例的"夯庙、夯书"。

查阅台湾辞典以及中华语文知识库，上述N$_单$（"品"等）均为名词。不过，在《现代汉语词典》（第7版），N$_单$中"品、机、物"等为语素。由于"夯+N$_单$"一般看作词组，我们将N$_单$看成词，其中部分N由语素"升格"为词，如"品"即"物品"。

从调查看，"夯品"最常见，其次是"夯剧、夯点"等，而"夯课"等比较少见。请看该报部分实例：

（5）2012台北信息月，ViewSonic美商优派祭出旗下3C科技夯品，全员到齐攻占信息月，一举满足全方位领域及各个年龄层需求。（台湾，2012-11-29）

（6）让用户使用全台第一的网速，收看独家韩影与跟播夯剧，包括《与神同行》、《沉默的目击者》、《总觉得邻家更幸福》、《Misty》和《翻墙的记忆》等热门影剧。（台湾，2018-03-01）

"夯+N$_单$"可谓至简，通常表义明确，如例（5—6）。不过，如果一个N$_单$用来表示多个不同的义项，就会带来歧义。例如：

（7）日日心塾创意基地身为新庄第一个彩色货柜的所在地，不仅是近期社群软件打卡拍照的夯点，另一个身分是创意基地！（台湾，2017-10-18）

查阅语料，"夯点"的"点"一般指"地点"，比如上例。再看下面一例：

（8）2015年以来，一批台资医疗机构密集落地福建，凸显健康服务业成为闽台合作新热点。（《台资入闽办医 健康业成合作夯点》，台湾，2016-01-14）

[①] 在中华语文知识库里，"夯货"有三个释义：一是笨重的物品；二是骂人傻笨；三是流行或热门的物品，并标注"台湾常用"。事实上，前两个释义的"夯货"在两岸当代汉语中几乎不用，在台湾"夯货"一般指释义三。

[②] 据中华语文知识库，两岸"夯歌"同名异实，大陆指打夯时唱的歌，台湾指当下流行、热门的歌曲。另据《现代汉语词典》（第7版），"夯歌"为名词，而台湾的"夯歌"为词组。

此例标题"夯点"的"点"指"（事物的）方面"。比较例（7）和（8），"点"表示不同的义项，"夯点"出现歧义。类似的还有"夯机"的"机"和"夯包"的"包"："机"一般指手机，偶尔指相机；"包"多指女性用的手提包，有时还表示包好了的物品。有些 $N_单$ 出现多个义项，造成歧义，说明一些"夯＋$N_单$"凝固度不高，没有词化；同时，作为一个新的组合，它还正处在发展变化当中。

"夯"修饰多个单音名词，不仅显示"夯＋$N_单$"使用活跃，还反映该组合具有一定的稳固性与能产性，未来可能还会出现一些 $N_单$ 进入该结构槽。

除了"夯＋$N_单$"，偶尔还出现"夯＋$N_双$"的用例，如下面的"夯话题""夯景点"：

（9）2015 年寒假与春节，长达 40 天的假期，正是规画游学的最好时机，因着电影"哈利波特"、影集"福尔摩斯"的夯话题，让英国伦敦成为游学最大热门地，是当今最时尚的游学城市！（台湾，2014-11-25）

（10）新北瑞芳水湳洞山间直竖三条废烟道，宛如巨龙盘绕山间，近期成为旅游夯景点。（台湾，2016-05-12）

受制于韵律，"1＋2"式的"夯＋$N_双$"出现率很低，远远不及双音的"夯＋$N_单$"。

3. 单独用作谓语

"夯"用作谓语，其前常有修饰性成分，如例（1）"最夯"，但有时它也单独用作谓语。考察 2007 年至 2011 年台湾一家报纸，单独用作谓语的"夯"共 56 例。如：

（11）赏萤夯　竹县内湾风景区生态替代道理夜间封路（台湾标题，2008-05-06）

（12）由于当家长的都有"望子成龙、望女成凤"的期望，明星学校夯，……（台湾，2010-09-24）

前例是标题用语，"夯"光杆出现用作谓语，为调查的首例；后例"夯"单独用作谓语，它首次用于正文，但晚于标题。在上述 56 例中，46 例出自标题，其余仅 10 例用于正文。较之正文，标题用语更讲求简洁、新颖，单音的流行词"夯"能够满足此类需要，因此在标题中早用、多用。

此外，从该报的调查看，"夯"的首例出现在 2007 年，"夯"受"最"修饰说明"夯"先是非光杆使用，然后光杆使用。

以下是其他报纸的例子：

（13）虎年到　虎头兰盆景夯（台湾标题，2010-02-03）

（14）酒店式公寓夯！多家上市公司纷纷抢攻市场。（台湾，2019-10-04）

刁晏斌（2017a：189）比较两岸语言风格的差异时指出，台湾为了求得形式的简约而在一定程度上忽视韵律的和谐，大陆通常更注重韵律的和谐。例（11—14）"夯"光杆使用，做谓语，韵律并不十分和谐，应与追求简约、新颖的表达效果有关。

4. 用于一些组合

"夯"的用法多样，除了受副词修饰、修饰名词和单独用作谓语外，它还用于一些组合当中，我们见到的有"愈来愈夯/越来越夯""热夯""夯到 X""夯翻（天）"等。

A. 愈来愈夯/越来越夯

"愈来愈 X/越来越 X"分属文白两套系统，除了文白差异，二者相当。它们在台湾都比较常见，以"愈来愈夯""越来越夯"为例，以下是全文报纸资料库近十年的调查结果：

愈来愈夯：188　　越来越夯：142

从数据看，"愈来愈夯""越来越夯"的用例都不少，不过前者多于后者。例如：

（15）行动支付日益普及，点数经济也愈来愈夯。（台湾，2019-02-11）

（16）人手一支手机，靠网路贩卖商品越来越夯。（台湾，2018-05-04）

B. 热夯

形容词"夯"与表示吸引很多人的"热"词性相同，词义相当，二者组成联合结构的"热夯"，它在近十年全文报纸资料库有 55 个检索结果。例如：

（17）"文创"，可以说是近一年来最热夯的关键词。（台湾，2013-12-19）

（18）要说"小白鞋"是时尚霸主，一点也不为过，它更是时下热夯自媒体出镜率最高的时尚单品。（台湾，2017-06-21）

C. 夯到 X

张谊生（2014a）指出，从功能和作用看，"A 到 X"中的"到"其实已经正在发展为一个非典型的补语标记。调查近十年的全文报纸资料库，"夯到

X"共有202个检索结果,其中"到"大多数为补语标记,少数是动词,这些"到"一般不换作助词"得","夯得X"在近十年报纸库的用例不超过10个。

根据X的不同,"夯到X"可分为如下四类:

一是X为单音节语素"爆"。

据张谊生(2014a)的研究,单音节语素"爆"等不断与"到"共现合用,现已呈现出凝固定型进而一起副词化的倾向。"夯到爆"表示流行、热门到极点,与其语义相当的有"夯爆",二者在近十年全文报纸资料库分别有24例和31例。考察该库,下面是"夯到爆"的首例:

(19) 景气冷飕飕,在线游戏却夯到爆!(台湾,2008-12-21)

以下是"夯爆"先后首次出现在标题和正文中:

(20) 炸鸡摊夯爆 3万8当老板(台湾标题,2009-03-06)

(21) 暗黑破坏神3夯爆了!但近日要登入游戏简直比登天还难,幸运连上要是没有厉害的液晶显示器,就真的是暗黑一看拢无,当务之急快挑个合适的液晶显示器!(台湾,2012-05-24)

参看朱磊(2018:323),例(19—21)"到爆""爆"都是新兴程度副词做补语。比较而言,例(20—21)"夯爆"均晚于例(19)"夯到爆"。从"夯到爆"到"夯爆",表面看后者是前者的减省,其实反映出如下两点:第一,"到爆"与"爆"的副词化进程不同,"到爆"在前,"爆"在后;第二,"到爆"的"爆"为语素,后来单独成为程度副词,这是"爆"进一步虚化的结果。

作为两个并存的形式,"夯到爆/夯爆"使用上有相同之处,二者都能后置,如例(19—20),且都能用作定语,例如:

(22) 世足赛夯到爆的"巫巫兹拉",将在……主办的六二六大游行亮相。(台湾,2010-06-23)

(23) "法布甜"请出夯爆的"小小兵"担任店长,买蛋糕可享88折。(台湾,2015-08-07)

不过,"夯到爆/夯爆"同中有异,体现分工,二者差异有三:

第一,"夯到爆"后置但不前置,也就是定位的,且不带宾语;"夯爆"前后置皆可,不定位,能带宾语。例如:

(24) 夯爆全球的任天堂最新手机游戏"精灵宝可梦Go"(Pokemon GO)六日正式在台湾开放下载,成为亚洲地区第三个开放下载的市场。(台湾,

2016-08-07)

朱磊（2018：101）认为，"X爆"后可带宾语，说明"爆"的程度副词化不如"到爆"彻底。从历时看，这应与二者副词化的先后有关。

第二，"夯到爆"偶尔单独成句，但未见"夯爆"有这类用法。请看：

（25）（日月潭）去年旅游人数达713万人，夯到爆，潭畔饭店一家家兴建，地价也扶摇直上。（台湾，2011-01-24）

第三，"夯到爆"后一般不带"了"，"夯爆"不受此限，如例（21）"夯爆了"。

此外，"爆夯/暴夯"在全文报纸资料库（2008—2019）分别有14例和2例，"暴夯"比较少见。程度副词"爆/暴"做状语或补语时表极量（朱磊，2018：322-323）。"爆夯/暴夯"同义，而"爆夯"与"夯爆"同义异序。例如：

（26）最近最夯的养生食材，可说是甜菜根。（《养生红金　甜菜根爆夯》，台湾，2008-06-01）

（27）现场还有真人版的霹雳武侠人型秀表演，并邀请卡通哆啦A梦、我们这一家、蜡笔小新的声优（配音员）合体现声，活动期间，乐园餐厅与游乐设施人员也化身漫画女仆与执事，游客有如进入动漫世界里，人气爆夯。（台湾，2013-06-30）

（28）观光局编制的台湾观光地图暴夯，夯到得"限量"管制！（台湾，2010-05-27）

例（26—27）"爆夯"分别用于标题和正文，其中例（26）为其首次出现，并与正文"最夯"呼应，"爆"即"最"；和"夯爆"一样，"爆夯"也是首先见于标题，然后见于正文。例（28）为"暴夯"首例。

二是X为程度副词"不行"。

做补语的"不行"为程度副词，表极量（张辉，2017）。近十年报纸库中"夯到不行"有88例，在"夯到X"中最为常见。例如：

（29）团购人气王，网络上合购的热门商品，阿舍干面目前已经夯到不行。（台湾，2013-01-09）

（30）许多新人想要"省荷包"，自助婚纱夯到不行！（台湾，2013-02-18）

三是X为名词或名词性短语。

在整个X中，名词或名词性短语属少数，它们一般与时空有关，尤其与空间有关。请看：

(31) 刮刮乐彩券从农历春节前夯到现在，台彩公司只要一推出，彩券行往往就被一扫而空。（台湾，2013-02-25）

(32) 桌游从学校夯到赡养中心，已成为教育学习与老人长照的全民游戏。（台湾，2017-02-24）

例（31—32）"从……夯到……"中，"到"应为动词。

四是 X 为谓词性短语。

X 有时为谓词性短语，如"缺货、被偷、不够卖"，其中有的 X 还比较复杂。例如：

(33) 食物银行在惜食行动扮演重要角色，夯到今年社工师考试都考食物银行。（台湾，2016-07-31）

(34) 去年超商曾掀起"珍珠奶茶"大战，夯到网友 PO 文狂奔好几家买不到。（台湾，2018-08-28）

D. 夯翻（天）

"夯翻天""夯翻"在全文报纸资料库（2008—2019）分别有 16、13 例，较之其他组合，用频较低。例如：

(35) ＊＊＊在剧中的陈欣怡，最爱吃的食物就是"姜母岛"上的"姜军包"，而随着这出戏夯翻天，"姜军包"竟然也变成外围产品，而且还找了她在剧中饰演阿母陈林西施的＊＊＊代言。（台湾，2008-07-31）

(36) （韩国）一首"江南 style"歌曲夯翻全球。（台湾，2013-05-17）

(37) 蜡笔唇膏今夏夯翻，随兴轻巧带着走的特性，让许多爱化妆的女性人手一支，继艾杜纱、媚比琳之后，butter LONDON 也推出一系列 8 支魔润啵蜡笔。（台湾，2015-07-30）

例（35—36）为"夯翻天""夯翻"首例，前者早于后者。例（36）"夯翻"带宾语，例（37）"夯翻"不带宾语。参考蔡丽（2010）、吴继峰（2014），例（35—37）"翻天""翻"均为新兴的极性程度补语。

"夯翻天""夯翻"的用例，再如：

(38) 今年 3C 界最夯的话题之一莫过于平板电脑了！（《平板电脑 夯翻天》，台湾，2010-12-04）

(39) 披头四的金曲《Yesterday》被认为是史上最受欢迎歌曲，截至

2017年约有2 200个翻唱、改编版本，涵盖金属、爵士、古典、乡村等。(《披头四唱响〈Yesterday〉夯翻》，台湾，2019-06-22)

以上两例的正文是对标题的解释，例（38）"夯翻天"即"最夯"，例（39）"夯翻"即"最受欢迎"，"翻天""翻"均表"最"义。

无论是"夯翻天、夯翻"，还是"夯到不行、夯到爆、夯爆、爆夯、暴夯"，它们都是表达"夯"达到或处于极量，因此表义基本相同。由于它们都能后置，有时在标题和正文中还相互解释，并可互相替换。请看：

（40）韩剧"太阳的后裔"夯翻亚洲，剧中穿搭、妆容、同款及类似款商品掀风潮，关键词周搜寻量大幅成长39倍，男主角"宋仲基"搜寻量更是女主角"宋慧乔"的6倍。(《太阳的后裔夯爆 网购搜寻量增39倍》，台湾，2016-03-23)

（41）SUV实在太受欢迎，业界引进态度更趋积极，光仅第三季就有9款各厂新车陆续上市，运动休旅车市夯到不行。(《SUV市场 夯到爆》，台湾，2017-07-11)

（42）时序进入酷暑，气温热到爆，让食品股跟着夯到爆。(《食品夯爆》，台湾，2010-07-05)

例（40）"夯翻/夯爆"分别出现在正文和标题，二者语义相当，用于表述同一个事物，而且用法接近，因此能够相互替换。例（41—42）"夯到不行/夯到爆""夯到爆/夯爆"与此类似，其中例（42）"夯到爆/夯爆"互换后，表达虽不如原文，但可接受。

从以上调查分析来看，"夯翻（天）"等多种形式都用来表达基本相同的语义，不同形式之间还存在相互替换的可能，这种现象在一定程度上反映了台湾现代汉语并不十分追求形式和意义的严格对应。刁晏斌（2000b：231）指出，很多台湾人在使用语言文字时，虽然有"法"可依，但是较少受约束，由此表现出比较大的随意性。我们认为，这种不特别强调一致与规范的取向可能加速台湾现代汉语的变异。

此外，调查中偶尔还见到如下两种不同用法的"夯"，其中一种是动词用法。例如：

（43）网络游戏"开心农场"夯全台，高雄县"政府"半年前推出"回归

田园"计划，租地让失业者每人免费种植 2 分地，体验农作生活。（台湾，2009-11-21）

（44）（东部游程）走趣离岛也是不错选择，置身如梦似幻马祖蓝眼泪、安排小岛文化巡礼或到澎湖饱览绝美海景、DIY 炸枣等，多元玩法夯宝岛。（台湾，2019-04-17）

以上两例"夯"相当于动词"流行"，不过从调查看，这种用法很少见，应看作词类活用。

另一种是"夯"用于状位。例如：

（45）入门级单眼相机热卖，Canon 为巩固单眼市场，推出第一台多点触控屏幕 EOS 650D。（《单眼相机夯卖 新功能卡位》，台湾，2012-07-04）

（46）凌广涡轮粉碎系统　夯销全球（台湾标题，2013-05-10）

（47）友荃氢氧除碳机　两岸夯销（台湾标题，2013-09-10）

例（45）"夯卖"即"热卖"，它在近十年全文报纸资料库中不超过 32 例，其中 16 例用于标题；"夯销"在近十年全文报纸资料库中仅 2 例，均用于标题，即例（46—47）。语料调查显示，"夯＋V"的形式与用例都比较少，出于求新、求异、求简，多见于标题，带有临时性，因此，"夯"虽处状位，但并不是副词。

总的来看，台湾"夯"是典型的形容词，而且在"夯"所有的用法中，它主要用作形容词，其形容词用法丰富多样乃至复杂。

（三）"夯"的发展演变

从历时角度考察形容词"夯"，它呈现"出现→流行→趋减"的发展变化趋势，值得深入探究。

1. 出现、流行与趋减

在"夯"及其组合中，"最夯"使用最活跃，也最具代表性，它首次出现在全文报纸资料库是 2000 年，即：

（48）不受"＊＊＊事件影响"，迈入龙年，＊＊＊今年依然是香港最夯的大哥大。（台湾，2000-02-08）

考察该库其他一些代表性组合，它们首次出现均晚于"最夯"，分别如下：

正夯、超夯、很夯、越来越夯：2007 年

夯品、愈来愈夯：2008 年

夯到：2004 年

以上组合的首例基本出现在 2007 或 2008 年，尤其 2007 年。"夯到"首例虽出现在 2004 年，但下一例出现在 2007 年。

需要说明的是，全文报纸资料库里"最夯"在出现后的最初几年仅有几个用例，有些年份还没有，以下是它在 21 世纪前七年的使用情况：

2000：3　　2001：1　　2002：0　　2003：0

2004：2　　2005：2　　2006：0

不过，2007 年及其以后情况出现了很大变化。下图是 2007—2019 年《联合报》"最夯"的使用情况：

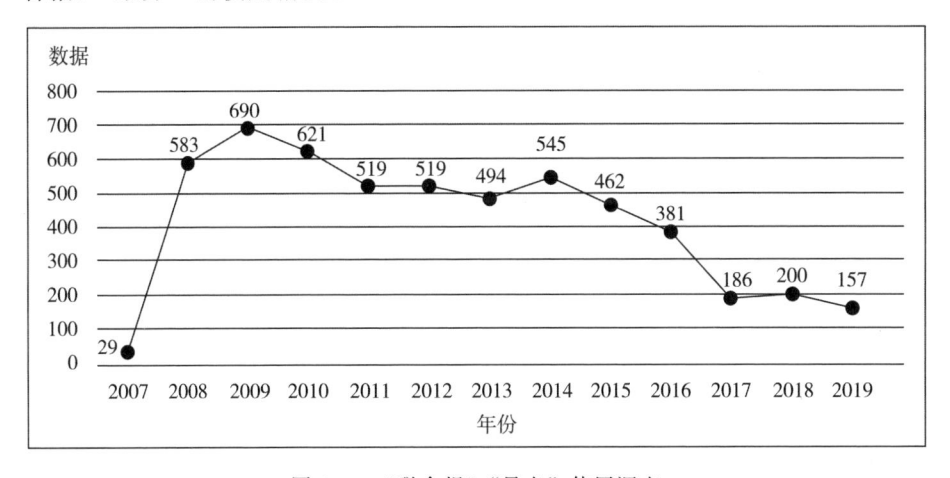

图 2-3　《联合报》"最夯"使用调查

如图 2-3 所示，2007—2008 年"最夯"增长迅速，2009 年用频最高，之后呈现明显的下降趋势，到 2019 年虽降至除 2007 年以外的最低点，但仍有一定的使用量。

"最夯"的增多与减少在一定程度上反映了"夯"的流行与趋减。考察台湾一家报纸，"夯"的检索结果自 2004 年至今，新义新用的"夯"首次出现是 2007 年，即"最夯"。下图是 2007—2019 年该报形容词"夯"的使用情况，反映了其发展变化[①]。

---

① 该报 2010 年仅显示 8 月至 12 月近五个月的检索结果，据统计，"夯"共 112 例，数据没有纳入图 2-4。

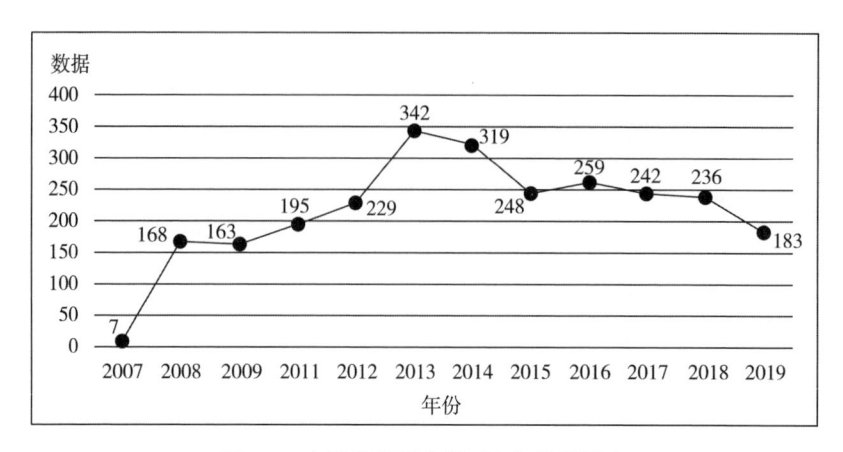

```
数据
400
350                    342
300                       319
250              229         248  259  242  236
200        195                              
150  168  163                                183
100
 50
  7
  2007 2008 2009 2011 2012 2013 2014 2015 2016 2017 2018 2019
                           年份
```

图 2-4　台湾某报形容词"夯"使用调查

图 2-4 显示，以 2007 年为起点，"夯"在 2008 年急剧增多并逐步流行，2013 年以后几乎逐年减少，不过到 2019 年"夯"的使用量仍有不少。

考察 2004—2019 年该报"夯"的所有用例，并结合全文报纸资料库进行调查，"夯"传统用法与新义新用的"分界点"是 2007 年，在此之前"夯"基本都是传统用法，用频很低；2007 年及其以后绝大多数"夯"属新义新用，用频陡增。检索《联合报》，1951—2006 年的 56 年里"夯"仅 365 笔资料，而 2007—2019 年的 13 年里"夯"的资料达 14 586 笔，前后相差悬殊。

历时调查显示，台湾形容词"夯"的出现、流行与趋减，是一个由无到有、由少到多再由多到少的动态变化过程，这种发展变化在 21 世纪前二十年已经清晰地呈现，即："夯"的出现不晚于 2000 年，最初的几年里只是偶尔使用；2007 年"夯"的多种常见组合已经出现或早已出现，"夯"用频增高，新义新用基本固定下来并开始逐步代替传统用法成为整个"夯"的主要用法；2008 年"夯"爆发式增长，流行开来；之后逐渐达到顶峰，近几年使用趋减。

2. 原因探析

形容词"夯"从最初出现新义新用到流行起来，再从盛极一时转而趋减，均有原因。

A."夯"出现的原因

闽南话作为台湾地区的优势方言，给台湾现代汉语带来了大量闽南话方言借词（李行健，2014）。据《台湾闽南语常用词辞典》（网络版），"夯"读"giâ"，可表示"发作"，例如，"我胃疼阁夯起来矣"（我胃痛又发作了）；也可表示"涨、上升",例如,"风台过了后,菜价拢夯起来矣"(台风过后,菜价都上涨了)。受方言影响,闽南语的"夯"有可能直接带入台湾现代汉语。请看:

(49)一名42岁的女老师,近年来常因夯(台湾闽南语,音如ㄍㄧㄚˊ)起来而休克,先生被她吓出忧郁症,最后才知道原来是更年期作祟。医师说,生活压力让很多妇女不自觉地提前进入更年期,其实所谓"夯起来",就是热潮红,这名女老师治疗后,症状即改善。(台湾,2006-06-24)

参考《台湾闽南语罗马字拼音方案》,例(49)中的"ㄍㄧㄚˊ"相当于"giâ"。此例"夯起来"表示"发作起来",为闽南语用法。

下面的"夯"也应受到了闽南语的影响:

(50)东风裕隆周三将举行成立大会,不只汽车股走路有风,汽车零组件也跟着夯起来。(《汽车零组件 庆涨》,台湾,2010-12-13)

(51)房价转扬,但低利环境持续,小宅又开始夯起来。(《低利高房价 小宅飙起来》,台湾,2009-06-11)

结合正文和标题来判断,以上两例"夯起来"表示"涨、上升起来",与闽南语的用法一致。

"发作;涨、上升"与"热门、流行"都可表示事物由隐到显、由低到高等相关语义。由于语义相通,"夯"也用来表示"流行、热门"并逐渐发展成为常见词义。以下"夯起来"即"流行、热门起来",请看:

(52)塑化剂风暴让大家开始追求更健康的生活,要求不含人工香精或持久香料的天然保养品最近夯起来。(台湾,2011-06-10)

(53)台湾最近有一个叫作"Hold住姊"的女丑暴红,让"Hold住"这个词也跟着夯起来。(台湾,2011-09-26)

由此看来,台湾形容词"夯"出现新义新用与台湾闽南语的常用词"夯"有关。

B."夯"流行与趋减的原因

"夯"本身带有较为浓厚的口语色彩,以下两例能够较好地说明:

(54)大家都在问,妖怪村怎么开始火红的?***表示,"妖怪村成形,是天时、地利、人和。坦白说,我也不知夯在哪里,可能大家觉得新鲜吧。"(台湾,2012-01-08)

(55) 台湾中原大学艺术中心主任＊＊＊表示，"正欸""真假""有够赞""全台最夯"等台湾口语也被收录进来，展现了更加具有"当代味"的台湾文化。（大陆，2017-11-17）

作为口语词的"夯"，常用于新闻标题和正文，与其简约、新颖、独特密不可分。"夯"不仅"言简"而且"意丰"，也就是单个"夯"能够表达多个相近的词义。例如：

(56) 自古以来，人类就一直追求"长生不老"的灵丹妙药，直到近代，各种标榜可抗老化的产品更是超夯（当红）。（台湾，2007-09-09）

此例为全文报纸资料库"超夯"首例，"夯"后括号解释为"当红"。再如：

(57) 陶博馆的周二乐龄活动年年爆满，口碑好评不断，至今已办理将近150场，今年再度推出优质的课程和更优惠的方案提供给全台热烈支持我们的乐龄朋友们，任一场活动仅需150元，并可享"2019瓮藏春之梅——腌脆梅活动"100元折扣。（《陶博周二乐龄年年夯　加赠腌脆梅体验折扣》，台湾，2019-01-22）

(58) 商用不动产火红，仲量联行统计，2019年前9月饭店、办公等大型商用不动产总交易额高达693亿元，超越前2年全年总额，并创下2012年……公布"金八条"来同期新高。（《商用不动产夯　前3季交易额破纪录》，台湾，2019-10-09）

(59) 明年农历新年来得早，电商平台年菜买气早早涌现，加上消费者越来越习惯在线预购年菜，带动买气畅旺。（《年菜买气夯　电商业绩添动能》，台湾，2019-12-23）

(60) 实价揭露，北市高价小宅近来转手热络。（《北市高价小宅转手夯》，台湾，2020-01-03）

依据例（57—60）正文，"夯"分别表示"爆满、火红、畅旺、热络"，这些词的意思都与"流行、热门"接近。

一个词用来表示多个相近却不完全相同的词，词义难免存在一定的模糊性。不过，表义的丰富性和模糊性有助于"夯"用于不同的场景，扩大使用的范围，进而流行性使用。值得注意的是，"夯"一般表示"热门、流行"，但并不十分稳定，表明它仍处于发展变化之中。

另外，从色彩义看，"夯"表述的对象及情形一般都不是说话人不如意的，因而趋于褒义或中性，尤其是褒义。从使用者的心理来讲，"夯"归入"好词"，有利于其高频使用。总之，以上内外部原因使"夯"逐步发展成为流行词。

如前所述，"夯"能表示多个相近的词，这也意味着它可能而且能够被其他多个词替换；伴随"夯"使用达到顶点，新颖度、热度随之降低，用频趋减。刁晏斌（2015a：231）指出语言发展有"轮回"，凡事物盛极则衰，这是大自然以及人类社会的普遍规律。"夯"的发展演变体现盛极转衰的一般规律，预计未来将不会重回之前使用的最高点。

总的来说，形容词"夯"出现至今至少已有二十年，尽管近几年有减少的趋势，但当前使用仍然活跃，应该说它已在台湾现代汉语里"存活"下来并将长期存在。与一些一度盛行但很快潜藏的流行词语不同，"夯"有较强的生命力，这得益于它固有的特性及其所具有的方言基础。

（四）"夯"：台湾言语社区特征词

刁晏斌（2012a）探讨海峡两岸语言的微观对比，借鉴"方言特征词"提出"言语社区特征词"的概念，并指出这类词可以而且应当作为微观对比研究的首选对象。在全球华语社区的视野下，台湾"夯"正是此类带有标志性的特征词，与其他华语社区相比，它体现了鲜明的个性差异，反映了台湾言语社区特征（参看：刁晏斌，2012a）。

1. 基于语料库LIVAC的调查

从语料库LIVAC的调查情况看，台湾地区"夯"的出现率与其他多地（国）有显著差异，请看下表：

表2-2　LIVAC "夯" 的出现率

时段与出现率 \ 地区或国家	台湾	北京	上海	香港	澳门	新加坡
1995—现在	82.14%	6.15%	9.72%	0.2%	0.6%	1.19%
2005—2010	80.85%	4.79%	12.77%	0	0	1.6%
2011—2016	94.57%	1.45%	2.17%	0.36%	1.09%	0.36%

上表显示，在三个不同时段，台湾"夯"的出现率都很高，其中2011—2016年最高（94.57%）；而其他各地（国）的出现率都很低，其中港澳地区

和新加坡尤其低（0—1.6%），表明很少使用。出现率反映用频，上表说明台湾"夯"的用频高，其他各地（国）用频低，而且前者远高于后者。

2. 与其他华语社区的比较

台湾地区"夯"受到闽南语影响，用法多样，使用活跃，明显区别于其他多个言语社区，表2-2已有所显现。下面主要考察大陆普通话和马来西亚华语，兼及新加坡、泰国华语，进一步揭示台湾"夯"与其他华语社区的差别。

普通话"夯"一般都是传统用法，新义新用比较少见。以"夯"为关键词，分别在人民网和台湾一家报纸搜索[①]，前者首页20条新闻中，"夯"一般都是"夯土、夯牢、夯基（础）"等动词用法，未见形容词用法；后者首页35则新闻里，"夯"全部为"最夯、正夯、很夯"等形容词用法。可见，海峡两岸"夯"有比较大的差异。下面一例即能体现这种差异：

(61) 新华社指出，在通货膨胀、物价高涨的压力下，包括"涨""炒""控""荒"等字，纷纷成为今年最能代表大陆财经的热门词汇。(《涨、炒、控、荒　四大财经夯字》，台湾，2010-12-01)

此例台湾媒体援引大陆报道，"热门"换作"夯"。

考察人民日报图文数据库和中青在线全文检索系统[②]，以下是大陆形容词"夯"的使用情况：

表2-3　大陆形容词"夯"使用调查

形式 数据	最夯	正夯	超夯	很夯	夯品	越来越夯	夯到
《人民日报》	0	0	0	0	0	0	0
中青在线	1	1	1	2	0	0	0

如上表所示，"最夯"等7个代表性组合在《人民日报》都没有用例，而在"中青在线"共有5个例子，说明在规范度高、典范性强的媒体，"夯"基本没有新义新用，而在规范度相对较低的媒体偶有使用。请看实例：

(62) 台湾著名作家＊＊＊告诉《青年参考》记者……目前，两岸文化交

---

① 检索日期：2020年3月18日。
② 检索日期：2020年2月29日。

流、民间交流正夯（兴盛），……（大陆，2014-07-02）

（63）"台湾年轻人很有包容性，既会继承传统，也会接受创新。"＊＊＊说，"像大陆很火的'双11'节，这两年在台湾也'很夯'。很多年轻人都会上淘宝选购价廉物美的商品。过日子嘛，开心就好。"（《台湾年轻人眼中的春节：团圆是最重要的意涵》，大陆，2017-01-27）

例（62）"夯"加注，说明它少见。以上两例都显示台湾"夯"对大陆的影响，不过总体而言，当前这种影响还有限，也就是虽引进但自主使用还比较少，融合迹象并不太明显。究其原因，或许与"夯"有较多的替代词有关，也就是普通话不用"夯"并不影响表达。

考察马来西亚华语，形容词"夯"也不多见。在2015—2019年共397万字报纸语料里，"夯"仅6例，每10万字的出现频次约为0.15，其中"最夯"5例，"（气势）大夯"1例，不仅数量少，形式也有限[①]。对比2012—2015年共400万字台湾报纸语料，"夯"共43例，每10万字的出现频次为1.075，后者远超前者，"夯"不仅数量多，而且形式多样。

以下是马来西亚华语的用例：

（64）最夯手机游戏应用程式"Pokemon Go"即将可能登入我国，全国总警长丹斯里卡立说，除非它带有赌博意图，或者危害国家安全，不然他不认为需要禁止这款游戏。（《光华日报》，2016-07-21）

（65）槟城美食炒粿条气势大夯，旅行社甚至推出专车接送服务，务求让旅客一尝道地美食！（《光华日报》，2017-07-23）

此外，在东南亚主要华文媒体语料库，"夯"仅有11个不重复用例，从形式看，"最夯"8例，"正夯""热夯""夯过"各1例；从国别看，马来西亚华语7例，新加坡华语3例，泰国华语1例；从来源看，其中4例与台湾有关，很可能是受其影响的结果。请看：

（66）对于好友＊＊＊入围最佳男主角，她当然希望＊＊＊能拿下金马最佳男演员，而且她也希望有机会能亲自看看今年台湾最夯的电影《海角七号》，感受一下这部入围多项的台湾电影的魅力。（马来西亚韩视新闻中心，2008-12-06）

[①] 语料由西北师范大学教师孙福婷提供，在此致谢。

(67)《海角七号》票房狂卖，也让男主角＊＊＊一夕之间成了全台湾最"夯"的男星。(《光华日报》，日期未显示)

以上调查表明，在大陆普通话、马来西亚华语、新加坡华语和泰国华语里，"夯"都不常见，而且其使用应受到了台湾的影响。总之，台湾"夯"在组合的多样性、使用的活跃度等方面与其他多个华语社区形成了明显对比，显示了其鲜明的个性特征。

刁晏斌（2012a）指出，海峡两岸语言差异归根结底都是由微观语言单位（最主要的就是词）承载和表现的，抓住了这些微观的"点"，实际上在很大程度上就是抓住了问题的关键。以"词"为抓手的研究思路能够由海峡两岸语言对比扩展至全球华语研究。基于全球华语社区理论，从纷繁复杂的语言现象中找到一些或一类词（尤其是特征词）着重研究，以此为突破口，无疑能加强研究的深度与广度。我们选取台湾特征词"夯"进行较为细致、深入的探究，由词到语，从某种意义上说起到了见微知著的作用。

（五）小结

综上所述，台湾"夯"在传统用法之外出现新义新用，表示"流行、热门"及其相近词义，受副词修饰，修饰名词，单独用作谓语，用于一些组合，这些都说明"夯"较之过去发生了明显的变异。在过去至少二十年内，形容词"夯"由出现到流行再到趋减，现已成为"夯"常见的一般用法。"夯"新旧用法之间没有联系，"旧词新用"是受了闽南语的影响，这提示我们，台湾现代汉语研究需要有方言尤其是闽方言的视角。由于言简意丰、新颖独特并趋向"好词"，"夯"逐步流行开来。"夯"趋减与其新颖度降低、能够被其他词语替换等有关。在全球华语社区的视野下，台湾"夯"表现出鲜明的个性特征，属于言语社区特征词。

"夯"的形容词用法在较短的时间内代替传统用法成为其主要用法，是台湾现代汉语迅速发展演变之一例，显示共时中有历时。1946年台湾地区推行现代汉语，距今已有七十多年的历史，从当初推行的早期现代汉语到现如今的现代汉语，其间经历了诸多发展与变迁，需要持续关注并且展开历时的动态研究。

三、量词"通"

(一) 引言

以往有关海峡两岸量词对比的研究成果比较多见，这些成果多从宏观出发，指出两岸哪些量词有差异，而选取某个或某几个量词进行深入对比的研究成果还不太多见。黄国营（1988）较早列出台湾与大陆区别比较大的量词与名词搭配的一些用例，如"一支电话、一只故事、一头鸟、一颗肚皮、一张信、一件被子、这款人"。张宁（1994）举例说明港台书面语中量词"款、班、间"与普通话存在差异，如"这款香水""一班浮浪子弟""十二间高等院校"。刁晏斌（2000b：121-125）指出，两岸量词使用上的差异主要体现在三个方面：一是台湾不少量词的适用范围大于大陆，频率也高于普通话，主要有"份、个、间、颗、项、场、记"等；二是有一些与大陆"量—名"搭配不同的量词，其使用范围较窄，主要有"波、件、档、通、座、趟、只、支、张"等；三是数量结构中数词"一"等的脱落情况较之大陆更为常见和普遍，且很多用法不大用于大陆。邢梅（2003）认为台湾量词"尾、波、项、则、股、颗、支、个"等与普通话存在差异。陈丽琴（2009）对两岸量词进行对比，选取两岸存在差异的量词"个"，采用共时研究与历时研究相结合的方法，对其进行相对精细的比较，并预测两岸"个"将出现融合。侯润婕（2017）对两岸"颗""粒"作了较为充分的描写和分析，该文以一对近义的形状量词"颗""粒"为考察对象，依托两岸大型语料库，从共时和历时两个维度细致考察它们在两岸的使用情况，发现两岸"颗""粒"的义域（即使用范围）及与各类名词搭配倾向上有较为明显的不同，其解释了造成差异的原因，并指出两岸"粒"有融合的趋势，"颗"的趋同现象还不明显。

当前，海峡两岸一些量词已在差异的基础上出现不同程度的融合，量词"通"即是一个在两岸既有差异又有融合的典型例子，其发展与变迁的情况值得深入研究。魏兆惠、华学诚（2008）对"通"的历时发展演变作了细致描写与分析，指出它在不同历史时期曾做过度量词、名量词和动量词，现代汉语中名量词"通"仅称量电报、电话、石碑等，使用频率很低，口语中很少使用，仅在书面语中出现；而动量词"通"在现代汉语中使用频率很高，可以称量的动词数量很多。该文侧重"通"在古代汉语中的发展变化，对其在现代汉语中的发展演变未作详细考察。何杰（2008：171-181）从语义、语法形式和功能三个方面对量词"通""番""顿"的异同作了较为充分的描写分析，这种对比属于普通话内部的对比。邹嘉彦、莫宇航（2013）依据香港LIVAC共时语料库，主要比较了"通"在北京、上海、香港、台湾书面语中搭配对象上的差异，指出台湾书面语里"通"主要的搭配对象为电子通信工具类名词，台湾是四地当中使用"通"搭配电话类名词最突出的地区，并且尝试讨论其他三地"通"的用法受到台湾影响的可能性。不过，该文对"通"在上述几地的融合情况讨论不多。

本节我们考察两岸"通"的共时差异，并从现代汉语的发展与演变角度，对早期现代汉语"通"的使用情况以及台湾"通"搭配对象的嬗变进行历时考察，此外还探究两岸"通"的融合趋势及其具体表现。

（二）海峡两岸"通"的差异

语料调查显示，两岸"通"在语法分布倾向性、语法形式和语义色彩三个方面存在较大差异，下面逐一展开讨论。

1. 语法分布倾向性差异

为了考察大陆"通"的组合情况，我们检索北京大学 CCL 现代汉语语料库，得到表 2-4 "通"搭配对象的数据[①]：

表 2-4　CCL 现代汉语语料库量词"通"的搭配情况

搭配对象 数据	言语、动作	电报、文书、书信、石碑等	电话	合计
用例数	1 508	221	42	1 771*
百分比	85.1%	12.5%	2.4%	100%

* 不包括港台用例。

[①] 根据《现代汉语词典》（第 7 版），"电话"义项有三：一指通信方式；二指电话机；三指用电话装置传递的话。语料调查显示，两岸"通"只计量前两个义项的"电话"。需要说明的是，"电话"义项三也可以看作"言语"，但"电话"在此另列，原因有三：一是"电话"义项一不属于"言语"；二是"电话"为名词，而"言语、动作"一般为动词或动词性词组；三是两岸"通"计量"电话"是本节的研究重点。此外，为了与指"电话机"的"电话"相区别，书中部分地方用"（接/打）电话"表示前两个义项的"电话"。

表 2-4 显示，大陆与言语或动作类词语搭配的"通"占比为 85.1%，与电报、文书、书信、石碑、电话类词语等搭配的"通"总计约占 14.9%，其中与"电话"搭配的"通"不足 2.5%。语料库中的用例如：

（1）同样一通电话，小灵通和 GSM 之间价差在 10 倍左右。（CCL）

（2）海藻今天被几通电话骚扰。（CCL）

（3）日军 183 架飞机悄悄飞临，一通狂轰滥炸，眨眼之间珍珠港一片火海冲腾。（CCL）

（4）这事传到扈尔干耳里，他把康古六喊去，狠狠训斥一通。（CCL）

（5）山西省吉县日前发现一通记载有明代大地震情况的石碑。（CCL）

检索台湾"平衡语料库"，分析得出"通"搭配对象的数据，如下表：

表 2-5　"平衡语料库"量词"通"的搭配情况

搭配对象 数据	电话	言语、动作	其他	合计
用例数	56	21	2	79
百分比	70.9%	26.6%	2.5%	100%

表 2-5 显示，台湾与"电话"搭配的"通"占比超过 70%，而与言语、动作等组合的"通"不足 30%。以下是语料库中的例子：

（6）一通电话过去准有收获。（平衡语料库）

（7）教育厅连日来接获多通电话，指责省立美术馆的管理出现弊端。（平衡语料库）

（8）东尼摆出一派外交官姿态，天南地北，与人胡扯一通。（平衡语料库）

（9）有时候，两口子拌了嘴，就到我这儿来哭一通。（平衡语料库）

分析表 2-4 和表 2-5 数据可以得出：大陆"通"大多与言语或动作类词语搭配，与"电话"搭配的极少；而台湾"通"多数与"电话"组合，与言语或动作类词语组合的只占少数。

对于这种差异，两岸相关工具书已有所体现。大陆的《现代汉语量词用法词典》（郭先珍，2002）把"通"分为名量词和动量词两类，名量词"通"计量文书、告示、电报、书信等，动量词"通"计量言语、动作。该词典没有提到"通"计量"（接/打）电话"的用法，这大致能够说明这种用法在大陆并不常见。

台湾辞典对"通"有如下解释：

量词：(1) 计算文书、电讯的单位。如："一通电话""三通电报"。(2) 计算敲击钟鼓次数的单位。如"擂鼓三通"。

上文在举例中出现"一通电话"，没有出现"通"与言语类词语搭配的用例，与动作类词语搭配的仅有用于"敲击钟鼓"的"擂鼓三通"，以上大体说明台湾"通"与"电话"搭配较为常见，而"通"与言语、动作类词语搭配相对少见。

两岸"通"的搭配对象存在差异，由此可以进一步推断，两岸在选择与"（接/打）电话"搭配的量词时也会存在差异。我们分别检索"语料库在线"和"平衡语料库"，分析得出表 2-6 和表 2-7，下面分别是大陆和台湾与"（接/打）电话"搭配的量词使用情况：

表 2-6　"语料库在线"与"（接/打）电话"搭配的量词使用调查

数据＼量词	个	次	合计
用例数	62	8	70
百分比	88.6%	11.4%	100%

表 2-7　"平衡语料库"与"（接/打）电话"搭配的量词使用调查

数据＼量词	通	个	次	合计
用例数	54	40	8	102
百分比	52.94%	39.22%	7.84%	100%

以上两表反映出两岸用于计量"（接/打）电话"的量词差异明显。表 2-6 显示大陆计量"（接/打）电话"的量词主要有"个"和"次"，以泛用量词"个"为主，未见"通"；表 2-7 表明台湾计量"（接/打）电话"的量词主要有"通""个""次"，以"通"和"个"为主，尤其是"通"[①]。

[①] 检索 2014 年《联合报》全年数据，"一通电话"（143 例）远多于"一个电话"（9 例），说明"通"与"电话"搭配较之"个"与"电话"搭配要常见得多。

考察海峡两岸大规模共时语料库，我们得知两岸量词"通"都可与电话类、言语或动作类词语搭配，大陆如例（1—4），台湾如例（6—9），体现了两岸"通"语法分布的多样性。但是，大陆"通"倾向于与言语、动作类词语搭配，台湾"通"则倾向于与电话类词语共现。同样，两岸都选择与"（接/打）电话"搭配的量词有"个"和"次"，但大陆趋向于使用"个"，而台湾倾向于选择"通"。由此看来，两岸"通"的语法分布倾向性差异十分明显，甚至可以说，这种倾向性的差异是两岸量词"通"的最大差异。

2. 语法形式差异

与电话类、言语或动作类词语搭配是两岸"通"在搭配对象上的交集，这里的"语法形式差异"只就与上述词语搭配的"通"及其组成的结构而言。

A. 与电话类词语搭配

这里的"电话类词语"主要是"电话"。两岸"通"与"电话"搭配时，其前多用数词"一"，如上文例（1）（6）"一通电话"，但是也并不限于"一"，如例（2）的"几通电话"和例（7）的"多通电话"，这是它们语法形式的一致之处。不过，着眼于台湾"通"及其结构，与大陆相比，其语法形式要丰富许多，因而呈现较大的差别。例如：

（10）＊＊＊也表示，在这段期间，平均每天能接到十到二十通家长打来找家教的电话。（平衡语料库）

（11）住乡下的＊＊＊来了通电话，说家里需要一条狗看门。（台湾，1995-05-24）

（12）嘉义县警方一一〇免费报案电话，去年共接到超过一万一千通的电话，其中光是检举报案，即近五千八百件。（台湾，1997-01-10）

（13）妇女志工中队长＊＊＊说，4月20日成立卡债族咨询服务台后，确有不少有卡债问题民众打电话要求咨询，但最近却常接到诈骗集团电话，一通接一通，不胜其扰。（台湾，2006-05-16）

（14）……拨、接给＊＊＊及接收＊＊＊的简讯四通，秘书来电及拨打新闻局长＊＊＊电话等总共二十一通。（台湾，2014-09-09）

例（10）"通"前"十到二十"为概数，"通"与"电话"之间隔着较长的修饰性成分；例（11）"通"前省略数词"一"；例（12）"一万一千通的电话"

是在数量名结构中加入结构助词"的",从而构成"数量组合＋的＋名词"的形式;例(13)"一通接一通"实际上是"一通电话接一通电话",这里"电话"承前省略,"一通"反复出现;例(14)"来电""电话"提前,数量组合"二十一通"后置,此例"简讯四通"也与此类似①,形成"名＋数＋量"的结构。

由于"通"在台湾主要与"电话"搭配,"一通"有时直接指代"一通电话"。例如:

(15) 专线也曾接获学龄前小朋友反映功课问题,或希望在学校认识更多朋友,其中还有一通是妈妈帮忙拨通后,让孩子向接线大哥哥大姊姊倾诉心声。(台湾,2002-07-25)

(16) 代理台湾 Skype 的 PChome 通讯应用服务部总监＊＊＊昨天宣布,将在年底前跟进降价,可能降为一通二元或付月租费讲到饱。(台湾,2007-04-20)

此外,由数词和量词"通"组成的数量短语还可重叠,如"一通一通""一通通",它们与"电话"搭配表示电话数量之多。以下各举一例:

(17) 在圈内人缘甚佳的他,从生日前一天的凌晨起,就收到一通通的祝贺电话。(台湾,2001-03-31)

(18) 上网,几乎成为现代人每天的例行公事,想要安排一趟旅行,能够在线上订位,就让人懒得一通一通电话打去询问是否还有空位。(台湾,2002-01-27)

总的来看,台湾与"电话"搭配的"通"及其结构在语法形式上比较丰富,上举各例灵活多样的表达形式在大陆还比较少见。

B. 与言语、动作类词语搭配

两岸"通"与言语、动作类词语共现,其前的数词一般都为"一",大陆"一通"可位于动词前后做状语或补语,如例(3)"一通狂轰滥炸"和例(4)"训斥一通",但以做补语为主;而台湾"一通"一般都位于动词后做补语,多构成"胡/乱 V 一通"的固定框架,使用形式受限,如上文例(8)"胡扯一通"。类似的用例,再如:

(19) 苏澳区渔会位于跨海大桥下的渔具仓库大锁昨天发现被人锯断,仓库乱翻一通。(台湾,2006-09-23)

---

① 据李行健(2014:170),台湾"简讯"即大陆的"短信"。"简讯/短信"属于电话类名词。

(20) 因为捕狗队根本搞不清楚是哪一只狗伤人，结果乱抓一通，问题不但没有解决，甚至让无辜的狗遭到安乐死。（台湾，2012-02-12）

(21) 台中市药师公会理事长＊＊＊说，个人体质不同，乱补一通反而糟。（台湾，2017-11-08）

以上三例的"乱翻/抓/补一通"都是"乱 V 一通"形式。

考察早期现代汉语"通"搭配言语、动作类词语的使用情况，在我们搜集的 30 个例句中，"V 一通"形式共 29 例[①]，占绝大多数。例如：

(22) 然而后来或续或改，非借尸还魂，即冥中另配，必令"生旦当场团圆"才肯放手者，乃是自欺欺人的瘾太大，所以看了小小骗局，还不甘心，定须闭眼胡说一通而后快。（鲁迅《论睁了眼看》，1925 年）

(23) 两个浪子，打扮做小丑模样，大玩了一通回来了。（张爱玲《谈画》，1944 年）

(24) 刘老九里里外外看了一通，见箩筐没有漏洞，麻索用力扯扯，也还可以挑挑，就颇为趁心如意。（艾芜《丰饶的原野》，1945 年）

(25) 老孙头把坦白光荣这些新字眼，乱用一通，说得老万笑起来，把东屋萧队长笑醒了。（周立波《暴风骤雨》，1948 年）

台湾"胡/乱 V 一通"与以上各例大体一致。

如前所述，大陆"通"大多与言语、动作类词语搭配，而台湾"通"主要与"电话"搭配。大陆"通"与言语、动作类词语搭配的使用频率比台湾要高出许多，这有助于它突破"V 一通"形式，从而形成"一通 V"。同样，台湾与"电话"搭配的"通"，其语法形式丰富也在很大限度上与使用频率较高存在关联。比较而言，台湾"通"与言语、动作类词语搭配的语法形式，更多的是对早期现代汉语的继承和延续。

3. 语义色彩差异

一般来说，与名词搭配的"通"本身并没有明显的语义色彩，这里的

[①] 这里考察的 29 个例句取自鲁迅《阿Q正传》（6 例，以下用数字标明）、《朝花夕拾》（5）、《坟》（1）、《药》（1）、《致姚克》（1）、《再谈香港》（1）、《二心集》（1），艾芜《丰饶的原野》（3）、《记我的一段文艺生活》（1）、《石青嫂子》（1）、《花园中》（1），张爱玲《连环套》（1）、《谈画》（1），柔石《为奴隶的母亲》（1），叶紫《插田——乡居回忆之一》（1），端木蕻良《记一二·九》（1），周立波《暴风骤雨》（1），巴金《寒夜》（1）；另有 1 例"一通 V"形式出自《药》中的"一通咳嗽"。

"语义色彩"是就与动词共现的"通"而言的。

从整个现代汉语史来看,动量词"通"的语义色彩经过了"中性→贬义→趋向于中性"的发展过程(刁晏斌,2006b:171-172)。应该说,"由贬义趋向于中性"的语义色彩主要是就现代汉语史第四阶段(1978—　)的大陆普通话而言的。例如:

(26)专家们正要离开棚区结束讲座,贾宋镇郝村几个菜农丢下农活跑了过来,围着专家又是一通提问……(大陆,2009-08-02)

(27)苦楝沟长满了郁郁葱葱的苦楝藤,小时候总爱到苦楝沟挖出苦楝根来,然后到盘龙河边的滩边捶上一通,不一会儿就会有大片鱼儿翻着白肚子浮在水面上。(大陆,2014-06-02)

上面两例中"通"的中性色彩都比较明显,而此类用例并不少见。与大陆"通"既用于贬义也用于中性不同,台湾"通"一般只用于贬义,如例(19—21)"乱V一通"。台湾"平衡语料库"中搭配动词的"通"共有21例,其中18例带有贬义色彩,占85.7%。再以台湾一家报纸(2014-06-10—2014-09-10)为例,与动词搭配的"通"共有22例,全部用于贬义,且都是"乱V一通"的固定形式。周娟(2012:181)认为,具有[+胡乱]义是"V+一通"前状语常见的一种语义成分。韩存新、樊斌(2015:1)指出,当一个词语总是与一组具有一定语义特点的词语搭配使用时,它也会"沾染"上这些搭配词的语义特征。台湾"通"通常与带有贬义的"胡/乱"组合,构成"胡/乱V一通",与之相应的是,"通"也带上了贬义色彩。

(三)台湾"通"的嬗变

台湾"平衡语料库"3.0版语料收集始于1990年前后,1997年建成,说明在20世纪90年代前台湾量词"通"即已主要与"电话"搭配。我们以"通"最常见的数量组合"一通"为例,采用定点调查法①,考察20世纪50年代至20世纪90年代初台湾《联合报》②,以1952年为起点,每十年选取一个时间段,每段为该年的前六个月,下表为该报"一通"搭配对象的数据:

---

① 定点调查法是具有现代汉语史特色的一种研究方法,即在时间的线段上,选取若干个点,进行点与点之间的对比,以此来考察和揭示现代汉语的发展变化(刁晏斌,2006b:84)。

② 语料的获取得到了北京师范大学硕士褚靓的帮助,在此表示感谢。

表 2-8 《联合报》"一通"的搭配情况

搭配对象 数据	电话	电报、文书、书信等	言语、动作	其他	合计
1952.1.1—1952.6.30	0	15/88.2%	2/11.8%	0	17/100%
1962.1.1—1962.6.30	0	8/47%	9/53%	0	17/100%
1972.1.1—1972.6.30	11/40.7%	14/51.9%	2/7.4%	0	27/100%
1982.1.1—1982.6.30	27/58.7%	3/6.5%	15/32.6%	1/2.2%	46/100%
1992.1.1—1992.6.30	83/79.81%	2/1.92%	18/17.31%	1/0.96%	104/100%

上表显示，在我们考察的 5 个时间段中，"一通"与"电话"搭配在 20 世纪 70 年代初出现较多用例[①]，在接下来的 20 世纪八九十年代初，"电话"逐渐成为"一通"最主要的搭配对象。从用例来看，"一通"及其与"电话"搭配的形式呈现复杂化的特点。与"一通"和"电话"组合不断增多相反，在 20 世纪 50 年代初至 20 世纪 90 年代初，电报、文书、书信等由最初是"一通"主要的搭配对象逐步成为最次要的搭配对象，到 20 世纪 90 年代初，其所占比例不足 2%；尤其是在 20 世纪七八十年代初，降幅十分明显。在 20 世纪 50 年代初至 20 世纪 90 年代初，言语、动作一般都是"一通"相对次要的组合对象。

下面是 20 世纪 50 年代至 20 世纪 80 年代《联合报》的部分用例：

(28) 她给读卖新闻的声明，系应该报之请，对六月九日拍给社会党党员松冈驹吉的一通由她具名的电报加以说明。（台湾，1952-06-17）

(29) 大明简直被朋友们搞得糊里糊涂，舌头比萝卜还大，说话说不清，却偏偏要乱说一通。（台湾，1962-05-11）

(30) 下午六时，警察电台接到一通电话，一位叫做萩原勉的日籍观光客说，……（台湾，1972-05-20）

(31) ＊＊＊虽然理由充足的推掉了＊＊＊的"美意"，可是＊＊＊并不死心，仍然有事没事的一通通电话打到深坑＊＊＊宅，……（台湾，1982-02-06）

[①] 在全文报纸资料库里，"一通电话"首次出现于 1951 年，即：四日晚间，本市警察局第二分局，忽接到一通电话，谓西门市场附近张宅，闯入一个小偷，请前往缉捕。（台湾，1951-11-06）

（32）有关大专寒训通知，每年十二月份都由本课转发，去年就接到一通由某参加寒训学生的家长打来询问的电话。（台湾，1982-06-15）

语言是社会交际的工具，语言的发展变化基本上与社会的发展变化同步。近二百年来，人类社会发展呈加速度的总趋势，语言的发展和变化也呈加速度的总趋势（张普，2009：210）。电报、文书、书信等均见于书面，可以将其概括为纸质通信类名词。20世纪50年代以来，它的使用范围逐渐缩小，而作为后起的电子通信类名词"电话"，它的使用频率不断增加，进而逐步取代前者。由于计量对象本身的发展变化，"通"由主要计量"电报"等逐渐发展为主要计量"电话"，这是社会发展、科技进步在语言中的投射。

社会语言学家认为，语言是一个动态的系统，社会的变化为语言变化提供了重要条件（徐大明等，1997：132）。陈原（2000：3）指出，社会语言学的任务在于描述"语言和社会结构的共变"，"共变"很可能是指语言是一个变数，社会也是一个变数，是语言和社会这两个变数互相影响、互相作用、互相制约、互相接触而引起的互相变化。台湾"通"计量的对象随着社会的发展而变化，这是"语言与社会共变"的一个生动例证。

以上调查限定在20世纪。从21世纪的语料来看，台湾"通"仍主要与"电话"组合。以台湾一家报纸（2014-06-10—2014-09-10）为例，下表是该报量词"通"搭配对象的数据：

表 2-9　台湾某报量词"通"的搭配情况

搭配对象 数据	电话	言语、动作	其他	合计
用例数	98	22	5	125
百分比	78.4%	17.6%	4%	100%

表2-9显示，与"电话"搭配的"通"占比近80%，这与表2-5的数据基本吻合。

此外，根据张振兴（1983：119）的调查，在台湾闽南方言里，"打公用电话，五分钟为一通"。另据陈正统（2007：523）调查，闽南语漳州腔量词"通"用于文书、电信等，如"一通文书（手书、电报、电话等）"。由此可见,量词"通"与"电话"搭配不仅用于台湾现代汉语,还用于闽南方言。

(四) 海峡两岸"通"的融合

随着两岸交流的不断深入,"通"在两岸汉语中出现了较为明显的融合现象。从语料调查看,当前两岸量词"通"的融合主要是大陆与"电话"组合的"通"明显增多。

大陆 CCL 现代汉语语料库的语料多属于 1996 年之前的,"语料库在线"现代汉语语料以 2002 年前近二十年的语料为主。因此,这两个语料库反映的是普通话距今二十多年前的状况。邵敬敏、马喆(2008)在阐释语言研究的动态观强调,在进行语言研究时,需要的是一种动态的观念,即把语言(包括语法)看作一种永远在变化、不断在发展、互相制约、互相渗透、互相影响、有生命力的、开放式的、能够自我完善的网络系统。以下我们从动态的角度考察大陆量词"通"与"电话"组合的使用情况,并以规范程度很高且能反映普通话历时变化的《人民日报》为例,检索该报近六十八年的语料(1946-05-15—2013-12-31),得到以下数据:

表 2-10 《人民日报》量词"通"与"电话"的搭配情况

年份	1992	2004	2009	2012	2013	总数
数据	1	1	2	3	11	18

上表显示,《人民日报》中"通"与"电话"共现的用例首次出现是在 1992 年。即:

(33) 去年,她很忙,我们只是偶尔在社交场合碰面,或是一通电话而已。(大陆,1992-01-04)

在此后的二十一年里,"通"与"电话"搭配在整体上呈递增趋势,而且首次出现时的"一通电话"还有了新的发展。例如:

(34) 一名在高雄市采访社会新闻 30 多年的资深记者,有天傍晚接到一通自称绑架他女儿的电话。(大陆,2004-04-21)

例(34)"通"与"电话"之间隔着比较复杂的修饰性成分,这与台湾例(10)类似,而且例(34)显示,大陆"通"与"电话"搭配,具有从台湾引进的痕迹。

接下来的用例中,"通"前的量词也可以是概数,不再限于"一"。例如:

(35) ＊＊＊发挥了央视人干练的风格,几通电话后,问题及时解决。(大陆,2009-12-19)

(36) 我一个星期要接到乡亲们打来的十几通电话,全天 24 小时开机,有任何困难村民随时打给我。(大陆,2012-01-17)

张兴权(2012:6)指出,语言接触不仅指不同民族语言的接触,而且指同一种语言的不同变体(包括地方变体、社会变体、功能变体、地区变体和国际变体等)的接触;语言接触会引起语言在结构上和功能上或多或少的变化。《人民日报》中量词"通"与"电话"搭配从无到有、由少到多、语法形式由简单到复杂,这应该与海峡两岸现代汉语的不同变体在过去几十年里由于不断接触进而趋同有着密切联系。

为了进一步探究大陆"通"与"电话"搭配的使用情况,我们检索"中青在线站内全文检索系统"。与人民日报图文数据库语料相比,"中青在线"语料的规范度相对较低,时间跨度比较短,但覆盖面更广,且能反映"通"在 20 世纪初(2001—2013)的发展变化。该系统量词"通"与"电话"搭配的数据见下表:

表 2-11　"中青在线"量词"通"与"电话"的搭配情况

年份	2001	2002	2003	2004	2005	2006	2007	2008	2009	2010	2011	2012	2013	总数
数据	2	4	1	0	2	1	9	10	36	42	70	60	88	325

由上表可知,"通"与"电话"共现在整体上也呈递增趋势,而且在 2006 年以后增幅明显。

从调查的用例看,下面的例子显示大陆"通"用于计量"电话"应该受到了台湾的影响:

(37) 凯伦往前一看,只见那女贼正拿着手机。这通电话也许就是她打来的,想试探一下跟踪者是不是凯伦。(大陆,2008-03-29,摘自台湾《读者文摘》)

(38) 以上,是让我开心一天的两通电话,有兴趣的朋友接到诈骗集团的电话也可以玩玩看,这可是磨炼演技难得的好机会啊!(大陆,2008-10-07,摘自《史丹利一定要热血》)

(39) 据台湾《中国时报》报道,……平均每天要处理 130 通电话,工作

繁重，但执行效率，不输一般员工，是客服中心得力帮手。（大陆，2013-10-04）

如果说以上三例是对台湾用例的转引，那么下面各例中"通"及其相关形式则可以说明大陆已经吸收"通"用于计量"电话"，进而自主使用了：

（40）他所发布的信息，很快得到了回应，今年春节前，一个重磅惊喜突然降临：采购商的电话一通接一通地袭来。（大陆，2011-04-25）

（41）这一天，湖北山东商会会长＊＊＊也正忙着，一通又一通的电话，谈的只有一个主题——大武汉常福国际汽车乐园。（大陆，2011-05-06）

（42）孩子们躲在空调房里给密友打着一通通电话，通讯越来越快，人与人之间的距离越来越远。（大陆，2011-08-15）

（43）楼先生在给母亲打了通电话后，楼家乱成一团，这才确认孩子真的不见了。（大陆，2015-10-23）

例（40）"（电话）一通接一通"与台湾例（13）相同；例（41）"一通又一通"与台湾例（18）"一通一通"类似，例（42）"一通通"与台湾例（17）相同；例（43）"打了通电话"省略数词"一"，这与台湾例（11）用法相同。例（40—43）体现出量词"通"及其相关语法形式趋于灵活，而这与台湾的使用情况是一致的。

通过对《人民日报》和"中青在线"数据及用例的考察，我们可以看到量词"通"与"电话"搭配从引进到吸收、再到自主使用的具体过程。

从调查来看，量词"通"与"电话"搭配在台湾书面语和口语中都比较多见，不过在大陆却都还相对少见，说明当前"通"计量"电话"在两岸的融合度还不是很高。就口语来说，根据我们对台湾政治大学口语语料库部分会话的调查统计，"通"与"电话"搭配在其第27段会话（共5 760字）中即出现3例。如：

（44）［然后］……结果呢……就是三通电话打出去……然后我们家人就说……欸……（台湾政治大学口语语料库）

再以"通"与"电话"搭配最常见的形式"一通电话"为例，检索中国传媒大学"媒体语言语料库"检索系统，该组合形式在中央电视台（2008-01-01—2013-12-31）约1亿字的口语语料中出现19例，其中9例的说话人具有大陆生活背景；其他10例则出自《海峡两岸》节目以及有关台湾的新闻等，说话人都具有台湾生活背景。下面两岸用例各举一例：

(45) 在回家的路上他接到了一通电话（台湾时事评论员语，《海峡两岸》节目，2008-08-28）

(46) 在我们接到的每一通电话里，……（大陆主持人语，《今日观察》节目，2010-12-15）

贺阳（2004）指出，语言接触从途径上可以分为直接接触和间接接触两种类型，前者是接触双方在时间和空间上都不分离的语言接触，一般通过口语交际实现；后者是接触双方在时间和空间上分离的语言接触，一般通过书面翻译实现。两岸口语的直接接触让我们进一步看到大陆量词"通"与"电话"搭配受到了台湾的影响。

由表 2-6 可知，以往大陆与"（接/打）电话"搭配主要用"个"，而表 2-10 和表 2-11 都表明近些年来使用"通"的例子逐渐增多。随着电话在大陆广泛普及，普通话对与"（接/打）电话"搭配的量词的需求也随之增加，吸收"通"用于计量"电话"，有利于丰富其表达。因此，两岸"通"的融合度有可能进一步提高。

（五）小结

综上，通过对比考察两岸量词"通"，由此反映现代汉语"通"的发展演变。两岸"通"的差异主要体现在语法分布倾向性、语法形式和语义色彩等三个方面，其中对于语法分布的差异，运用在多样性基础上进行倾向性考察的语法研究思路，得出大陆"通"倾向于与言语、动作类词语搭配，而台湾"通"趋向于与"电话"搭配；此外，两岸与"电话"共现的量词也存在倾向性差异，大陆趋向于用"个"，台湾则倾向于用"通"，这种倾向性的差异是基于数据统计得出的。大陆"通"与"电话"搭配不太常见，其组合形式较之台湾要简单，台湾"通"与"电话"搭配，其形式灵活、多样，说明"通"的这些用法在台湾得到了充分发展，而大陆的情形还没有这么充分。两岸"通"语法形式的差异还体现在大陆"通"与言语、动作类词语搭配时可以是"一通 V"的形式，也可以是"V 一通"，而台湾一般是"胡/乱 V 一通"的固定格式。调查发现，语法分布倾向性的差异与语法形式的差异存在关联，即大陆"通"倾向于与言语、动作类词语搭配，其相应的语法形式较之台湾要丰富；而台湾"通"倾向于与"电话"搭配，其相应的形式与大陆相比较为丰富。另外，两岸"通"与言语、动作类词语搭配时，其语义色彩也存在差异,大陆"通"由贬义趋向于中性,但台湾"通"基本上都带有贬义。

两岸量词"通"的融合主要表现在大陆"通"逐渐用于计量"电话",而出现这种融合现象应该与台湾的影响有关。本书首先定点调查分析台湾"通"用法的发展变化,发现它呈现由主要计量"电报"等纸质类通信名词到主要计量"电话"等电子类通信名词,这是"语言与社会共变"的体现。其次,我们以时间为线索,采用数据统计分析的方法来探讨两岸"通"的融合,试图将融合分为"引进""吸收""自主使用"等不同的发展阶段,不仅关注数据变化以及语法形式本身的变化,还在重点分析书面语的同时兼及口语,以期对两岸"通"的融合进程作出更好的说明。本书对两岸"通"融合的探究主要基于不同时期的数据统计和对比并结合具体用例加以说明,这对两岸语法的融合研究而言或许是一项有益的尝试。

第二节 虚　　词

在上一节中,我们以一些代表性强的实词为例探讨早期现代汉语在台湾的变迁与发展,本节考察虚词在台湾的发展演变。刁晏斌(2016a:270-297)描写分析了海峡两岸副词、连词、介词、助词、语气词、感叹词等的差异,每类下面分别举例说明。比如,副词部分谈到台湾多用古代汉语副词,程度副词与大陆差异较大;又如,连词部分论及并列连词、递进连词、选择连词和关联词语。在两岸存在差异的虚词当中,能够反映台湾现代汉语发展变化的虚词比较多,我们在前期观察、比较的基础上,选取研究内涵较为丰富、更能体现发展变化的副词"太"和连词"并"展开讨论。

一、副词"太"

(一)引言

海峡两岸副词的对比研究成果相对多见,在差异中反映出早期现代汉语语法在台湾的发展变化,这些成果多集中在程度副词上,尤其是"比较"

"好"等。

黄国营（1988）较早指出两岸"比较"一词存在较大的差异，即台湾常用"比较"修饰否定式，如"比较没心机""比较不痛了""比较走不开身"，该文还列举了台湾名词受程度副词修饰的用例，如"比较平面的教育""十分艺术的英文字""很技巧地谈谈"。张宁（1994）认为普通话"比较"一般不修饰否定式，而台湾"比较"不受此限制。崔平（2015）从程度副词比较通行的低、中、高三类划分中各选一个典型代表（即"稍微""比较""很"），从形式和意义两方面入手，先调查后统计，对它们在两岸的差异作了比较细致的描写与分析。方清明（2015）基于两岸口语库，较为深入地对比两岸程度副词"比较"，认为台湾口语里"比较"否定句、"比较＋形容性词语＋一点"杂糅构式和"比较＋名词语/动词语"等用法有别于普通话，该文还指出，两岸"比较"在语义韵的倾向性上存在差异。刁晏斌（2016a：217-274）列举了台湾"比较"用于与否定形式组合的多种类型，即"比较＋不＋形容词/动词/动词性词组"形式以及"比较＋不＋助动词＋动词"形式，这些都反映出两岸"比较"的差异。

另外，黄国营（1988）指出台湾"好"的使用频率比较高，甚至不避"好""好"连用。张宁（1994）、侯昌硕（2003）也都指出台湾"好"经常性地使用。邢福义（1995a）对南味"好"字句作了详细论述，指出台湾人爱用"好"字句，而且话语中常常复现"好 AP"。邢梅（2003）对台湾程度副词修饰名词或动词的现象也有所讨论，并描写了"好""蛮"（或写作"满"）等的用法。方清明（2015）选取两岸口语中的程度副词"比较""蛮""好""超"进行较为详细的比较分析，认为两岸汉语在程度副词的使用方面有"大同"，但也有"小异"。

刁晏斌（2000b：125-129）立足于两岸对比，对台湾"程度副词＋一般动词"（如"最保护"）和"程度副词＋名词"（如"很私人"）作了比较详细的描写和说明，认为这两种用法在台湾较为多见，并指出在早期现代汉语中"程度副词＋名词"有较多的用例。此外，徐复岭（2019a：387-401）认为，台湾能受程度副词修饰的动词性词语的范围比普通话广，数量比普通话多，如"很挣扎""十分寓教于乐"，这些动词性词语的动作性在句中已经趋于弱化，多少带有评注性或描写性的倾向。

王力（1943/2011：131-132）指出，程度副词分为绝对的和相对的两种，"凡无所比较，但泛言程度者"叫绝对的程度副词，如"极、很、怪、颇、稍、略、太"等；"凡有所比较者"叫相对的程度副词，如"最、更、越发"等。我们选取考察的"太"属绝对程度副词，它在两岸有较为明显的差异及融合，反映出现代汉语程度副词"太"的发展与变迁。

吕叔湘（1980/1999：526）对"太"的语义和用法作了较为全面的概括，现引述于此：

一是表示程度过头，多用于不如意的事情，句末常带"了"，这有两种类型：a. 太＋形：太长了。b. 太＋动：你太相信他了。

二是表示程度高：a. 太＋形/动，多用于赞叹，形容词、动词大多是褒义的，句末常带"了"：太好了。b. 太＋不＋形/动，加强否定程度，形容词、动词大多是褒义或中性的：太不好了。c. 不＋太＋形/动，减弱否定程度，含婉转语气：不太好。

翻检台湾辞典，下面是对"太"的解释：

一是表示过甚。如："太多""太热""太客气了"。

二是形容程度极高（多用于肯定）。如："太伟大了！""太精细了！"

三是表示很（多用于否定）。如："不太好""不太妙"。

从两岸工具书对"太"的释义及其举例看，"太"既可以表示程度过头，也可以表示程度高（或极高）。单从工具书来看，两岸"太"似乎并无明显的差异，但是通过一定的调查分析能够发现，在实际的使用中两岸"太"呈现诸多的差异，这种现象在海峡两岸语言对比研究中具有一定的普遍性。本节依托两岸大型数据库，在搜集和调查大量用例的基础之上，试图从多个方面探寻两岸"太"的差异以及差异基础上的融合，通过与大陆的对比，主要反映台湾"太"的发展演变情况。

（二）海峡两岸"太"的差异

两岸程度副词"太"的差异体现在多个方面，在语料调查分析的基础上，我们主要从"太"的组合对象、与"太"共现的句末语气词、句末"了"的隐现、"太A"前的否定词、宾语中的定语"太A"等五个方面展开讨论。

1. "太"的组合对象

为了对两岸副词"太"组合对象的类别进行定量比较，我们随机搜集并考察两岸各 500 个用例，以下是调查结果①：

表 2-12　海峡两岸副词"太"的组合情况

形式\数据	太+形容词	太+动词短语	太+心理动词	太+一般动词	太+名词	太+区别词	合计
大陆	428/85.6%	53/10.6%	5/1%	7/1.4%	6/1.2%	1/0.2%	500/100%
台湾	435/87%	44/8.8%	3/0.6%	7/1.4%	8/1.6%	3/0.6%	500/100%

卢福波（2000）认为，程度副词"太"用于一般形容词前或心理动词、动词短语前。从我们的调查来看，这是两岸"太"的一般用法，但不是全部用法。上表显示，两岸"太"除了修饰形容词（占大多数）、动词短语或心理动词外，还修饰一般动词、名词或区别词，其中大陆"太"与名词或区别词组合的用例要少于台湾。

如果仅从上表的统计数据看，两岸"太"的组合对象似乎没有太大区别，但是，依托两岸大型数据库，在调查更多例子并结合实际用例对比考察后，我们发现两岸"太"的组合对象存在一定的差异。下面主要举例分析两岸差别较大的"太+名词""太+区别词""太+形+量/名"等形式。

A. "太+名词"形式

海峡两岸副词"太"都可修饰部分名词，如"太功利"，它在《人民日报》和《联合报》分别有 38 例和 96 例，显示这一组合在两岸都不少见。但是，"太+名词"在两岸又有一定程度的差异，其主要表现是台湾部分"太+名词"在大陆普通话中比较少见。例如：

（1）苗栗县竹南镇承办端午节全县龙舟锦标赛十多年，但今年这项比赛将移师头屋乡明德水库，地方还传言……将收回放在竹南镇港墘社区的 4 条龙舟，地方人士为此传言议论纷纷，质疑"太政治了"！（台湾，2012-04-21）

（2）鬼鬼说自己"文字造诣很烂"，坦言原本找代笔，且对方是很喜欢她的漫画家，但她觉得文字太梦幻，不像自己会说的话，为了真实还是自己写。（台湾，2015-03-29）

---

① 例句出自两岸 2014 年 6 月至 2015 年 7 月的报纸，大陆是《人民日报》（141 例）、《新京报》（137 例）、《中国青年报》（222 例）；台湾地区是《联合报》（314 例）、《中国时报》等（186 例）。

（3）真正的人生是没办法直接成为文学作品的。因为真实的生命反而太戏剧性了，教人完全不觉得真实，也就缺乏引人相信的催眠元素了。（台湾，2015-08-16）

（4）洪都拉斯批评，现在人的价值观太偏差，没羞耻之心，天天上演的"补教人生"已歹戏拖棚，大家把他们当笑话、当连续剧在看，他们还演得乐此不疲。（台湾，2010-10-20）

（5）薪水增长需要经济热起来，这是大家努力的目标，不太好用太情绪的字眼，情绪性字眼不可能解决所有问题。（台湾，2014-03-05）

根据台湾辞典和《现代汉语词典》（第7版），上述用例中的"政治、梦幻、戏剧性、偏差、情绪"都是名词。"太"修饰这些名词的用例，在《人民日报》中除了"太政治"有1个例子外[①]，其他均无用例，说明在普通话里这些名词基本不受"太"修饰；然而，在《联合报》中，这样的例子分别有67例、55例、24例、18例和11例。此外，与以上用例类似的还有"太综艺、太本位、太直觉、太官方、太针对性、太主旋律"等，它们在《人民日报》里也都没有用例，但在《联合报》里分别有10例、8例、8例、7例、5例和3例。由此推断，台湾受"太"修饰的名词的数量较之大陆应该要多，台湾"太＋名词"的使用频率也应高于大陆。

以往关于副词修饰名词的论述有很多，如张谊生（1996a）认为，副词之所以能够修饰名词，其深层的原因和制约的因素其实并不仅仅在于修饰语副词，而主要在于那些被修饰的名词，它们或者是具有特定的语义基础，或者是功能发生了转化。邢福义（1997）对"很淑女"之类的说法作了细致考察与分析，指出为"很X"一类结构槽所接纳的名词，是受到特定语义条件的限制的，该名词能够从气质、作风、样式、气味、势态等方面反映出说话人的某种特异感受。该文还指出，凡是名词进入"很X"一类结构槽，该名词在特定的结构槽中都已经形容词化了。上举各例中受程度副词"太"修饰的名词，其功能与形容词类似，其意义与形容词相通。据刁晏斌（2000b：127-129）考察分析，台湾"程度副词＋名词"多于大陆。从我们的调查看，台湾"太＋名词"多于大陆，正是这一差异的具体表现。

[①] "太政治"的用例是：对艾贝保来说，孔子太现实，太政治，还应该加点老子、庄子、楚辞，让文学更瑰丽、更奇幻。（大陆，2014-02-22）

B."太+区别词"形式

张斌（2010：172）指出，区别词一般不能受"很、非常、太、比较"等程度副词修饰，如不能说"*很大型、*非常初级、*太大号、*比较袖珍"。应该说，这反映的是普通话的实际。检索人民日报图文数据库，上述4个区别词均不受"太"修饰。但是，台湾的情况与此有所不同，除"太初级"不见于《联合报》，"太大型""太大号""太袖珍"等在该报都有用例。如：

（6）较美中不足的是，全剧缺乏类似阿诺一般具有爆发力与威胁感的魔鬼终结者，比起电影版，也不太具备太大型的特效场面。（台湾，2008-03-15）

（7）小孩一年年长大，挑泳衣，一定要切合体型和身材……一下子买太大号不贴身，玩起水来，也不舒服。（台湾，2004-05-22）

（8）学校类型太大或太袖珍，对教育都有很大的不利。（台湾，1994-03-08）

下面我们参照《现代汉语描写语法》附录的不可类推的区别词表，对海峡两岸副词"太"修饰区别词的情况进行调查统计，考察的语料基于《人民日报》（简称《人》）和《联合报》（简称《联》），结果如下表所示：

表2-13　海峡两岸副词"太"与区别词的组合情况

形式\数据	太低端	太业余	太大量	太正面	太便民	太大牌	太唯心	太短线	太切身	太优质	太资深	太亲爱	太微量	太袖珍	太边远	太大号	太大批	太定期	太高频	太日常	太适龄	太天然	太外在
《人》	3	3	2	1	0	0	0	0	0	0	0	0	0	0	0	0	0	0	0	0	0	0	0
《联》	1	21	25	24	18	18	7	5	4	4	4	3	2	2	1	1	1	1	1	1	1	1	1

由表2-13可知，《人民日报》里与"太"组合的区别词共出现4个（太低端、太业余、太大量、太正面），而上表中23个区别词在《联合报》里都受"太"修饰，从整体的用例数看，后者远多于前者。在调查的全部368个不可类推的区别词中，《人民日报》里有1.09%的区别词受"太"修饰，而《联合报》为6.25%，后者远高于前者，显示台湾"太+区别词"的用法比大陆常见许多。

张斌（2010：180）认为，能否受"很"等程度副词的修饰是判断一个区别词是否形容词化的主要标准，如果一个区别词能经常地、稳定地受"很"等程度副词的修饰，那么这个词就已经变成一般形容词。从表2-13来看，《联合报》中"太"修饰区别词的用例数总体上并不多（共147例），反映出台湾这一组合形式的使用频率并不高，甚至比较低；《联合报》里"太+区别词"组合有近一半（10个）仅有1个用例，说明它们只是偶尔使用，这些区别词并没有转化为一般形容词，表中其他用例数相对较多的区别词也应如此。

以上讨论说明两岸"太"修饰名词或区别词存在差异，除此之外，两岸"太"修饰一般动词也存在一定的差异。刁晏斌（2007b）指出，程度副词修饰心理动词以外的一般动词是现代汉语中的一种客观存在，其中一般动词必须满足以下三个条件才能受程度副词修饰：非动作性、性状义和程度义。程度副词修饰动词，其中的动词表示某种性质或状态，刁晏斌（2012j）称之为动词性词语的性状化。两岸"太"都能修饰部分一般动词，但从我们的调查看，台湾有一些"太+一般动词"的例子很少用于大陆。例如：

（9）谈……经贸，（首投族）太疏离，谈住宅政策也稍嫌无感。（台湾，2011-11-20）

（10）许多新鲜人重视薪水，不愿意挑战困难的工作，只有大学、专科学历，却开口要三万元到四万元的薪水，与现实太脱节。（台湾，2003-06-03）

（11）"警政署"至今并无有效解决警察欠债的对策，只能透过教育倡导，希望警察们不要太挥霍。（台湾，2006-01-12）

（12）春季双唇以润泽、饱满为主，如欲创造更Juicy的感觉，可先擦拭唇膏再迭擦唇蜜，若不想太闪耀，较新的技法是先擦拭唇蜜，创造内层平滑的触感，再迭擦唇膏，创造内敛优雅。（台湾，2014-03-09）

以上用例的"太疏离"在《人民日报》中出现1例[①]，"太脱节""太挥霍""太闪耀"都不见于该报，但在《联合报》里它们分别出现21例、11例、4例和4例。

值得一提的是，台湾"太超过"是一种常见的表达形式，很像"太+一般动词"。如：

（13）＊＊＊的发言太超过了。（台湾，2015-02-21）

此例的"太超过"并非"太+一般动词"，徐复岭（2019a）将其中的"超过"解释为"超乎寻常、过分"。这种用法不见于《人民日报》，大陆一般

[①] "太疏离"的用例是：（台湾）＊＊＊21岁时创办洪雅书房，起因是小时家里穷，读书少。长大因为喜欢赏鸟，结识许多执着于环保的朋友。但他还是觉得人和人之间太疏离，就想，开个书店吧，可以聚集志同道合的朋友。（《一个人，一间书屋，一家旅社（行走台湾）》，大陆，2012-02-24）从内容看，此例应该受到了台湾的影响。

不使用。

另外，以下几个"太+语素/单音节词"的例子常见于台湾，但它们一般都不用于大陆。请看：

（14）遴选产生的校长有的被发现学历造假，有的因性骚扰而遭免职，有的则嫌工作太操、薪水太低而辞职。（台湾，2015-01-01）

（15）"再怎样也不可能忘记老爸名字吧！"警察认为这个答案太瞎，认定林在说谎，详加盘问，林见骗不下去了，承认自己是通缉犯。（台湾，2015-01-02）

（16）老人共餐太夯 长平社区将设限（台湾标题，2015-10-27）

例（14）"太操"即"太操劳"，例（15）"太瞎"相当于"太荒唐"，例（16）"太夯"即"太热门"。这些组合在《人民日报》中均无用例，但在《联合报》里它们的用例数分别为140例、67例和50例。由于"太操"等比相应的"太操劳"等简练，与标题语言求简的特点相适应，因此它们常用于标题当中。例如，在50个"太夯"的用例里，25例用于标题。这类表达形式在操普通话者看来新颖度比较高，但可能存在费解。

C."太+形+量/名"形式

刁晏斌（2015d）通过两岸语言的"直接对比"，指出在台湾的当代表达中，程度副词与一个含有形容词或形容词性语素的语言单位的跨层组合形式比较常用，如"太大颗"，它在大陆作"太大"，类似的用例再如"比较好命、非常厚脸皮"等。"太大颗"即"太+形+量"形式，"比较好命"即"比较+形+名"形式。从语料考察看，"太+形+量/名"在两岸存在明显差别，下面分别调查说明。

"太+形+量"形式在大陆不太常用，就我们所见，有较多用例的是"太多次"。如：

（17）很多时候，人生无法追求到完美。辉煌，往往也转瞬即过，变成一段传奇。而篮球场上，40岁的迈克尔·乔丹已经品尝过太多次完美的滋味。（大陆，2003-02-11）

"太多次"在两岸都使用，不过台湾还有一些同类的表达，它们一般都不用于大陆，下面对《人民日报》（简称《人》）和《联合报》（简称《联》）的调查结果能够说明这一点：

表 2-14 海峡两岸"太＋形＋量"使用调查

形式\数据	太多次	太多种	太多场	太多层	太多颗	太大/小块	太大/小只	太大/小颗	太大/小张	太大/小件	太大/小条	太大/小本	太大/小粒
《人》	6	0	0	0	0	0	0	0	0	0	0	0	0
《联》	588	57	35	31	15	45/16	42/11	28/9	26/6	25/10	21/4	15/4	3/1

通过上表的调查分析，我们能得出以下两点认识：

第一，在上述 21 种"太＋形＋量"的表达中，《人民日报》里只有"太多次"出现少量用例，而与此形成鲜明对比的是，《联合报》中不仅"太多次"是一种常见形式（其用例数是《人民日报》的近百倍），而且其他 20 种"太＋形＋量"形式均有或多或少的用例，显示这一形式在台湾常用得多。

第二，用于"太＋形＋量"结构中的形容词数量有限，一般是"多、大、小"等几个，其中"大"比"小"常见许多；不过，这一结构里的量词较多，如"次、种、场、层、颗、块、只、张、件、条"。

总之，台湾"太＋形＋量"的组合形式比较多，使用频率也比较高，与大陆形成了明显的差异。

以下是台湾"太＋形＋量"的用例：

(18) 由于农作物到餐桌，转手太多层，成本垫高，农民获利不见得能增加。（台湾，2015-01-25）

(19) 掰馍是件急不得的事，掰的太大块，再热的羊肉汤也泡不软。（台湾，2014-08-20）

(20) 动物园表示，无尾熊宝宝还躺在妈妈的育儿袋，太小只无法确定性别，约过 3 个月才能出袋亮相。（台湾，2014-04-29）

(21) 开幕才不久的大仓久和，日本料理就被食客嫌寒酸，天妇罗的炸虾太小条、海胆也不够肥，凸显出原汁原味的日本料理在台湾出现"水土不服"状况。（台湾，2012-08-31）

(22) 在决定三分钟计次或五分钟计次的同时，不知电信局官员有没有觉得，电话号码簿似乎太大本了些？（台湾，1990-09-27）

结合上述实例来看，台湾基本不见于大陆的"太＋形＋量"用例，大陆的对应形式一般是去掉量词后的"太＋形"。需要说明的是，"块""条"可用作名词或量词，但由于"太大颗"等"太＋形＋量"形式的较多存在，而且"太大/小块、太大/小条"与"太大颗"等在大陆的对应形式一般都是"太＋形"，因此，我们趋向于将"太大/小块、太大/小条"归入"太＋形＋量"形式。

此外，台湾"太大条"还常用来表示"太马虎"等特定语义，且多是"神经太大条"，比较特别[①]。例如：

（23）县文化局主办大甲妈祖国际观光文化节，出版的导览手册……每位主管人手一册，但不到3分钟，"儿童艺术馆"的简介被挑出5处错误，多位主管摇头说"文化局的神经太大条了"。（台湾，2007-04-11）

（24）日前剧组杀青吃海鲜大餐，竟突发30人集体食物中毒事件，她到了第3天才发作，本以为非食物中毒，到医院挂急诊才证实也是食物中毒，她笑称自己神经太大条，但幸好打针之后没事。（台湾，2012-11-13）

除了"太＋形＋量"形式，海峡两岸"太＋形＋名"也存在差异。与大陆相比，台湾有些"太＋形＋名"形式要常见许多，下表数据反映了这种形式在两岸的使用对比：

表 2-15　海峡两岸"太＋形＋名"使用调查

形式 数据	太大/小声	太大/小力	太大/小包	太好命
《人民日报》	4/0	0	0	0
《联合报》	629/69	116/15	10/6	49

上表显示，《人民日报》里"太大声"有少量用例，其他的"太小声、太大/小力、太大/小包、太好命"等均无用例，但是，这些"太＋形＋名"形式在《联合报》里都有一定的用例，其中"太大声"用例数比较多，是一种较为常见的表达。

以下是两岸的部分实例：

（25）看到别人时打招呼、握手，别人给你东西要说声谢谢，说话不能太大声，自己的举动不要影响到别人，买东西要排队，开车要谦让行人等，都

[①] 表 2-14 的相关数据是排除这一表达后的统计结果。

属于基本的礼貌。（大陆，2003-05-21）

（26）＊＊＊说，斗高22试场考生反映英听设备太小声，坐前三排考生听得较清楚，后三排根本听不清楚。（台湾，2015-05-18）

（27）太大包，很难跑：＊＊＊解释，求生包如果太大、像登山包一样，一旦地震等天灾来袭，逃生时"大救命包"反而可能会被家具勾到，或逃生时受人群排挤。（台湾，2011-03-20）

（28）Touch荧幕要用点劲：双指可在荧幕上拨动，能快速放大缩小，初次使用时，会拿捏不准力道，太大力会连翻两页，太小力荧幕无动于衷。（台湾，2007-07-04）

（29）婚前的我太好命，十指不沾阳春水，披上嫁衣后才知米价。（台湾，2015-11-26）

和"太＋形＋量"不同，上面所举的基本不见于大陆的"太＋形＋名"用例，它们在大陆的对应形式一般不是"太＋形"，而多是"名＋太＋形"，如"太好命"（即"命太好"）。

2. 与"太"共现的句末语气词

张斌（2010：247）指出，"啊、吗、吧、呢、了、的"属于典型的语气词。周国光（1994）认为，同"太"共现的语气词只能是"了"（包括变体"啦"）。根据卢福波（2000）的统计分析，在与"太"共现的句末语气词中，98%以上的句子只选用"了"（包括"啦"）。根据我们的考察，两岸"太"后的句末语气词一致性比较高，但也存在一定的差异，下面的调查基于海峡两岸各100个"太"后出现语气词的例句[①]：

表2-16 海峡两岸与"太"共现的句末语气词使用调查

形式 数据	了	啦	了啦
《人民日报》	99	1	0
《联合报》	98	1	1

上述数据显示，两岸"太"后的句末语气词一般都是"了"（偶尔使用"啦"），大陆没有"了"后再出现"啦"的"了啦"，台湾却有1例，即：

---

① 例句出自2014年3月至2015年7月的报纸。

（30）"你卖太便宜了啦"、"你不涨价，会做白工喔"，陆宝玉的红豆饼摊位，不时会传出老顾客"劝"她涨价的声音。（台湾，2015-06-09）

在BCC报刊库检索"了啦"，考察含"了啦"的222个结果，未见"太……了啦"。另外，检索中国传媒大学"媒体语言语料库"（2008-01-01—2013-12-31），在中央电视台口语语料中（约1亿字），也未见"太……了啦"。不过，在BCC多领域库里有一些"太……了啦"的用例，多见于微博。总的来说，在规范度较高的普通话书面语和口语里，"太"后一般都不出现"了啦"。

然而，台湾的情况与此不同，"太……了啦"并不少见。从我们搜集的50个用例看①，"太……了啦"全都是对说话人所说话语的"直录"，显示它一般只用于口语。在这些用例中，与"太"组合的一般为形容词，非形容词仅5例。相关用例如：

（31）她一看到Mini Sofia提包，童心大发，嚷着："太可爱了啦，以后可以留给女儿用！"（台湾，2014-12-21）

（32）"爸比，你要的生日礼物太难了啦！"张小噜洗好澡，我帮他吹头发吹到一半，忽然他抬起头，面露难色。（台湾，2015-02-25）

（33）他常劝同仁别50岁一到就办退休，……问他计划做到几岁？他大笑说"我觉得自己还很年轻耶，想这个问题还太早了啦！"（台湾，2015-09-14）

（34）她和万名观众能量齐爆发："每天听这样的声音，我应该可以唱100场，太有力量了啦！"（台湾，2015-04-16）

从以上用例可以看出，台湾使用"太……了啦"没有性别、年龄等的限制。

普通话的"啦"一般认为是"了"和"啊"的合音词（朱德熙，1982：207；张斌，2010：251）。但是，台湾"了"后出现的"啦"应该不是"了"和"啊"的合音，否则"了"重复。我们认为，台湾"了"后出现的"啦"有其特殊的语用价值，就"太……了啦"来说，如例（30）"太便宜了啦"的"啦"起到提醒对方注意的作用，又如例（31）"太可爱了啦"的"啦"能够增

---

① 例句出自2009年5月至2015年12月的报纸，包括《联合报》（34例）、《中国时报》（12例）、《Upaper》（2例）和《联合晚报》（2例）。

强感叹的语气,再如例(32)"太难了啦"的"啦"就有表达不耐烦情绪的功能。

刁晏斌(2013e)指出,台湾言、文的距离大于大陆,甚至相对而言存在着相当程度的言、文背离现象,而这正是造成海峡两岸语言一系列对立性差异的一个重要原因。从我们的考察看,台湾"太……了"之后出现"啦"的用例常见于口语,但在书面语中很少见到,这是台湾书面语与口语存有较大距离的一个例子;在大陆普通话里,不论书面语还是口语,"太……了"后一般都不出现"啦",也就是书面语与口语的表达是一致的,这是二者距离比较近的体现。因此,从不同语体里"啦"在"太……了"后是否出现来看,两岸书面语和口语的距离存在远近的差别。

3. 句末"了"的隐现

在普通话里,"太"所在句子末尾"了"的隐现有较强的规律性。刘元满(1999)指出,"太"用于表示因程度高而赞叹时,必须加"了"呼应,如果不用"了",单句一般不能说;在比较复杂的句子里不用"了"虽然可以说,但意思会发生变化,变成指程度高反而导致一种不利的结果。邵敬敏(2007b)也持类似观点,文中把与"太"组合的形容词细分为贬义类、中性类和褒义类三种,一是"太"修饰贬义形容词,不论带不带"了",都表示贬义;二是"太"修饰中性形容词,带与不带"了",一般情况下都属于贬义;三是"太"修饰褒义形容词表示程度高,是一种夸奖,口语中必须带上"了",如果后面不带"了",则为贬义。马真(2016:86)明确指出,表示赞叹的"太"修饰一个形容词时,"太"要求后面必须有"了"与之相配。以上所引主要反映的是大陆普通话"太 A"与"了"的隐现规律,但台湾与此有所不同,试比较:

(35)"从前的人想要捕蝉、捉鱼,就会发明不同工具,可是现在的生活实在太方便,小朋友动手做的机会变少,想象力也就较难发挥。"发明造物木工教室的老师张嘉俐说,其实每个小朋友天生都很有创意,喜欢发明东西,透过木工敲敲打打,可满足许多小朋友发明的欲望。(台湾,2011-08-07)

(36)成为网拍一族多年的吴先生,现在还会拉着太太一起选购各种产品,太太甚至连米、酱油都网购,而且很多商品没几天就收到,"真的太方便,又可以省钱"。(台湾,2015-01-02)

前一例"太方便"后不用"了",反映说话人并不赞赏的态度,这与大陆的用法一致;后一例"太方便"后隐去"了",可是说话人表示赞叹,这与大陆的用法有明显的区别。以上两例"太方便"形式相同,但语义不同,这是因为前者的"太"表示程度过头,后者的"太"表示程度高,这种区别需要结合上下文来辨别。

台湾"太A"表示积极义而句末隐去"了",这样的用例并不少。以下是一些例子:

(37)＊＊＊以"我想念我自己"获等同影后的女性沙漠棕榈成就奖,颁奖人史提夫卡尔笑称,她的演技实在太棒,从没看过她"演"戏。(台湾,2015-01-05)

(38)这个经验太美妙,所以她如法炮制,举办部落客聚会,她的胖奇趴(punch party)派对成为最受欢迎的活动之一,Bloggers因此有更多机会走出去,见识到彼此的庐山真面目。(台湾,2008-07-12)

(39)英姿飒爽的刀马旦,团员耍起刀枪,学生屏气凝神欣赏,眼神透露出羡慕的光芒。因为舞得太精彩,有学生忍不住拍手叫好。(台湾,2013-09-12)

(40)因为那一个夜晚的经验,从此,＊＊＊若有邀＊＊＊去主持"文学沙龙",＊＊＊总是欣然而往,甚至是原定主持人有事而＊＊＊去垫档!不只是因为和＊＊＊的友情,有一部分,是因为"文学沙龙"的氛围太迷人。(台湾,2015-01-13)

(41)当年上到这喜剧式的段落,因委实太有趣,老师还让我们改编成话剧,一组组轮流扮演,在课堂上过过戏瘾。(台湾,2015-01-14)

(42)馆兔平时待在图书馆外的铁笼,有专人喂养,由于兔宝宝太可爱,学生一下课就冲来图书馆一睹"馆兔"丰采,摸摸"黑糖"、和"麻糬"说说话,几乎成了师生的"家人"。(台湾,2015-10-11)

以上表示积极义的"太A",如前所述,普通话里需要在其后出现"了"。下面我们以两岸用于肯定句中做谓语的"太精彩(了)""太迷人(了)""太有趣(了)"为例,考察《人民日报》和《联合报》(2000-01-01—2015-09-30),定量调查两岸"太A(了)"中"了"的隐现情况,以下

是调查结果①:

表 2-17 海峡两岸"太 A（了）"中"了"的隐现调查

数据\形式	太精彩	太精彩了	太迷人	太迷人了	太有趣	太有趣了
《人民日报》	0	92	0	8	0	9
《联合报》	29	46	55	38	37	194

从语料调查来看，以上三组"太 A（了）"都表示积极义。上表显示大陆受"太"修饰的"精彩""迷人""有趣"后都出现"了"，未见隐去"了"的用例，显示出比较强的规律性；与此形成鲜明对比的是，台湾"太精彩""太迷人""太有趣"，其后既可能出现"了"，也可能隐去，两种情况都不少见，说明这三组"太 A（了）"中"了"的隐现基本上是自由的。由此可见，表示积极义的"太 A"后是否出现"了"，两岸有明显的差异。

邵敬敏（2007b）把褒义形容词分为 A_1 和 A_2 两类，指出 A_1 加上"太"以后，褒义是它的首选，也是出现频率最高的，如"棒、精彩、可爱、方便"；A_2 加上"太"，表示贬义则是其首选，如"自信、善良、谦虚、先进"。从我们的调查看，台湾隐去"了"后仍表示积极义的"太 A"，其中 A 都属于 A_1，例如"棒、精彩、美妙、迷人、有趣、可爱、方便"，它们受"太"修饰后，除了"太方便"等有少部分用例表示消极义外，其他都表示积极义。换言之，这些"太 A_1"后不出现"了"一般不会影响其积极义的表达。不过，这种用法一般不见于大陆普通话。

4."太 A"前的否定词

这里讨论"太 A"做谓语时其前的否定词。在普通话里，置于"太 A"前的否定词一般都为"不"。张谊生（2006）指出，"不太 A"可以有两种结构层次："不太/A"和"不/太 A"，前者的"不太"已经凝固，"不太/A"相当于"有点不 A"；后者是"不"否定"太 A"，"不/太 A"相当于"略微有点 A"。台湾做谓语的"太 A"，其前的否定词通常为"不"，但有时还可能是"没（有）"（其中"没有"比"没"常见）。考查两岸各 100 万字语料，大陆

---

① 从语料调查看，有极少数不用"了"而用"啦""了吧"的用例，这里用"了"统称。

未见用作谓语的"没（有）太A"，台湾有1例，即：

(43) "泰戈尔"本人并没有太兴奋。（台湾，2015-02-02）

另外，考察具体用例"没（有）太好"也能说明两岸"太A"前否定词的差异。在《人民日报》（1946-05-15—2015-09-30）近七十年的语料里，用作谓语的"没（有）太好"未见用例；而检索《联合报》（2005-01-01—2014-12-31）共十年的语料，用作谓语的"没有太好"共9例，"没太好"有1例。

以下是台湾"没有太好"的例子：

(44) 两人在首盘一开始的时候状况没有太好，一开赛就遭到对手破发，先以0：2居于劣势。（台湾，2008-07-28）

(45) 我和爷爷感情没有太好，从小他比较疼妹妹，零用钱、好吃、好玩的，他都先给妹妹，对我比较严厉。他是山东人，比我还高，讲话也很大声，凶起来很可怕，所以我和其他家人感情很浓厚，只有和爷爷没那么亲近，甚至未曾和他单独合照。（台湾，2012-08-23）

以上两例"没有太好"即"不太/好"，相当于"有点不好"。

下面是"不太/好"的用例：

(46) 费里克斯在专文中说，很多墨西哥人多年来已不会因庆祝新年而感到兴奋，因为墨国治安不太好，大多数民众不想夜间外出，担心跨年夜晚碰到犯罪或发生意外。（台湾，2012-01-10）

以下台湾"没（有）太A"也是表示"有点不A"的"不太/A"：

(47) 台湾高铁公司经营绩效不好，最大的问题在负债太高、股本太低，加上借款利息太高，特许期又偏短。其实台湾高铁公司税前息前折旧前的纯益，也就是所谓的EBITDA表现还可以，绩效没有太差。（台湾，2009-12-14）

(48) 在转单部分，潘文辉、洪传献皆表示，大陆先前对台转单也多是销往美国市场，欧洲市场比重没有太高，受影响不大。（台湾，2013-07-29）

(49) 台北捷运新庄线丹凤、回龙站通车已经满月啰！通车前预计有六十三万人次受惠，据北捷公司昨日统计结果仅有四十四万人次；周边店家通车后发现虽有不少新面孔顾客，但比起预期刺激消费效益没有太大，难免有些失望。（台湾，2013-07-31）

(50) 名模＊＊＊前阵子又是车祸受伤，又因生病住院，衰事不断，她昨日受邀演绎新装，感受到丰沛生命力，心情也一扫阴霾，变得轻松，"虽然发

生这些事，但转念一想，所幸都没太严重，人也顺利康复了，算是不幸中的大幸。"（台湾，2015-01-22）

（51）乌玛的"新五官"拆开来看或许没太夸张，但合体后就分明不是"乌玛舒曼"；整形医师认为她动了眼睑手术，让原本迷蒙又充满傲气的特色眼神，沦为上吊又无神的寻常双眼。（台湾，2015-02-12）

有时，台湾"没（有）太 A"表达的还是"不/太 A"的意思，但用例不多见。如：

（52）封王后的比赛没有人会当真，昨天诚泰太阳队以四比二击败刚拿下上半季冠军的兴农牛队，赢球的诚泰队没有太高兴，输球的兴农队也不懊恼。（台湾，2003-06-11）

此例"没有太高兴"相当于"稍微有点高兴"，而不是"有点不高兴"。

从以上调查分析可知，台湾"没（有）太 A"即"不太 A"。具体来说，多数"没（有）太 A"相当于"不太/A"，少数相当于"不/太 A"。由于"不太 A"的高频使用，邵敬敏（2007b）指出，"不太"已出现凝结为一个语法词的趋势，也就是有了词汇化的迹象。这说明"不太 A"倾向于分析成"不太/A"。台湾"没（有）太 A"主要对应于"不太/A"，这也从一个方面证明了"没（有）太 A"即"不太 A"。

总的来说，两岸用作谓语的"太 A"，其前的否定词在大陆一般用"不"，而台湾除了通常用"不"以外，有时还用"没（有）"，相较于大陆，台湾多出了一个同义的"选项"。台湾否定词"没（有）"的用法与大陆有区别，本书在讨论差比句时还会涉及。

5. 宾语中的定语"太 A"

用作定语的"太 A"在两岸都可用于主语或宾语当中，用于主语中的"太 A"在两岸都表示超量义，用于宾语里时则存在一定的差异，这里讨论后一种情况。

张琪昀（2002）通过对 20 世纪前半期和 20 世纪末语料的考察发现，20 世纪末作品中用作定语的"太 A"在 20 世纪前半期不太使用，此期如"太多"只有"人太多""来得太多"等做谓语、补语的用法，无一处是用作定语的，由此使"太"的使用频率相对过去有所提高。该文还指出，当前一些用"太"字的地方，以前本可用"很"字或者其他词语。做定语的"太 A"，对句子有一定的要求。刘元满（1999）对此作了比较详细的说明，其中一点是句中谓语部分含有消极意义，使全句也含有消极意义。张谊生（2006）对做定语的"太 A"有进一步的阐释，其要点有三：第一，"太＋褒贬义 A"一般都不能充当定语，至少充当定语的可接受度是比较低的，尤其是不能直接充当判断宾语的定语；第二，"太＋中性义 A"大多可以直接充当定语，而且近年来这种组合分布正呈现出日益增多的趋势；第三，少数"太＋褒贬义 A"在一定的条件下也可以充当定语，条件是"太 A"表超量义，而且句中还有对该超量义导致的否定性结果的说明。以上所引为大陆的情况，基本符合普通话的语言事实。例如：

（53）3 次无缘 10 强赛的经历，已经让国足错失了太多重要比赛的积累和经验，也让自信心一落千丈。（大陆，2014-01-06）

（54）今天我们这代作家面临的问题是，汲取了太多西方文学的经验，对 19 世纪、20 世纪文学如数家珍，却无法逃脱 19、20 世纪文学所形成的经验怪圈。（大陆，2014-05-06）

（55）在他看来，近些年，一些媒体对青少年传播了不少负能量，还有一些媒体和门户网站，制作太多不适于青少年阅读的东西，有的还参与制造了负面的价值观，不断地传播明星、富人的私生活。（大陆，2015-03-11）

例（53—55）"太多"表示超量义，句子含有消极意义。以下是台湾用作定语的"太多"的例子，不过与大陆的常见用法有所区别：

（56）＊＊＊说，＊＊＊的友人很多，这几天涌入太多关心电话，一旦家属同意确定何时、何处开放吊唁后，一定会发新闻稿让外界知道。（台湾，2012-12-12）

（57）Hunt 设计了太多壮丽的豪宅，而他自己的故乡佛芒州的 Brattleboro 却充满了新英格兰习见的木造家屋。（台湾，2015-01-14）

上面两例，从被修饰成分"关心电话""壮丽的豪宅"以及全句意思来判断，"太多"都不表超量义，而是表增量义，"太"所在句子也不表示消极意义。此处"太"表示程度很高，"太多"用作宾语中的定语，这里"太"的语义及其用法已与"很"很接近（参看：张谊生，2006）。类似用例在台湾比较多见，下面再举几个：

（58）阅读颇丰的＊＊＊认为，古典文化中有太多好的电影题材，日本人

拍"切腹",中国宫廷中皇帝"赐大臣死"的戏剧性比"切腹"更动人。(台湾,1979-07-06)

(59) ＊＊＊认为,"古典音乐史上有太多 80 岁后还非常活跃的音乐家,我觉得这是钢琴可以让人一再探索的特性,我没有时间关心老去这件事,我只担心我能不能做好这些音乐。"(台湾,2015-04-01)

(60) 台湾有太多的文化优势,只是大家没有去重视,我们应该要想如何把它发挥出来。(台湾,2015-09-16)

(61) 不过,＊＊＊还是很乐观认为,他对台湾依旧是信心满满,因为台湾有太多人才,且台湾有不少厂商一直努力在打世界杯,跟世界的大厂进行良性竞争。(台湾,2015-11-02)

(62) ＊＊＊看好车子将成为手机之后下一个重要载体,当车与车、车与路、车与建物等所有节点都连接起来,很多新的商业模式也会跟着起来,这当中有太多想象空间。(台湾,2015-11-16)

如果说以上所举用例都是"太"修饰中性形容词"多",那么下面的例子则是"太"修饰褒义形容词:

(63) "对我们来说这真是一场太棒的胜利。"柏德表示:"很多人认为看起来很简单,但其实一点也不。"她说不管是哪支球队拿下世锦赛金牌,都不可能很简单。(台湾,2014-10-07)

(64) 直到今天,我仍在球场上奔驰……因为棒球实在是一个太迷人的运动,我迷恋那种大家一起拼、一起热血的感觉,我想我会一直打棒球打到打不动为止。(台湾,2013-03-19)

上面两例中,"太棒的胜利"和"太迷人的运动"都是"太+褒义形容词"直接充当判断宾语中的定语,"太棒""太迷人"都表示赞叹,为增量义而非超量义。如前所引,这样的例子都不能用于普通话。

台湾"太+褒义形容词"用作宾语的定语,"太A"不表超量义,这样的用例我们还搜集到一些。再如:

(65) 无意间一抬头,发觉这家酒店真是不同凡响,它取了个太有趣的店名,令人一见钟情。(台湾,1978-01-22)

(66) 他觉得,这里有太可爱的学生和老师,组成了可爱的校园,师生们给他的太多太多,使他心中充满感谢。(台湾,1996-06-30)

(67) 我必须写的原因,是因为有太多太精彩的片段,已经开始影响我的新世纪之初,包括我的好朋友们在内。(台湾,2001-07-25)

(68) 看到太漂亮的地方,他有时会想,"这里这么自然、美好,是不是不要盖(房子)最好?"(台湾,2007-11-10)

例(65—68)用作定语的"太有趣、太可爱、太精彩、太漂亮"也都表示赞叹。对此,大陆相应的表述通常是"太A"用作谓语,末尾带有"了"(参看:马真,2016:143)。

上述"太+褒义形容词"的用例,如果排除主观性差异,"太"都可以用"很"替换。在普通话里,像这样的例子一般可用"很+褒义形容词"。下面是"很有趣"的用例:

(69) 在自主招生改革的推进过程中,高校与高校之间是什么关系?是盟友?是敌人?这是一个很有趣的命题。(大陆,2012-02-24)

从以上调查来看,与大陆相比,台湾"太"与"很"在一定程度上混同的现象较为明显。

上面探讨了用作定语的"太A",除此之外,用作补语的"太多"在两岸也有差异,这里略作讨论。相对于状语来说,补语更具开放性,可以容纳更多、更复杂的形式(刁晏斌,2012j)。在两岸句子成分中,补语存在一定的差异。刁晏斌(2000b:163-170)指出,海峡两岸句子成分的差异以补语为最大,包括程度补语、趋向补语、处所补语等;就做程度补语的"太多"而言,它在台湾较为常见,但它一般不用于大陆。以下是台湾"太多"的用例:

(70) 因为梦太奇怪,就像意识本身,比电影更要高明太多。(台湾,2015-02-04)

(71) (＊＊＊)去年球季结束就开始练习,做了非常多的重量训练,肌耐力比去年强太多了。(台湾,2015-05-29)

(72) 站在机坪上,喜马拉雅山历历在目,空气比德里清新太多。(台湾,2015-12-15)

以上用于"比"字差比句的"比……高明/强/清新太多",均不见于《人民日报》。普通话的对应形式可以是将"太多"换成"得多",下面是大陆"比……高明得多"的用例:

(73) ＊＊＊教授说:"乍启典先生是一位了不起的画家。他的画,格调高

雅，人品亦佳。他比那些所谓的'著名画家'要高明得多。"（大陆，2001-04-19）

(三) 海峡两岸"太"的融合

在华语走向全球的时代，也正是普通话和各地华语相互融合的时期。周清海（2008）就此指出，中国改革开放之后各地华语与现代汉语标准语普通话的相互冲击与交融的情况，是前所未有的。普通话与各地华语相互融合，使双方或各方均产生较大的变化。在普通话与各地华语相互融合的大背景下，海峡两岸现代汉语由差异趋向融合，程度副词"太"的发展演变就是其中一例，这种发展变化主要体现在以下两个方面：一是大陆宾语中的定语"太A"，其中A为中性形容词时，"太A"表示增量义的用例有所增多；二是大陆"太多"用作程度补语的例子已不少见。

语料调查显示，当前大陆"太多"用作句中宾语的定语并表示增量义的情况已经较为常见。例如：

(74) "竹琳"给西班牙民众留下了太多美好的记忆，以至于时隔11年后，当"阿波"和"阿德"的父母"冰星"和"花嘴巴"来到马德里时，再次引起了轰动。（大陆，2013-05-13）

(75) 4G时代的正式出发，在带来预见中的便利和快捷之外，给未来提供了太多的想象空间。（大陆，2014-01-03）

(76) 这里浓缩了太多令人崇敬的红色文化之美，轻轻地走过宁都的街道，生怕惊扰了那些曾经在这里战斗过的鲜活的身影。（大陆，2014-02-08）

(77) 我想，昆明的安静，不仅源于这座城市的特点，可能也来自太多文人的熏陶。（大陆，2014-03-24）

(78) 以用户体验、用户需求反向驱动产品建设，欧美已经有太多传统行业正沿着这个方向在"互联网＋"的高速公路上高歌猛进了。（大陆，2015-04-22）

以上各例"太"所在句子不仅没有表达"消极义"，反而更多的是表示"积极义"，其中例（75）"太多的想象空间"和台湾例（62）"太多想象空间"相近，"太多"都表示增量义。这样的用例在大陆已经较多地出现，从而体现出两岸"太"的趋同。不过，这种变化还多体现在"太"与中性形容词"多"的组合上，而"太"与褒义形容词组合后做定语、"太A"表示增量义的用例还很少见。

另外，前引"太多"在大陆一般不用作程度补语，但就我们的调查来看，近些年来这样的用例已不少见。以"太多"置于"好"之后构成"好太多"为例，它在《人民日报》共有18例，其中首例出现于2003年，即：

(79)"这里的小巷十八弯，这里的灯光亮如昼，这里的治安好太多……"见到自己女儿下完夜班安全归来，福建石狮市退休的音乐教师蔡大妈不禁高兴地哼起了自创的歌曲。(2003-10-29)

应该说，上例"好太多"的出现是在"好得多"的基础上多了一种选择。以下该报出现的第二例"好太多"可看作对台湾常见用法的引用：

(80)中国台北队对付中国队的法子也和韩国队如出一辙：穿插跑动，拉出空当，内线强突，外线游弋。"但韩国队比我们好太多了"，洪玲瑶微笑着提示："今天（中国队）打我们（不过）得了80多分，打韩国还需要加油。"(2005-06-26)

上例说话人时任中国台北篮球队主教练。

此外，下面用例的内容也与台湾密切相关：

(81)近年来，随着赴台游的日益扩大，越来越多的大陆人有机会体验台湾的医疗服务。大家一个共同的感受是：比硬件，大陆医院和台湾差不多甚至更好；比软件，台湾医护人员好太多了。(《白衣不能承受之重〈两岸聚焦〉——台湾医疗体制扫描》，大陆，2012-05-04)

从时间上看，台湾"好太多"的用例明显早于《人民日报》的首例（2003年），以下是我们搜集到的台湾较早的用例：

(82)金龙队的＊＊＊在此战中，居功厥伟，在前三局，他完全封锁住七虎的打击，上场九个打击者有六人被三振出局，在五局中他曾投出五十一次好球，十四次坏球，其表现比首日战小鹰时好太多。（台湾，1970-05-21）

结合两岸的用例来看，大陆普通话"好太多"的用法有可能受到了台湾的影响。大陆近些年来出现较多"太多"用作程度补语的用例，这也是两岸"太"用法趋同的表现。

以上主要以"太多"和"好太多"为例探讨了两岸用作定语的"太+中性形容词"和用作补语的"太多"的融合趋向。随着两岸汉语交流互动的进一步频繁与加强，未来两岸"太"的趋同倾向可能更加明显。

(四) 小结

综上，通过多角度对比考察海峡两岸程度副词"太"，展现了现代汉语"太"的变迁与发展，特别是它在台湾的发展与演变。两岸副词"太"的差异体现在组合对象、"太＋形＋量/名"形式、与"太"共现的句末语气词、句末"了"的隐现、"太A"前的否定词、宾语中的定语"太A"、用作程度补语的"太多"等多个方面。总的来看，台湾"太"及其相关形式的用法比大陆丰富、复杂。台湾"太"修饰名词、区别词等的用法较之大陆更为常见；台湾常用的"太＋形＋量/名"形式在大陆不太常见，不少具体形式在大陆还很少见；台湾与"太"共现的"了啦"在大陆几乎不用；大陆表示积极义的"太A"，其句末语气词"了"一般不能隐去，但这一规则并不一定适用于台湾；大陆"太A"做谓语时其前的否定词一般都为"不"等，但台湾有时可以是"没（有）"，台湾"没（有）太A"即"不太A"；台湾"太"修饰中性形容词用作宾语的定语，"太"表示增量义较为常见，尤其是台湾"太"有时修饰褒义形容词用作宾语的定语，"太"依然表示增量义，这与大陆基本不用形成鲜明对比。此外，台湾"太多"常用作程度补语，这也是两岸"太"的又一差异。由此看来，两岸"太"的差异是多方面的，而且部分差异还是比较明显与突出的，由这些差异我们能够看到台湾"太"的发展演变情况。

两岸"太"的融合有两个方面的具体体现：首先是大陆宾语中的定语"太A"，其中A为中性形容词时，表示增量义的用例有所增多；其次是大陆"太多"用作程度补语的例子已不少见，由此使两岸"太"呈现出一定的融合倾向。

刁晏斌（2012a）提倡以"词"为对象的海峡两岸语言微观对比研究，以促使相关研究向全面、均衡、细致、深入的方向发展。我们对比分析海峡两岸"太"即是基于这种研究思路的案例之一。作为一个常见的程度副词，两岸"太"的显性差异并不太明显，其差异主要在于用法及使用范围，以及整个的组合形式及其意义，并且具体的差异往往要结合具体的语境才能有效地区分与辨别，这对于两岸语法对比乃至于整个汉语语法研究或许有一定的启发意义。

二、连词"并"

（一）引言

连词的作用是"连结"。所谓"连结"，既有连接的意思，也有组结的意思，即把两个或几个语法单位联结起来，使它们组结成为一个更大的语法单位（邢福义，2016：198）。基于百年现代汉语的发展流变，连词"并"的变迁与发展较为明显，反映出现代汉语的两条发展线索以及二者共同的起点，因此很有"史"的研究内涵。

以往有关现代汉语连词"并"的研究成果并不少见。吕叔湘（1999：86）指出，连词"并"表示更进一层的意思。彭小川、赵敏（2004）统计分析指出，"并"连接分句时，后一分句主语必须承前隐去；该文把"并"所连接的前后成分之间的语义关系细分为递进、承接和并列三种。应该说，上述观点主要反映的是普通话连词"并"的语义和用法。刁晏斌（2000b：130）注意到台湾连词"并"前能出现主语。显然，这与普通话用法不同。邢梅（2003）对台湾"并"前出现的成分进行了描写与分析，认为台湾"并"保留了初期现代白话文的用法，往往是"另外，还"的意思。刁晏斌（2016a：283）对台湾"并"前出现主语作出进一步分析，认为这种形式的实质是并不在意连续的动作行为被其他成分隔开。台湾之外，石定栩等（2006：206-207）报道了港式中文连词"并"也有这种用法，认为"并"出现在主语后面，这是标准中文里通常用"还"的位置。另外，马毛朋（2012）还报道了港式中文连词"并"可以连接主语不同的两个分句。田小琳、马毛朋（2013）把"并"前出现主语（包含该主语与前一分句主语相同和不同两种情况）解释为使该主语成为对比焦点。与台湾、香港连词"并"的情况类似，澳门中文"并"前也能出现主语，相关报道请见姚双云、黄翙（2014）。

从以上研究成果看，台港澳地区连词"并"有较强的一致性，但与大陆普通话有一定的差异。以下我们对现代汉语连词"并"的变迁与发展进行探析，即在细致观察海峡两岸连词"并"的基础上，描写分析两岸"并"的共时差异，从历时角度考察差异形成的过程并解释差异形成的原因。

（二）海峡两岸"并"的差异

连词"并"在两岸都很常见，为了从整体上了解它在两岸的用法差异，我们依托大陆 CCL 现代汉语语料库和台湾"平衡语料库",定量调查分析两岸各前 200 条使用连词"并"的有效用例[①],以下是两岸连词"并"连接成分数据表:

表 2-18 海峡两岸连词"并"使用调查

连接成分 数据	谓词性成分*	分句			句子		其他	总计
		"并"前不出现成分	出现主语	出现状语	"并"前出现主语	出现状语		
大陆	45/22.5%	153/76.5%			0	0	2/1%	200/100%
		153/76.5%	0	0				
台湾	41/20.5%	149/74.5%			9/4.5%		1/0.5%	200/100%
		137/68.5%	7/3.5%	5/2.5%	7/3.5%	2/1%		

* 包括动词、动词性短语(含介宾短语)。

如上表所示,两岸"并"都能连接谓词性成分和分句,并且都以连接分句为主。不过,"并"连接分句时,大陆"并"前不出现成分;台湾大多数"并"前不出现成分,但少数"并"前出现成分。另外,"并"连接句子时,大陆没有用例,台湾有少量用例且"并"前出现主语或状语。总的来看,台湾"并"前出现成分以及"并"用于连接句子,反映出两岸"并"使用的明显差异。

需要指出的是,台湾"并"还可用于连接段落(详后),但这难以在语料库中显示,上表用"句子"统称。

从语料调查看,"并"用于连接谓词性成分或分句("并"前不出现成分),两岸的一致性比较强。下面立足两岸对比,即对台湾"并"不同于大陆之处(包括"并"连接分句时其前出现成分、"并"连接句子和段落、"并"与"还"的纠葛等)逐一描写分析。

1. 连接分句

台湾"并"连接分句时,它的前边有时会出现成分。一般来说,这一位

---

① 有效用例指剔除重复用例后,能够判断"并"连接成分的用例。

置上的主语比状语常见，二者通常只用其一，下面分别讨论。

A."并"前出现主语

根据"并"所在分句主语和前面紧邻的分句主语（可能承前省）是否一致，可分为前后主语一致和前后主语不同两类。

一类是前后主语一致。请看：

(1) 台湾小姐＊＊＊将担任台南市2006年跨年晚会主持人，她并计划进军台南地方电视台担任新闻主播，希望借台湾小姐光环帮府城促销观光及介绍在地美食、文化。（台湾，2005-12-29）

(2) ＊＊＊欢迎灾区学童到北县游学，他并询问小朋友："台北县和家乡有什么不同？"（台湾，2009-09-10）

(3) 2013年1月30日，润泰集团总裁＊＊＊捐出30亿元成立唐奖教育基金会，他并表示要捐出95％财产做公益。（台湾，2015-01-30）

(4) 花莲火车站前的"乌龙院漫画主题广场"昨天正式启用，……欢迎游客和花莲乡亲共同体验令人轻松、愉快的漫画装置艺术，他并颁发感谢状，感谢漫画家＊＊＊为花莲的付出与贡献。（台湾，2015-10-18）

例（1—4）"并"前主语"她"或"他"代指前面分句主语，这种使用代词的形式在"并"前主语中较为常见，属于典型形式。

以下"并"前主语相对少见，应属非典型形式：

(5) 为了宣导环境绿化美化的观念，台中市"政府"特别将三月订为"绿化月"，"市府"并推出了系列活动。（台湾，2000-03-09）

(6) 选举投票日只剩倒数1个多月，高雄检警展开查贿行动，检警并结合学校，由学童敲锣打鼓，倡导反贿选，强调反贿选及防选举暴力的决心。（台湾，2014-10-28）

(7) 正德去年挂牌上柜，并同步展开船队扩张，一口气投下18亿元，与日本山水海运签约订造3艘16 500吨散装货轮，双方并签订10年长约，……（台湾，2015-09-19）

(8) 全世界排碳量最大、最关键的美国和中国皆表态支持，双方并已达成重大协议。（台湾，2015-11-30）

例（5—6）与例（7—8）"并"前主语和"并"前紧邻的分句主语所指相同但形式有别，前者"并"前主语"市府""检警"为前面分句主语的减省形式，这类减省多是通过去掉修饰语、保留中心语来实现的；后者"并"前主语是"双方"，它是与前一分句主语同义的简单形式，可看作另一种减省。

如前所述，在大陆普通话里，例（1—8）"并"前主语一般都不能出现。比较两岸用法，台湾"并"前出现了羡余成分。所谓"羡余成分"，是指信息传递中超出最小需要量的那部分信息的具体内容。对应到语言学上，就是超出表达需要的羡余信息的语言形式，可以是语音的，也可以是句法的或语义的（潘先军，2012：3）。在例（1—8）中，去掉"并"前主语并不影响表达，也就是说它们并非表达所必需（如表2-18所示，台湾"并"前大多数不出现主语等成分），因此都是羡余信息。

那么，在效率意识很高的台湾报章中，为什么会出现这样一些羡余信息？刁晏斌（2007a：57-58）指出，文言中缺乏真正意义上的第三人称代词（相当于现代的"他"者），对此，弥补不足的一个办法是复句中后边的分句重复前边的名词主语，例如"（张）良因怪之，跪曰：'诺。'五日平明，良往"（《史记·留侯世家》），此例"良"重复一次。受此影响，这一现象在早期现代汉语里表现仍然明显，书中用这一时期做主语的人称代词重复使用加以说明，所举例句如"他等了她好久，都不见回来。他生着很大的气，他冲到他书房去，他决定不想这女人的一切了，他要继续他的文章"（丁玲《一九三〇年春上海》）。周清海（2008）认为，1949年之后，各地华语与现代汉语标准语分别发展；各华语区保留了早期现代汉语的许多特点，受其影响是巨大的。后来，周清海（2016）明确指出，台湾现代汉语保留了许多"五四"前后期的特点。据刁晏斌（2014c）的研究，台湾书面语和早期现代汉语的一致性比较高，也就是前者在很大程度上保留了后者的传统。由此看来，例（1—8）"并"前出现主语是台湾现代汉语存古与守旧的表现。

需要说明的是，例（1—8）"并"所在分句主语与"并"前分句主语都是紧邻的，也就是二者之间没有隔着其他分句，但是有时前后两句之间还会出现自成停顿的成分，该成分的主语承前隐去。例如：

（9）非洲南部小国辛巴威90岁总统＊＊＊健康日渐恶化，豪奢的第一夫人＊＊＊企图掌握大权，成为全球首位女独裁者，她并获得逃到辛巴威的英国富豪＊＊＊提供金援。（台湾，2014-12-14）

（10）县长＊＊＊顶着寒风细雨，精神抖擞地陪同来宾与师生共跑，他并

宣布明年度全县教育预算将增加20%。(台湾，2014-12-29)

（11）二姐＊＊＊昨在脸书贴文，感慨台湾言论太自由，她并引用作家＊＊＊要走之前留下的话："人言可畏"，……(台湾，2015-04-24)

（12）新北地检署侦办北捷4死杀人案，依杀人等罪起诉凶嫌郑捷，检方并建请法院判处死刑。(台湾，2014-07-27)

以上用例中，两句之间自成停顿的成分多数可看作前一句的连带成分，如例（9—11）；少数是独立的分句，如例（12）。

与例（1—8）类似，例（9—12）"并"前主语也是羡余成分，此类"并"前主语在大陆普通话里一般也都不能出现。例如：

（13）国际货币基金组织每5年评估一次SDR货币篮子，一般会调整篮子中的货币权重，并考虑纳入其他货币。(台湾，2015-12-02)

此例"并"前不出现成分，可与例（12）进行比较。

就"并"前主语的有无而言，两岸的差异应该是语言发展速度不同所致，大陆普通话发展快，距离早期现代汉语较远，所以"并"前一般不再出现主语；而台湾现代汉语发展相对较慢，因此与早期现代汉语更近一些，在这方面的表现，就是一定程度上保留了旧有的形式。

台湾"并"前出现主语是对传统表达方式的延续，此外，这种表达可能还与语用因素有关。邢福义（2016：398）指出，在"小三角"理论看来，一个语法单位能够在语言系统中存在，在语言交际中承传，必然有其语用价值上的根据，不然就会被淘汰。从例（1—12）看，台湾"并"前主语在前面分句主语的基础上再次出现，能够强调和凸显该主语（参看：田小琳、马毛朋，2013）。

另一类是前后主语不同。周静（2007：164）注意到"并"所在分句隐去的主语一定和前面分句的主语所指相同，如果不同则不可以用"并"来连接。这是普通话的语法规则，台湾"并"不受此限，换言之，台湾"并"连接的前后分句主语可以不同，这样的例子并不少见，请看：

（14）小朋友在"准园"亲手彩绘甲虫扑满，主办单位并安排最受欢迎的手工窑烤披萨体验活动。(台湾，2014-07-24)

（15）大陆市场即将于10月17日开卖苹果iPhone 6，苹果网络商店并于10日开放预购。(台湾，2014-10-03)

(16)一名海军陆战队退伍的男屋主将侵入屋内的小偷压制过久,小偷送医急救后宣告不治。男屋主被依过失致死罪移送,地检署并谕令五万元交保。(台湾,2014-10-31)

(17)＊＊＊今年一月才调升绿岛监狱典狱长,检方并查出他以同样手法向受刑人家属收贿,且因离岛,价码更高,正漏夜厘清。(台湾,2014-11-13)

(18)高雄女中引辩坊社社长＊＊＊与社员＊＊＊、＊＊＊、＊＊＊、＊＊＊,12月到马来西亚吉隆坡参加第七届精英杯亚洲中学华语辩论公开赛,荣获冠军、最佳团队奖,＊＊＊并当选"最受欢迎女辩手"。(台湾,2014-12-24)

以上用例"并"前主语与"并"前分句主语都不相同,出于表达的需要,"并"前主语都不能隐去。

台湾"并"前主语不同于"并"前分句主语,"并"前主语得到凸显,这提示我们,"并"所在分句与"并"前分句可能属于不同的结构层次。如果说例(14—18)的结构层次还不明显,那么下面用例的层次性却不难发现:

(19)老板＊＊＊十年前在白河开了一间保龄球馆,但生意每下愈况,刚好遇上白河莲花季涌进大量观光客,决定将保龄球馆改装成运达利餐厅,挑高的空间及超大会场别有特色,老板并聘请大厨开发莲子大餐,成为长年经营的特色餐厅。(台湾,2009-06-27)

(20)安南区正统鹿耳门圣母庙,昨送出360万元白米给台南市低收入户,照顾弱势族群,有近1万户受惠,庙方并举办"圣母学堂",免费让单亲和孤苦子女学习才艺。(台湾,2014-09-25)

(21)＊＊＊提起诽谤自诉,三人都被判决有罪,她并对三人提出共三亿元的民事求偿。(台湾,2005-12-15)

(22)＊＊＊情人节夜在松菸举办新歌发表会,老婆＊＊＊在台下爱相随,＊＊＊并献唱"七十亿分之一"给老婆当情人节礼物,＊＊＊也二度弄哭老婆。(台湾,2015-02-15)

例(19)"老板……老板并……"属上位层次,中间对球馆改成餐厅等的叙述属于插入性质,是低一层次的;例(20)"圣母庙……庙方并……"属上位层次,中间的插入成分也是下位的;其余两例也可作类似分析。可见,例(19—22)"并"都显示层次,"并"起到"层次标记"的作用,因此不失为一种比较高明的话语安排模式。以上用例与普通话"并"连接的前后分句应属同一结构层次区别明显。

邢福义（2001：220）指出，递进表示以一层意思为基点向另一层意思顺递推进。据台湾版《两岸对照词典》，连词"并"表示递进关系，例如"大会确认了会务报告，并通过了三次提案"。台湾"并"连接的前后分句主语不同的用例，大陆相应的表述方式通常有两种：

一是将"并"换作表示进一层、具有衔接功能的"还"。例如：

（23）世界电信展及论坛的精彩片段将在网站及电视台节目里播放，有关主办单位还向国际电信联盟争取7 500张免费入场券，向8家大专院校的学生、志愿团体及特殊学校的师生派发。（大陆，2006-12-01）

（24）香港各界300多位嘉宾出席座谈会。主办单位还在场内设置图片展览，介绍国家60年来的发展成就，以及香港市民对国家发展所做的贡献。（大陆，2009-09-23）

例（23—24）"还"前的主语和前面分句或句子的主语不同，可与例（14）等进行对比。不过例（23）（24）有所不同，前一例为单个复句，分句与分句之间用逗号；后一例可看作一个句群，句子与句子之间用句号。比较而言，例（24）更接近例（14）等。

下面的用例也使用"还"：

（25）一年来，大剧院共演出991场，其中商业演出661场，公益性演出330场，参演院团来自45个国家和地区——已有近百万观众走进大剧院享受世界级艺术成果。大剧院还举办了831场次生动活泼的艺术教育普及活动，共计约32万人次参与其中。（大陆，2008-12-31）

上例是由两个复句组成的句群，复句与复句之间用句号，后一句"还"前主语"大剧院"与前一句的首个主语相同，但与前一句余下的分句主语不同，此例可与例（22）等比较。

二是将"并"换成与之相近的"并且"。例如：

（26）笔者有位亲戚，几年前在北京做保安，见面的时候经常说起一些事。很多事情都是他不愿意做的，并且他也知道那样做是不对的，但没有办法，因为队长要求大家那样做。（大陆，2011-05-11）

(27) 而其结果,就是他的"归隐者系列"之一,诗集《悟道与逍遥》的分娩,他并且把这诗集称为"一个现代古人的山水清音"……(大陆,2000-03-18)

前一例"他"在"并且"之后,后一例"他"在"并且"之前。田小琳、马毛朋(2013)指出,在普通话里,与"并"相比,"并且"引导的分句可以有自己的主语,"并且"一般位于主语之前。据调查,"并且他""他并且"在《人民日报》十年(2005-01-01—2014-12-31)的用例数分别是9例和1例,前者明显多于后者。

为了定量考察海峡两岸连词"并""并且"的使用情况,我们作了两项调查,一是基于两岸各100万字报纸语料的调查分析,结果如下:

表2-19 海峡两岸连词"并""并且"的使用情况

形式 数据	并	并且
大陆	464	36
台湾	596	57

从上表数据来看,两岸"并"的用例数均是"并且"的十倍以上,显示前者的使用频率远高于后者;另外,与台湾相比,大陆"并""并且"的用例数都少于台湾,特别是"并",大陆比台湾少132例。分析海峡两岸连词"并"数量差异的原因,应该与以下两个方面有关:

第一,台湾一部分"并"在大陆可以用"还"替代,由此使大陆"并"的使用量有可能相对较少。前面对此已有所讨论,下面再看两例:

(28) 台北县教育局昨天召开偏远学校校园共享计画会议,牡丹等二十九所偏远地区的学校达成共识,四月起每逢假日及寒暑假,开放操场及空余教室,民众可向各校申请借宿或露营。

北县教育局表示,"县府"并将免费赠送"全县观光导览手册""悠游北县乐逍遥折页",做为民众自助旅游的参考。(台湾,2000-03-08)

(29) 美国5月的汽车销售非常亮眼,今年一整年的销售量并可能达到1 700万辆,创下2001年以来的最佳成绩。(台湾,2015-05-31)

上面两例"并"的连接功能已不太明显（尤其前一例），单从这一点来讲，它甚至可以看作羡余成分。不过，从语义上看，这两例"并"都表示递进关系，它在大陆的对应形式可以是"还"。

第二，台湾"并"的部分用例在大陆可以不用，或者倾向于少用。连词只有联结作用，不能成为句子成分或句子成分中实质性结构部分（邢福义，2016：198）。在操普通话者看来，以上所举台湾"并"的用例中，可以不使用"并"的有不少，如例（16）"男屋主被依过失致死罪移送，地检署并谕令五万元交保"，此例去掉"并"后，句子依然成立。另外，台湾"并"有时在一个复句中反复出现，而大陆"并"一般不会，相比倾向于少用。例如：

（30）复兴航空在澎湖空难事件引起国际关注，教宗方济各听闻后"深感悲痛"，并对罹难家属发出吊唁电文、表达致哀之意，并将为他们祈祷。（台湾，2014-07-26）

（31）陈姓上班族痴恋李姓酒店妹，李女借口欠款、还高利贷向陈男借款一年多，后来劈腿嫁给别人，仍隐瞒已婚身分，继续与陈交往，并借款20多万，李并佯称父亲过世，索取6万多元丧葬费后人间蒸发。（台湾，2014-07-27）

（32）寒舍餐旅集团昨日召开董事会，原董事长＊＊＊请辞，董事会并推选宣威投资公司＊＊＊出任寒舍餐旅集团董事长，并自昨日起正式生效。（台湾，2015-05-29）

（33）（台铁和铁路警察局）2010年5月30日起将早晚班通勤列车的第一车厢指定为女性使用车厢，并在车上广播呼吁女性不要落单，车站并将设置女性乘客候车区。（台湾，2015-05-30）

例（30—33）"并"在前后分句里连续出现，不避反复，较之大陆多用。例（30）的两个"并"，大陆通常的用法可以是去掉前者，保留后者。其余三例换作大陆用法，"并"一般也只出现一次。

另一项调查基于我们搜集的两岸各200条使用连词"并且"的例句，以下是统计结果[①]：

[①] 例句取自《人民日报》（2014-01-01—2014-02-19）和《联合报》（2014-01-01—2014-02-08）。

表 2-20　海峡两岸连词"并且"使用调查

连接成分* 数据	谓词性成分	分句 "并且"前不出现成分	分句 出现主语	句子 "并且"前不出现成分	句子 出现主语	段落 出现主语	总计
大陆	18/9%	171/85.5%		11/5.5%		0	200/100%
		171/85.5%	0	11/5.5%	0		
台湾	11/5.5%	185/92.5%		2/1%		2/1%	200/100%
		183/91.5%	2/1%	0	2/1%		

* 包括动词性或形容词性成分。

如上表所示，海峡两岸连词"并且"都能连接形容词性成分，但由表 2-18 可知，两岸"并"一般都不连接形容词性成分，这是现代汉语连词"并"与"并且"的区别之一。除此以外，大陆"并"与"并且"的区别还在于"并"不能连接句子，也就是不用于句群，而"并且"可以在句群中起连接作用。不过，这种区别在台湾并不存在，台湾"并且"连接句子、段落等功能，"并"也都具备（详后），较之大陆，台湾"并""并且"的用法更为接近。

B."并"前出现状语

前面谈到"并"前出现主语，除此之外，状语也能出现在"并"前。请看：

（34）七位修创意创业学程的台大学生，利用课余时间自制手机 App "ScoreMaster"，暑假并和均一教育平台合作，学生只要将问题拍照上传，台大解题救援队就会"出动"。（台湾，2014-07-20）

（35）城邦文化艺术基金会18名志工与麦寮桥头小学堂20名孩童，昨在大甲区蔡海农场体验乡村焢窑乐趣，随后并前往西岐滨海体验抓螃蟹的乐趣，现场笑声不断。（台湾，2014-03-09）

（36）50、60年代风靡一时的车掌小姐将重现客家公园，台北市客委会25、26日为"2014台北客庄等路大街"推出免费接驳巴士"哈客小巴"，邀请怀旧车掌小姐为民众导览，小巴上并备有客家特色美食供民众享用。（台湾，2014-10-22）

以上三例"并"前的状语分别由名词、副词、方位短语充任，表示时间或处所。

从我们的调查看，台湾"并"前出现状语并不少见，状语的组成成分比较复杂，以下再举几例：

（37）由财团法人牛哥漫画基金会主办的"漫画家牛哥作品巡回展"，十八日起到二十三日，在台中文化中心展出，十九日下午两点起并有一场漫画家现场示范教学。（台湾，2000-03-09）

（38）强冠在1988年成立，2001年取得ISO－9001质量认证，2007年取得ISO－22000食品安全管理系统认证，同年并以调理油炸油产品，取得食品GMP认证。（台湾，2014-09-05）

（39）家乐福庆祝来台25周年，动员全台69家分店2千名员工单车接力环岛2 200公里，昨天从淡水区淡新店起跑，不少人应景化了万圣节妆上路，途中并将与抗癌协会不倒骑士会合陪骑，以行动支持"活出生命骑迹"环台活动。（台湾，2014-10-28）

（40）效力的球队虽从火箭队转换到"紫金军团"湖人队，NBA球星"哈佛小子"＊＊＊邻家男孩的气质依旧，昨天抵台放送灿烂微笑和桃园机场约三百名接机球迷打招呼，现场并送球迷福音行李吊牌，正式开启亚洲行最终站。（台湾，2014-07-18）

与"并"前出现主语一样，"并"前出现状语时大陆相应的表述也可以是将"并"换作"还"或者"并且"。下面是大陆使用"还"的例子：

（41）1935年公木作《屈原研究》一文，署名章涛，刊于《东方文化》3月号上，同年还由北平震中印书局出版了他的第一本专著《中国文字学概论》。（大陆，2010-06-28）

（42）＊＊＊透露，在5 000米决赛中，她和＊＊＊都感觉力不从心，途中还罕见地发生了胸堵现象。（大陆，2004-08-25）

这两例"同年还""途中还"可分别与例（38）"同年并"、例（39）"途中并"进行比较。

以下两例则使用"并且"：

（43）江西赛维百世德太阳能高科技有限公司的这一项目，初期达到8.5%的稳定转换率，远高于目前非晶硅单结技术6%的转换率，并且随后将

不断提高至12%。(大陆，2009-11-19)

(44)"梦想帮""实习僧"等4个草根创业团队进行创业项目路演，6位投资人一一对其项目进行专业诊断及点评，并且现场进行投资邀约。(大陆，2015-02-09)

例(43—44)"并且"都位于分句之首，前例"并且随后"、后例"并且现场"可分别与例(35)"随后并"、例(40)"现场并"进行比较。

连接分句时，台湾"并"前出现的成分一般是主语或者状语，不过，"并"前成分偶尔还可能是主语、状语共现。这样的用例我们一共搜集到4个，"并"前成分可分为"主语+状语"和"状语+主语"两类。例如：

(45)……"富二代"的问题成为议论焦点，此一因素最后并深刻影响了选举结果。(台湾，2015-03-16)

(46)味全工会昨晚发出一封"致社会大众公开信"，呼吁各界不要在网路上转发抵制味全产品文章，希望各界给味全5 000个家庭一个生存权机会，今天下午各厂工会并将在台北召开联合记者会，集体发出员工声音。(台湾，2014-10-15)

由以上调查分析可知，台湾连词"并"连接分句时，其前能够出现主语或状语，而且主语、状语呈现多样化、复杂化的特点。就"并"而言，它起到凸显"并"前成分、区分层次等作用。

2. 连接句子

上一小节"连接分句"主要讨论"并"在复句的分句之间起连接作用时的各种情形，而以下要探讨的是"并"用于连接句子，即"并"在句群的组成部分之间起连接作用的使用情况。

邢福义(2001：1-3)指出，句子包括单句和复句，复句与单句质的区别在于：分析复句的构成，直接得到的是甲分句与乙分句；而分析单句的构成，直接得到的是甲成分与乙成分。周静(2007：163)认为，连词"并"只能用在句内，连接句子成分内部的词或短语，也可以连接小句，但是不能连接句子。据彭小川、赵敏(2004)考察，"并"连接动词、动词性短语及分句，但该文没有提及"并"能用于连接比小句更大的语法单位。应该说，这是大陆连词"并"的用法，台湾"并"有所不同，它能用于连接句群中的句子与句子，使原本相对松散的句子变得紧密。

邢福义（2001：544-545）对"句"的认定，遵从"点号标句"的从众性原则，并指出标句的点号最有代表性的是句号，其次是问号和感叹号，但同时指出，人们对"句"认定的差异决定了句子和标句点号的联系存在一定的灵活性，不一定"必须这样"。我们判断句子主要参照"点号标句"的做法，但也适当考虑前后语义。刁晏斌（2000b：210-215）在比较两岸汉语表达形式的差异时指出，台湾的表达形式有一定的随意性，标点符号不统一（如句号与逗号的混用）即是体现之一。我们认为，表达的随意性在某种程度上是缺少规范性的体现。从真实语料看，台湾语言表达（含标点符号）的随意性有时会存在。例如：

(47) 台茂购物中心即日起至 8 月 11 日，于夏日折扣期间，加上改装出清，祭出诸多优惠，包括专区满千送百、全馆满额赠与独家加码优惠。并推出两波专属卡友礼。（台湾，2014-07-28）

(48) 配合"世界设计之都"及自行车道政策，北市新工处下半年斥资 7.8 亿元，选定 5 条道路进行人行道拓宽，涵盖人行空间、自行车道及设施带。并将众多管线整并至雨水沟内，减少人孔盖设置和马路反覆挖补。（台湾，2015-04-23）

从前后语义的连贯性与完整性来看，上面两例"并"前的句号应换作逗号。此外，例（48）如果保留"并"前的句号，按照台湾"并"连接复句时的一般用法，其前应出现主语（详后）。不过，从整体上讲，这样的用例只是少数。

语料调查显示，"并"连接句子时其前出现的成分一般为主语。下面分别举例说明"并"连接单句、复句时的用法。

A. 连接单句

"并"连接单句时，前后单句的谓语动词多为言说类，宾语大多比较复杂，甚至可能由几个小句组成，因此，这种单句显得比较特别。例如：

(49) 法比扬斯基表示，含油种子作物提炼的生质燃料非常独特，性能则"与石油不相上下"。他并强调："使用这种生质燃料，不须改变燃料操作系统或发动机，生质燃料燃烧时更干净，效率更高。"（台湾，2015-10-17）

例（49）"并"所在单句与前面单句之间用句号作为句与句之间的标记，而且从句义上看，前后句子相对独立，"并"在此用于连接前后单句。此例前一句里,"表示"后的成分较为复杂,它是由两个分句性的成分构成的一个复句形式,应视为"表示"的宾语;后一句里,"强调"后的成分更加复杂,它由四个分句性的成分所组成,作为"强调"的宾语。

在我们搜集的用例中,台湾"并"连接前后单句的例子有一些,以下再举几例:

(50)＊＊＊致辞时,还回想他自己在小学六年中都没有当过模范生,但得过热心服务奖。他说,这可能是当年种下他日后担任公职的种子。他并期许得奖学生,要做到五育并重,时时自我惕厉。(台湾,2000-12-29)

(51)戴德梁行总经理＊＊＊昨预测,今年房市如枯枝残叶,且"政府"政策持续凌迟房市,房地合一税改若上路将使房市成"坟场"。他并指出,住宅市场将平均每年跌5%至6%,有低接的买气,但没有追价的买盘。(台湾,2015-01-07)

(52)英国的情报暨国家安全机构"军情五处"(MI5)首长派克8日说,法国《查理周刊》遭恐攻事件提醒英国,恐怖组织"向来企图伤害我们"。他并指出,叙利亚与伊拉克境内的……正准备对西方发动足以造成"大规模死伤"的恐攻。(台湾,2015-01-10)

例(50)"并"前出现两个单句,较之例(51)(52),例(50)中间多了一个"他说……",因此显得更为复杂。

B. 连接复句

与连接前后单句相比,"并"在句群中连接前后复句的用例较为多见。例如:

(53)(学童)昨天到台北国际书展参观,对书展有很多新奇感受。他们并和纽西兰原住民毛利人相遇,看到遥远国度竟有类似的舞蹈文化,感到很惊讶。(台湾,2015-02-15)

(54)旅居纽西兰的＊＊＊、＊＊＊兄弟档,与国际黑客集团共谋,以窜改电子邮件的方式,诈骗美、日、加拿大、牙买加等国被害人1亿1 000多万台币。＊＊＊并透过昔日同学、知名连锁早餐店红橘子的负责人＊＊＊洗钱,＊＊＊被逮后遭收押,检警已请国际刑警组织追缉＊＊＊、＊＊＊兄弟。(台湾,2014-12-24)

前一例"并"前主语与前面复句的首个主语所指一致,后一例"并"前主语与前面复句的首个主语所指不同。邢福义（2016：362-366）根据句群的关系类别，将其分为因果类、并列类和转折类等三种，并指出有的并列类句群表示递进关系，常用的组群词语如"而且"。例（53—54）"并"连接的复句可看成表示递进关系的并列类句群，"并"是其中的组群词语，因此，"并"可以看作此类句群的标记。

台湾"并"连接复句的例子比较多见，这样的用例再如：

（55）亚洲大学砸重金筹建亚大附属医院，昨天动土，预计二〇一六年一月营运，服务范围可及台中太平、雾峰区、彰化与南投等地医疗需求。校方并设健康管理相关科系，标榜学生学用合一，直接就业保证月入五十K。（台湾，2014-07-22）

（56）清廷警觉到固守台湾的重要，1875年派福建巡抚沈葆桢来台。沈氏积极进行军事现代化，建炮台。他又加强交通建设，开山抚蕃，建议废止"渡台禁令"，鼓励移民。沈葆桢并增设台北府，确定台北地位。（台湾，2014-12-26）

（57）（＊＊＊）要求学生大声朗读，思考如何断句。他并将部分课文文字抽掉，要学生填空。（台湾，2015-10-05）

（58）自1993年开始，他发现世界游艇潮流逐步朝高附加价值的大型豪华游艇发展，因此投资开发24米以上的船型，正式进军大型游艇市场。他并集中营销资源，透过专业性杂志、自办刊物和参加国际性展览等管道，强打自创的"Horizon"品牌。（台湾，2015-10-11）

（59）校庆在色香味俱全的办桌文化中精采登场，"煎煮炒烩、焗炊蒸炖烧、氽拌烤烘泡"等伙房十四招，主厨带领二厨搭配水脚仔，木栅师生尽展绝活，为自己和宾客来场美食文化飨宴。学校并配合校庆办理三点六公里路跑，小三的卯同学以十七分二十一秒的成绩领先师生。（台湾，2015-05-14）

如果说例（49—52）、例（53—58）分别是"单句+单句""复句+复句"的形式，那么下面的句子则是"单句+复句""复句+单句"的形式，这样的用例相对少见。例如：

（60）义大犀牛队昨宣布，60场主场将全数留在高雄澄清湖棒球场。犀牛队员并首度公开绣有"义大kaohsiung"字样的客场新球衣，表达深耕、营销高雄决心。（台湾，2015-03-15）

（61）泰国检察总长十九日以稻米补贴计划导致国库亏损的渎职罪名正式起诉＊＊＊，如果罪名成立，最高可判处十年徒刑。检方并考虑对＊＊＊提出一百八十亿美元的民事损害赔偿。（台湾，2015-02-20）

用于句群的"并"，其前的成分一般为主语，偶尔主语、状语共现。从我们搜集的4个用例看，"状语＋主语"的形式仅1例，而"主语＋状语"的形式共3例。例如：

（62）＊＊＊对于佛光人未来的出路信心十足，加上佛大是由百万人兴学成立，全球很多师兄师姐经营多元产业，也对佛光有很强的向心力，都欢迎学生前往实习，表现优良就有机会获得工作。今年校方并进一步重整资源，设立"就业辅导组"，由专人统整实习与就业资源。（台湾，2013-07-19）

（63）……已就双方一项多年无法落实的民用核科技合作协议达成突破。＊＊＊26日并以贵宾身分……（台湾，2015-01-27）

台湾"并"连接句子的用例，在大陆通常要用"还"，如例（25）"大剧院还"；或者用"并且"。例如：

（64）仅2013年11月，腾讯手机管家就收到5 000多万条用户主动举报的诈骗短信。并且，目前信息诈骗利益集团已形成一条黑色产业链，每年造成损失达数千亿元。（大陆，2014-01-06）

此例"并且"后有逗号作为停顿的标记，从语料调查看，这是普通话"并且"连接句子时的常见形式。

3. 连接段落

吕叔湘（1979：25）指出，比句子大的单位是段、大段、全篇（或章和节）；一般讲语法只讲到句子为止，篇章段落的分析是作文法的范围；事实上，句与句之间的联系，段与段之间的联系，往往也应用语法手段（主要是虚词）。在台湾现代汉语里，段与段之间的联系有时使用"并"，它能用于由多个自然段构成的段落，并在不同的自然段中起连接作用，这种用法体现出"并"跨段衔接的功能。例如：

（65）＊＊＊指出，台北市"政府"未来应该和计程车业者变成伙伴关系，一方面由这群"观光大使"来服务大家。另一方面也要增加和提高计程车业者、驾驶的收入，这是最重要的目标。

他并强调，未来若当选，任内计程车业者收入一定要比现在更高、更好、更多，若计程车业者赚不到观光财，他当市长就应该要下台，他会全力协助计程车业者和驾驶变成台湾观光及北市国际化过程最大受益者。（台湾，2014-11-24）

（66）检警上周搜索洲界贸易等处，查扣洲界与上游厂商及英国蓝间的进销货明细、账册等资料；英国蓝昨自爆伯爵红茶、大吉岭红茶、锡兰红茶等产品亦有农药残留，检警随即检视扣案进销货明细，发现英国蓝的红茶原料同样来自洲界，将一并了解。

检警当天并约谈洲界负责人＊＊＊、业务＊＊＊，2人坦承将产地为伊朗的玫瑰花瓣标示为德国生产，讯后交保。（台湾，2015-04-22）

以上两例"并"均用于下段的首句，连接上、下两个自然段，前例"并"前出现主语，后例"并"前为"主语＋状语"的形式。

下面的例子与例（65—66）有所不同，"并"的用法比较特别：

（67）检方查出，＊＊＊报销特别费浮滥，有问题的发票有三百多笔，甚至他还未就任及卸任后的发票，也拿来报销。

检方并认为代＊＊＊汇集发票的秘书＊＊＊、随扈＊＊＊，两人在讯问时供认，曾各提供多张三万元及两万元的发票，让＊＊＊报销。检方认为两人为贪污共同正犯，讯后声押，法官裁定各以三万元交保。

台南地检署20日并以"关系人"的身分，……（台湾，2006-12-21）

上例中第二、三段"并"反复出现，第一处"并"前出现主语，而第二处"并"前主语和状语共现，这两处"并"使前后三个自然段联系紧密，此例"并"的篇章衔接功能得到进一步凸显。

从表2-20可知，大陆"并且"一般不用于连接段落，台湾连接段落的"并"在大陆一般用"还"。例如：

（68）"日暮乡关何处是"，乔新生从更深的层次分析，"究竟何处是家"，契约社会和乡土社会对家的认识是不同的。"反向团圆"增加反映了中国从乡土社会向契约社会的社会结构变迁，说明中国社会正在走向流动社会。

他还认为，进城务工人员开始加入"反向团圆"，是城市化进程加快的结果，也表明越来越多的务工人员开始以城市为家。（大陆，2012-01-31）

此例可与例（65）比较。

4."并"与"还"的纠葛

大陆"并"与"还"的区别比较明显，但台湾"并"与"还"存在一定的纠葛。根据张谊生（2014b：18-23）对现代汉语副词的分类，"还"分属评注性副词、关联副词、频率副词和重复副词，其中关联副词是从句法功能、逻辑功能、篇章功能的角度划分出来的，而作为关联副词的"还"具有连接功能。因此，确切地讲，"并"和"还"存在交集是就连词"并"和关联副词"还"而言①。下面两组例句能较好地说明这种重合现象：

（69a）演出的戏码除了招牌老戏外，并有"满江红"等多曲新戏。（台湾，2000-11-13）

（69b）音乐会中除了卡通曲目外，还有以木笛诠释的古典乐章。（台湾，2000-12-27）

（70a）代理县长＊＊＊除颁赠……社工＊＊＊等五位各领域专家学者顾问聘书外，并希望推动工作能够深入各社区及部落。（台湾，2006-01-12）

（70b）对＊＊＊案终获平反，她除向社会大众表示感谢，还希望争取再审，撤销儿子的死刑判决。（台湾，2011-01-30）

例（69）（70）"除（了）"句式（详后）中"并""还"所在主句都是在前一小句基础上的递进，而且"并""还"都具有连接的功能，因此二者能够互换。

以下几例也能说明"并""还"存在交集：

（71）这本书除选收但汉章的影评，还辑入访问、评论和追悼文字，并附录但汉章的年表、电影作品及文字著作目录，是一部材料丰富、编辑严谨的专书。（台湾，1992-01-25）

（72）＊＊＊独创背诵法条的方式，除了编口诀助记忆，还会口述法条、笔记内容，并录音下来，挤奶、洗澡、用餐都会放出来听。（台湾，2015-04-26）

（73）（台南艺术学院师生）近年来不断投入小区服务，除了昨日该校……系师生于宜田菱角节产业文化活动中演奏，并参加菱角生态之旅，目前还协助官田乡公所制作官田乡志。（台湾，1999-11-01）

（74）拿到冷冻的年菜，除应清点各道年菜有无缺漏外，并应检视包装的完整性和注意保存期限，还要找一找加热说明，若是缺漏应立刻要求补救。

---

① 既然"并"与"还"存有交集，也就是连词"并"具有副词"还"的部分功能，那么"并"前出现主语、状语等就不难理解了。这也提示我们，台湾连词"并"有时并非典型的连词，而是一个具有关联副词用法的连词。

（台湾，2004-01-15）

比较例（71—72）与（73—74），前者为"除（了）……还……并……"，后者是"除（了）……并……还……"，"并""还"二者也能互换。在BCC现代汉语语料库报纸库里，不见"除了……还/并……并/还……"。

同义连用是几个同义成分的连用（朱诚，1990）。正因为"并""还"存在重合之处，所以我们看到二者"同义连用"的现象。下面是台湾"并"与"还"连用的例子：

(75) 警方表示，检方对这次行动高度配合，并还派七位检察官指挥侦办。（台湾，2005-01-13）

(76) 附近居民表示，前晚至昨天凌晨均未发觉陈尸处有何异状，他们也不认识死者。居民并还告诉警方，……（台湾，2005-09-13）

(77) 读者除可立即获赠精美好礼外，并还有机会获得飞羚一〇二轿车、大哥大电话及香港、垦丁免费住宿招待等大奖。（台湾，1991-05-27）

"并""还"同义连用的另外一个证据，是还可以颠倒顺序共现：

(78) 香港不少书友仍心怡于台湾书店的休闲特色，街店租金昂贵，便在大厦楼上租用小单位开设书店，还并参照台式书店摆设，辟出小隅，作为让咖啡香浮逸的阅读空间。（台湾，2000-09-11）

(79) 南庄乡农会总干事＊＊＊指出，……25日晚间将在南庄游客中心举办选手之夜，邀请北原山猫、雅米拉合风舞团及好客乐团演出。南庄游客中心在活动期间还并有限量黑木耳汤、甜柿品尝及农特产竞标活动。（台湾，2014-10-17）

(80) 欣兴除生产PCB，还并提供半导体元件测试、预烧服务，占营收约12％，是PCB业界少见特例。（台湾，1998-10-14）

例（75—80）"并还""还并"用于复句、句群以及"除（了）"句式，连用的"并还""还并"换作单用的"并"或"还"，原句都能成立。不过，从表义来看，"并"表示有"伴随"动作，而"还"强调前一动作之外另有其他动作；"并""还"连用，比单用一个更具强调的意味。

考察普通话连词"并"与关联副词"还"组合使用的情况，我们检索《人民日报》十年（2005-01-01—2014-12-31）的语料，结果显示，"并还"共4例，"还并"没有用例。"并还"的例子如：

(81) 2008年12月25日，一位网友发帖对……作出这样的描述，并还冠之以……的名号。(大陆，2010-10-15)

(82) 当警察将冉阿让抓来让他指认时，他竟然说这些银器"是我赠送他的！"并还以银烛台相赠。(大陆，2011-05-03)

上述调查大致表明，普通话里"并""还"分工明确，二者很少有重合之处。彭小川、赵敏（2004）注意到大陆连词"并"很少后接"也""还"等副词。实际上，这是大陆"并"很少与"还"等存在交叉现象的反映。

与大陆形成对比的是，检索分析《联合报》在2005年至2014年的十年里连词"并"与关联副词"还"组合的用例，"并还"共53例，"还并"共5例，比较而言，"并还"较为常见①。尽管《人民日报》和《联合报》在相同时间段的语料规模会存在一定差异，但是两岸"并还""还并"的差别是明显的。

台湾连词"并"与关联副词"还"组合的"并还""还并"基本上是并存的形式，而大陆很少使用"并还"，尤其是"还并"一般不出现，从中我们能够看到，台湾连词"并"与关联副词"还"存在纠葛，这种情况在大陆却很少出现；此外，台湾"并"的位置有一定的灵活性，大陆却相对固定。

（三）海峡两岸"并"的历时考察

1. 早期现代汉语"并"的用法

依托台湾世新大学"舍我先生报业数位典藏"数据库，我们检索《世界日报》新闻语料（1926-05-01—1926-06-24），搜集正文中含有连词"并"的例句共200个，以此考察早期现代汉语"并"的使用情况。需要说明的是，由于当时标点符号尚不统一，这一时期该报句读都用"。"，且未分段，我们无法准确判断"并"连接的成分，但根据前后语义，"并"所连接的多应为分句，对此我们用"分句"统称，以下是调查结果：

---

① 在语料调查过程中，我们发现《联合报》出现8个"并还没（有）"的用例。如：这名坚持修建的妇人认为，她是薛家子孙的监护人，而且她早在20多年前就买下土地持分和房子，加上古厝并还没列为古迹，她有权整修房子。(台湾，2006-02-15)此处"并"应为加强否定语气的副词。但是，检索《人民日报》（1946-05-15—2015-09-30）近七十年语料，未见"并还没（有）"的用例。另外，吕叔湘（1999：86）指出，加强否定语气的"并"放在"不、没（有）、未、无、非"等前边，从所举用例看，"并"与否定词之间不能加入其他词。由此看来，海峡两岸副词"并"也存在差异，同时"并还没（有）"的使用还可能说明台湾副词"并"与"还"也有交集。

表 2-21　早期现代汉语连词"并"的连接情况

体词性成分*	谓词性成分	分句			总计
		"并"前不出现成分	出现主语	出现状语	
7/3.5%	7/3.5%	186/93%			200/100%
		164/82%	11/5.5%	11/5.5%	

* 包括名词或名词性短语。

由上表可知，早期现代汉语"并"连接的成分少部分为体词性或谓词性成分，大部分用于连接分句；连接分句时"并"前大多不出现成分，有时出现主语或状语。

下面是《世界日报》中与上表相对应的例子：

(83) 宗人府上诉案。昨日下午三时在高等审判厅开庭。被诉华北大学方面。由代表人冯农姜绍祖并律师曹祖藩出庭。(1926-05-16)

(84) 自汪兆铭请病假并提出辞函后。国民党中央党部迭接全国各级党部来电。请挽汪回任。(1926-06-19)

(85) 孙传芳近为防维破坏五省内部……起见。特派专员分赴邮电各局。严密检查。并改订新章。(1926-05-01)

(86) 某社云拒选议员。曾有在天津举行会议之说。近闻又将陆续赴奉。乌泽声等并奉张作霖电召赴奉业已由津启行云。(1926-05-07)

(87) 方本仁不肯应吴佩孚之召赴汉已志前报。兹悉方态度坚决。绝对不肯离沪。前日并电嘱其长子方遴智。(1926-05-09)

由表 2-18 可知，海峡两岸"并"都不用于连接体词性成分[①]，这与早期现代汉语形成了差异，不过相比而言，大陆"并"与早期现代汉语出现较大的差异，而台湾"并"基本延续了它的用法，即"并"用于连接谓词性成分、分句等，"并"前能出现主语或状语等。1945 年台湾光复后，开始在全社会范围内大力推广早期现代汉语，使早期现代汉语中的许多形式、用法得以存留、沿用下来，并成为今天台湾现代汉语中的常用形式（刁晏斌，1998）。

---

① 彭小川、赵敏（2004）认为，这是由于语言表达精密化的要求，"和"逐步取代了"并"连接名词性词语的功能。

2. 20世纪50年代初两岸"并"的用法

台湾联合知识库之全文报纸数据库语料检索的时间上限是1951年，而20世纪50年代初是大陆现代汉语史第二阶段的最初时期，我们利用人民日报图文数据库和台湾联合知识库，分别检索《人民日报》和《联合报》在1951年的部分语料①，共搜集两岸连词"并"各200个例句，以此反映海峡两岸"并"在20世纪50年代初的使用情况。下面是此期两岸"并"连接成分数据表：

表2-22 20世纪50年代初海峡两岸连词"并"使用调查

连接成分\数据	谓词性成分	分句				句子			段落	其他	总计
		"并"前不出现成分	出现主语	出现状语	其他	"并"前出现主语	出现状语	其他			
大陆	37/18.5%	146/73%				13/6.5%			3/1.5%	1/0.5%	200/100%
		141/70.5%	3/1.5%	2/1%	0	11/5.5%	1/0.5%	1/0.5%			
台湾	17/8.5%	173/86.5%				9/4.5%			1/0.5%	0	200/100%
		162/81%	8/4%	2/1%	1/0.5%	8/4%	0	1/0.5%			

上表显示，20世纪50年代初两岸连词"并"的用法一致，即大陆和台湾"并"都用于连接谓词性成分、分句、句子和段落；连接分句时，"并"前大多不出现成分，少数出现成分。值得注意的是，表2-18"并"不见于大陆的用法，在这一时期都能见到。

以下是此期两岸"并"的用例②：

(88a) 会议由北京市总工会副主席张鸿舜致欢迎词后，朝鲜人民访华代表团副团长金仁春代表朝鲜人民向北京市劳动人民献旗，他并在会上讲话。

---

① 《人民日报》和《联合报》语料的时间范围分别是：1951-07-01—1957-07-03，1951-10-01—1951-10-10。

② "并"连接谓词性成分以及"并"连接分句（其前不出现成分）时，两岸"并"的用法在不同时期都比较一致，不举例。

(大陆,1951-07-04)

(88b) 一九三七年初,奎松觉得远东的情势需要自己去华盛顿和罗斯福总统会商,他并要求麦克阿瑟陪他同行。(台湾,1951-10-07)

(89a) 西南区和重庆市各民主党派于六月三十日晚举行盛大鸡尾酒会,热烈庆贺,会后并放映电影。(大陆,1951-07-03)

(89b) (联欢晚会)将请名艺人焦鸿英清唱,会后并有摸彩等余兴节目。(台湾,1951-10-10)

以上是"并"用于复句内部,"并"前分别出现主语和状语。以下是"并"用于句群与段落中的例子:

(90a) 志愿军首长在致答词时,对慰问团表示热烈的欢迎,对朝鲜人民的热爱和慰问表示深切感谢。他并热烈祝贺慰问团同志们健康,祝贺金日成将军健康。(大陆,1951-07-02)

(90b) 卫生处方面透露:今后西药来源日益充裕,每星期可运到肺针五万支,每月合计约有廿万支肺针供应,其他如配尼西林,金霉素丸等,也可供应无虞。该处并称,自西药外汇改为自由申请之后,九月份外汇达一百万美元。(台湾,1951-10-10)

(91a) (延安)杨家岭村全体农民和延安著名的劳动模范党员申长林在"七一"前夕,分别给毛主席写信,报告了生产恢复的情况。

延安人民并纷纷以捐献武器支援朝鲜前线的实际行动来庆祝今年的"七一"。(大陆,1951-07-03)

(91b) 以基隆、高雄二地为起发点,纵贯台省南北,长约一百五十五英里的长途电话线路,现正由电信局兴建及改善中。这次工作包括以防避虫蚀新线,换装年久受白蚁蛀蚀而损坏的地下电话线。

该局最近并新装备二十三座长途台,二十架直接拨号设备及六路载波机……(台湾,1951-10-02)

比较表 2-21 和 2-22,两表显现出较高的相似度,这反映出 20 世纪 50 年代初两岸都在很大程度上继承了早期现代汉语"并"的用法。联系表 2-18 来看,大陆共时"并"的用法与 20 世纪 50 年代初已经有了明显不同。由此看来,大陆"并"的用法在后来逐渐发生了变化并与早期现代汉语"并"拉开了距离,而台湾共时"并"与 20 世纪 50 年代初相比,用法基本没有变化，前者是对后者的延续，也是在很大程度上对早期现代汉语"并"的承继。

3. 20 世纪 60 年代初至 80 年代初大陆"并"的用法

考察 20 世纪 60 年代初至 80 年代初大陆"并"的使用情况，我们选择 1961 年、1971 年和 1981 年《人民日报》的部分语料进行调查①，搜集并分析有关连词"并"的例句各 200 条，请见下表：

表 2-23　20 世纪 60 年代初至 80 年代初大陆连词"并"使用调查

数据\连接成分	谓词性成分	分句			句子		其他	总计
		"并"前不出现成分	出现主语	出现状语	"并"前出现主语	出现状语		
1961 年	43/21.5%	152/76%			5/2.5%		0	200/100%
		146/73%	5/2.5%	1/0.5%	5/2.5%	0		
1971 年	54/27%	144/72%			1/0.5%		1/0.5%	200/100%
		144/72%	0	0	1/0.5%	0		
1981 年	41/20.5%	159/79.5%			0		0	200/100%
		158/79%	1/0.5%	0				

上表显示，1961 年至 1971 年大陆连词"并"的连接成分以及"并"前是否出现成分等呈现出比较明显的发展变化。1961 年"并"连接分句时其前能出现成分，它还用于连接句子，这与 20 世纪 50 年代初"并"的用法相似；但 1971 年与此有了明显不同，"并"一般不用于连接句子，连接分句时其前不出现成分，此时"并"的用法较之 1951 年和 1961 年已出现不少"简化"。接下来 1981 年"并"的用法与 1971 年的基本相同，且与表 2-18 大陆"并"的共时用法大体一致。以上调查分析大致说明，20 世纪 50 年代至 60 年代大陆"并"较多地延续了早期现代汉语的用法，而 20 世纪 70 年代及其以后大陆"并"的用法较之之前发生了较大的变化，并且这一时期的用法固定下来、

---

① 语料的时间范围分别为：1961-07-01—1961-07-07，1971-07-01—1971-07-08，1981-07-01—1981-07-06。

延续至今。

刁晏斌（2006b：37）指出，现代汉语史第二阶段（1949—1966）语言的所有发展变化，几乎都与中华人民共和国成立后社会制度的根本改变以及一系列对语言文字大规模的整理和规范化、纯洁化活动有关，这些活动带来了现代汉语面貌的大改观；在语法方面，确立了规范的形式，和以前相比，语法规则应该说是大大地简化了。大陆"并"与早期现代汉语"并"的距离由近到远，其连接成分以及"并"前是否出现成分等也由复杂到简单，这种变化应该与20世纪50年代"自上而下"的语言文字规范化有关。以《语法修辞讲话》为例，书中"新版说明"有这样一段话：

《语法修辞讲话》从1951年6月6日开始在《人民日报》刊登，分45次，每次刊出5 000字左右，直到12月15日全稿刊登完毕，历时半年多时间……《语法修辞讲话》发表后，逐渐在全国掀起了学习语法修辞的热潮，大大推动了祖国语言文字应用的规范化进程。

对于连词"并"的用法，该书作者吕叔湘、朱德熙指出，"并"专门连接两个动词，所举例句是：

(92) 全国中等教育会议热烈地讨论了有关中等教育的种种实际问题，并作出了各种决定。

此例"并"实际上是连接两个动词性短语。（参看：吕叔湘、朱德熙，1951/2013：86-87）

根据"'并'专门连接两个动词"，以及作者所举例句，按照规范的要求，"并"连接分句时其前不能出现主语等成分（否则会被这些成分隔开），"并"不用于连接句子或段落，这种推断在表2-23中得到了体现。这一变化也在当时以及后来的工具书中有所反映，例如成书于1960年的《现代汉语虚词例释》在比较"并"与"并且"的差异时指出，"并"不用于连接句子，"并且"能够。这在一定程度上也意味着"并"连接句子的功能由"并且"承担了。又如出版于1980年的《现代汉语八百词》明确指出，"并"多连接并列的双音节动词，连接小句时，限于后一小句主语承前省略。不过，语法的习惯是很顽强的（吕叔湘、朱德熙，1951/2013：87），表2-23显示20世纪60年代初至80年代初"并"连接分句时其前出现成分、"并"用于连接句子等的用例还少量存在，但结合表2-18和2-23来看，这些用例在整体上呈现明显减少甚至基本不用的趋势。

(四) 小结及余论

现代汉语连词"并"在海峡两岸有诸多异同，反映出它在两岸有不同的发展与变迁。台湾"并"可用于分句、复句、句群或段落：用于分句时，"并"连接谓词性成分，这与大陆的用法基本一致；用于复句时，"并"连接分句，当"并"前不出现成分时，两岸用法的一致性比较高，但"并"前出现主语或状语等成分时，两岸差异明显，大陆与之对应的形式可以是"还"或"并且"；用于句群时，"并"连接句子，其前一般出现主语，大陆"并"没有这种用法，对应的形式也可以是"还"或"并且"；用于段落时，"并"连接上下两个自然段，其前出现语主语，有时主语、状语共现，大陆"并"也没有这种用法，对应的形式通常只能是"还"。另外，台湾"并"与"还"存在一定的纠葛，而大陆"并""还"的区别较为明显。

研究发现，台湾"并"连接分句有时是区分层次的标记，连接句子则是并列类句群的标记；它不仅跨句联结，还跨段连接；有时"并"还相当于关联副词"还"。另外，从台湾"并"前出现主语、状语等成分看，一方面这是延续传统的表现，另一方面起到了凸显"并"前成分的作用。

对比考察海峡两岸连词"并"的用法，台湾比较复杂，大陆却相对简单，究其原因，主要是台湾没有经过深入、持久的语言规范化过程。所谓"规范"，其实就是"选择"，而"选择"从另一个角度说也意味着放弃，即有取有舍。从连词"并"来看，大陆普通话中舍弃的部分用法，仍然一定程度、甚至很大程度上在台湾保留，由此就形成了两岸"并"多个方面的差异。大陆普通话经过语言规范化，"并"的用法逐渐与早期现代汉语拉开了距离，而台湾"并"较多地继承和延续了传统的用法，这样两岸"并"最终形成了比较明显的共时差异。刁晏斌（2015a：3）在分析两岸语言差异的上位原因时指出，当今两岸汉语的诸多差异，在一定程度上是由其与早期现代汉语关系的远近所决定的，各种差异的背后，往往都有这方面的原因。我们探讨的海峡两岸连词"并"即是基于这一观点的典型案例，它在两岸的发展演变具有现代汉语史的丰富内涵。

值得注意的是，两岸"并"的差异与两岸语言的风格差异相适应，"并"作为文言连词，"古意"较浓。据曹利华（2016）考察，连词"并"的用法贯穿中古、近代汉语时期。"并"能够在台湾保持分布的最大化（即用于各种可能的形式中），表明它作为一个文言成分具有使用上很高的自由度，这与台湾书面语整体上古旧色彩较浓相一致，而这种自由度在大陆普通话里受到很大的限制以至于一定程度上消失。周殿生（2006）认为，台湾现代汉语在很大程度上继承和沿袭了"五四"以后白话文的某些特点，即使是口语也不乏斯文；而大陆的普通话更多地表现为大白话和大众化，因此更为普通化。韩敬体（2008）指出，中华人民共和国成立后，大陆语文教育提倡语体文，倡导言文一致，作品语言趋向口语化，不少文言词被语体词或短语取代，书面语中传承的带文言色彩的词语大为减少。由此看来，两岸"并"的用法是与海峡两岸现代汉语的主体风格相适应的。

　　两岸语法差异除了是否经过彻底规范化这一原因外，有时还会有一些其他的影响因素，比如方言的影响、外语的影响等，就"并"的使用及发展情况来看，基本不涉及这些因素，因此，它可以作为同一语言现象在不同社会的不同语文政策及社会语用条件下不同发展的一个样本，而这也正是我们选择对此进行考察的主要原因之一。

　　刁晏斌（2012a）提出两岸语言关系类型有"差异→融合"和"差异→"（即只有差异没有融合）两种模式。两岸还有较多的未融合或不融合现象，这是非常值得注意和研究的（刁晏斌，2015a：433）。就当前两岸连词"并"的共时差异而言，还很难见到差异基础上的融合，我们认为这种现象可能与以下三个方面的因素有关：首先，大陆"并"在规范化之后失去的部分功能，已由"还""并且"等承担。也就是说，"并"部分功能的丧失并不会影响语言系统的整体性，这样两岸汉语在接触过程中，双方都缺少改变现有用法的驱动力，而是继续维持"同中有异"的现状。其次，大陆20世纪五六十年代的语言文字规范化对普通话的发展变化产生了重大而深远的影响，大陆"并"在这之前的多种用法都在规范化之后基本隐藏了，并且固定下来，影响至今；而台湾现代汉语没有经历过这样的规范化，这使早期现代汉语"并"的多种用法在台湾保留下来、沿用至今。最后，"并"的文言色彩，对它在大陆的扩展也有一定的限制。比较而言，第一个因素也许是两岸"并"存在差异但暂无融合的更为重要的内在原因。

第三章　句法的发展演变

- 第一节　短　语
- 第二节　句　子

较之词法，以往有关早期现代汉语句法在台湾发展与变迁的成果相对较少，这或许与研究难度加大有关。借助两岸大规模语料库或数据库，在仔细观察的基础上，我们发现早期现代汉语句法在台湾的发展演变也是明显的，而且在短语和句子两个方面均有体现。总体而言，两岸汉语句法也呈现出由差异趋向融合的倾向。

第一节 短 语

刁晏斌（2016a：297-308）指出，两岸语法差异在词组方面也有比较明显的表现，其中比较突出的是述宾词组和述补词组，此外其他几种词组（如连谓词组、状中词组、同位词组）也有一定程度的差异。立足于百年现代汉语的发展演变，本节对比考察两岸介词框架"在X下"和"述＋宾＋（介＋宾）"结构，以此主要呈现早期现代汉语的短语在台湾的发展与变迁情况，此外还探究两岸短语在差异基础上的融合。

一、介词框架"在X下"

（一）引言

介词框架是由前置介词与后置词（指方位词、名词、准助词甚至动词、连词、介词等）构成一个框架，将介词所介引的成分夹在中间的一种特殊的短语（陈昌来，2014：168）。"在X下"是指由前置介词"在"与后置方位词"下"组合，其间嵌入X而形成的一种介词框架。权正容（1995）按"在X下"的语法意义，把它分为两种：一种是基本用法，或叫"定向用法"，以X为参照物，表示具体的实在的方位处所，如"在大树下"；另一种是"引申用法"或叫"泛指用法"，X代表一种情况，表示在某种情况或某种制约下将会产生某种结果，如"在这样条件下"；该文"在X下"的"引申或泛指用法"与"基本或定向用法"相对，表示某种情况、状态、条件等抽象义。根据吴继峰（2014）对"语料库在线"的考察，91.7%的"在X下"表抽象义，其中以表条件义（如"在党的领导下"）和情况状态义（如"在这样的形势下"）两种语义类型最为常见，分别占 54.81% 和 45.07%；此外，"在 X 下"还可表示社会关系义、抽象空间义，分别仅占 0.07% 和 0.05%。本书仅讨论表抽象义的"在 X 下"。

马喆（2013）对"（在）X 下/之下"结构作了细致考察，认为该结构包括六种具体格式，现引述于此：

格式 1：（在）NP 下/之下，NP 为物理实体，如"在桌子下"；

格式 2：在 NP 下/之下，NP 为某顺序序列的成员，如"在我之下"；

格式 3：（在）NP 下/之下，如"在这样的形势下"；

格式 4：（在）一 V 之下，如"一气之下"；

格式 5：（在）V 之下，如"失望之下"；

格式 6：在 N 的 V 下/之下，如"在阳光的照耀下""在敌人的监视下""在同事的帮助下""在大家的努力下"[①]。

该文未单列"（在）NV 下/之下"格式，但从文中讨论"在 N 的 V 下/之下"所用例子"在白雪映衬下"来看，"（在）NV 下/之下"应该归入格式 6。在上述几种格式中，属于表抽象义"在 X 下"的有格式 3 和格式 6，即"（在）NP 下"和"在 N 的 V 下"两种。

刁晏斌（2000b：151-153）主要从三个方面描写和说明两岸"在 X 下"的差异：首先，台湾 X 可以是动词性成分，所举例句如"在无力偿还下，（吴女）只得签下欠条，才得以离去"；其次，台湾名词性的 X 有些也与大陆不同，如"在这诸多原因下，我在学校中，真是苦极了"；最后，台湾"在 X 下"中前置词"在"有时隐去，如"（　　）大量滞销下，奇异果产业遭受重大打击"。刁晏斌（2017a：189）进一步指出，大陆 X 通常为指称性成分，而台湾还可以是陈述性结构。以上研究说明，两岸 X 的结构类型、名词性 X 和"在"的隐现等均存在差异。

石定栩等（2002）基于港式中文里"在 X 下"不同于大陆的语法特点，分别对 X 为名词、动词、形容词、固定短语、小句等的形式作了描写分析，展现了港式中文里 X 的结构类型与普通话的明显差异。另外，该文还对"在"

[①] 以上格式中的 V 包括动词和形容词。

的省略、替换以及 X 为否定形式的现象作了一定说明。邵敬敏（2008）也举例说明了港式中文里进入"在……下"结构的 X 可以是动词、形容词等谓词性成分。

海峡两岸"在 X 下"的使用都比较广泛，但差异较为明显，而且差异当中有融合，通过考察两岸"在 X 下"，能够反映出两岸语法的实质性差异，因此，它是一个较好地体现早期现代汉语语法在台湾发展演变的语法项目。本节分别探讨海峡两岸"在 X 下"的结构差异、从语言的继承性看两岸 X 的差异以及两岸 X 的历时演变。

（二）海峡两岸"在 X 下"的结构差异

1. 两岸 X 的结构类型

两岸"在 X 下"的差异表现在多个方面，但主要在 X 的结构类型上。我们考察分析了两岸各 300 条例句，调查结果如下[①]：

表 3-1　海峡两岸 X 的结构类型

类型\数据	体词性成分			谓词性成分						合计
	抽象名词	定中结构	"N（的）V"结构	动词	主谓结构	述宾结构	联合结构	状中结构	四字格	
大陆	0	177/59%	120/40%	2/0.67%	0	0	0	0	1/0.33%	300/100%
	297/99%			3/1%						
台湾	1/0.33%	99/33%	159/53%	2/0.67%	17/5.67%	7/2.33%	6/2%	4/1.33%	5/1.67%	300/100%
	259/86.33%			41/13.67%						

上表数据显示，海峡两岸 X 结构类型的差异集中体现在以下两个方面：

第一，大陆 X 一般为体词性成分，定中结构和"N（的）V"结构的 X 占 99%，而属于谓词性成分的 X 极少，动词和四字格的 X 总共仅占 1%；台湾 X 大多数为体词性成分，定中结构和"N（的）V"结构的 X 占 86%，除

---

① 例句出自两岸 2014 年 6 月至 2015 年 7 月的报纸，大陆是《人民日报》（150 例）、《新京报》（95 例）、《中国青年报》（55 例）；台湾地区是《联合报》（161 例）、《中国时报》等（139 例）。

此以外，还有少部分谓词性成分的 X，其中动词、主谓结构、述宾结构、联合结构、状中结构、四字格等 X 共占 13.67%。

第二，大陆定中结构的 X 占比近 60%，明显高于台湾定中结构 X 所占比例（33%）；台湾主谓结构、述宾结构、联合结构、状中结构等 X 占有一定的比例（11.33%），其中主谓结构的 X 较为多见，占比 5.67%，但是这些谓词性 X 在上表大陆数据中均未见用例，显示此类 X 在两岸存在较大的差异。此外，台湾四字格 X 占比为 1.67%，高于大陆的 0.33%。

以上是基于定量的比较分析，由于调查范围有限，上表展现的并不是两岸 X 的全部结构类型，部分类型大陆没有用例并不一定代表没有。但是，该表的数据分析能够在整体上反映海峡两岸 X 结构类型及其分布情况的明显差异。

以下结合具体用例，分别对比考察两岸体词性 X 和谓词性 X。

A. X 为体词性成分

从调查来看，体词性 X 大致包括定中结构和"N（的）V"结构两类，整体而言，此类 X 在两岸大同小异，下面分别举例说明。

a. X 为定中结构

先看该结构中的定语。一般能做定语的成分均可以在这里出现，包括名词或名词性短语、指示代词或指量短语、形容词或形容词性短语、主谓短语、述宾短语和联合短语等。例如：

（1a）拉丁美洲和东南亚一些国家，在西方国家推行新自由主义的压力下，推进贸易自由化，放松对外资的限制，实行大规模私有化，减少国家对经济生活的干预，导致国家经济严重衰退。（大陆，2014-06-03）

（1b）新闻画面显示，机师在飞机失去动力情况下，仍尽力想保持飞行高度，闪避高压电塔及建筑物。（台湾，2015-02-08）

（2a）在灯光昏暗的情况下，有视力者找到东西的成功率要比盲人大。（大陆，2009-12-02）

（2b）在"县府"财政困难的情况下，设校案似乎已有松动迹象。（台湾，2015-01-21）

（3a）在承认现实的前提下，可以本着先易后难的原则，小步快走，尽快完善文化立法。（大陆，2014-01-02）

(3b) ＊＊＊说，站务人员都委婉回答民众，在尊重多元文化的前提下多包容。（台湾，2014-08-04）

(4a) 从常理上讲，在没有专利期延长制度的语境下，药品专利"到期"了就不应再享受单独定价。（大陆，2015-04-22）

(4b) ＊＊＊在没压力情况下，自愿参加第二次基测，以297分获得桃园县榜首。（台湾，2004-08-10）

(5a) 在经济发展进入新常态、财政收入增速放缓的背景下，国务院决定统一提高全国城乡居民基础养老金最低标准。（大陆，2015-01-17）

(5b) 原订二日在埃及召开的和谈，在……不愿参加、……无法参加的情况下，形同流会。（台湾，2014-08-03）

(6a) 美国财经电视频道CNBC的分析认为，美股在2013年的飙升，是在年初出现"财政悬崖"、10月份联邦政府停摆以及12月美联储决定开始缩减量化宽松政策的情况下取得的。（大陆，2014-01-02）

(6b) 大陆咖啡市场每年仍以2位数快速成长，然而在咖啡馆开设过多，店租过高，消费单价无法提升的情况下，这2年扩充速度最快的韩式咖啡加盟品牌，已开始出现加盟商倒闭、自行购买低价原料与要求降加盟费用等泡沫化现象。（台湾，2015-02-24）

再看定中结构的中心语。两岸定中结构的中心语都是名词或以名词为中心的偏正短语，这样的中心语常由"情况、情形、背景、前提、口号、环境、压力、形势、条件、状态、状况、框架"等充当，其中以"情况、情形、背景"等抽象名词较为常见。不过，从我们的调查看，台湾可做中心语的名词比大陆多，如"疑虑、机缘、技巧、选项、经费、巧合"等，以下分别举例：

(7) 会中＊＊＊分享在欧洲经济面临衰退、美国经济趋缓及中国经济成长率可能不如预期的疑虑下，该如何慎选投资市场及工具。（台湾，2012-10-02）

(8) 在一个偶然的机缘下，我有幸得到了江思贤老师的热心教导。（台湾，2014-10-15）

(9) 在达文西独特绘画技巧下，不管从何角度看，都会觉得她在对你微笑，是该画最令人啧啧称奇处。（台湾，2009-12-31）

(10) 在"都是烂苹果"选项下，选民含泪投给自民党。（台湾，2014-12-15）

(11) 学校在有限经费下，只好缩减兼任助理的名额，引发学生反弹。

(台湾，2015-07-30)

(12)（德信安联投信有档基金）在过完农历年后的第一天便拿到核准函，在人、事、时、地的巧合下，让该档基金又逢市场炒热能源股，因此造成热销。(台湾，2007-05-30)

调查显示，上述用作 X 中心语的"疑虑、机缘、技巧、选项、经费、巧合"均不见于《人民日报》，说明它们在普通话里一般不用作 X 的中心语。

值得注意的是，例（9—11）X 的定语和中心语之间不用结构助词"的"，但在普通话里，这种情况下"的"一般不省去。刁晏斌（1998）认为，台湾表领属的结构助词"的"可以不用，是受了闽南话用法的影响，所举用例是：

(13) 已经代民伸张正义的邵子都，和台湾知府（　　）女儿远走高飞。

除了受闽南话影响之外，追求简练可能也是台湾新闻用语省去"的"的原因之一。黄裕峰（2011）转引余光中《蓝墨水的下游》所述，汉语的一些动词，在其前加上定语时，一般应加上"的"字，台湾新闻鼓励省去"的"，且认为"的"是新闻写作受到西化影响，进而太过雕琢、太过修饰，应避免滥用虚字才显得简练。该文所举例句是：

(14) 廖学广火爆（　　）质询……

(15) 新兴国宅污水管　改接安平污水厂　同一社区"一市两制"　市长指示解决不合理（　　）现象……

例（15）中定语"不合理"和名词中心语"现象"之间的"的"省略。从以上两个用例看，台湾省去"的"（含"地"）的用法既出现在状中短语，如例（14）；也出现于定中短语，如例（15），而省去"的"可能出于行文简练[①]。

台湾偏正短语的中心语前省去"的（地）"，较之大陆，"的（地）"要少用，由此与大陆的一般用法形成较为明显的差别[②]。

此外，下面用例中 X 的中心语为联合形式，较为特别：

(16) 在有限的收容环境与经费下，每一只猫犬吃得更少、住得更挤，还

[①] 据刁晏斌（2000b：131-135），台湾"的/地/得"趋于混同，特别是"的/地"。

[②] 据姚双云等（2015）研究，澳门中文里"的"的使用频率远低于通用中文。该文还进一步指出，特定语法项目在使用频次上的显著异同，可能不仅仅是一个表层的数量分布问题，其后往往隐藏着深层的语法变异问题。我们调查两岸各 100 万字同质语料，大陆报纸"要闻"（35 万字）、"副刊"（35 万字）、"评论"（30 万字）中，"的"的使用数量分别为 8 071、14 318、10 023，台湾相应的"的"分别为 5 059、12 172、9 868，大陆"的"在要闻、副刊、评论中均多于台湾；就每万字的使用频次而言，大陆是 324，台湾是 271，台湾的"的"使用相对较少。

可能发生狗咬狗的惨状。(台湾,2015-10-28)

b. X为"N(的)V"结构

"N(的)V"结构是"NP(的)VP"的简写形式,它包括"N的V"和"NV"两种形式。

先看"N的V"结构。王冬梅(2002)指出,"N的V"是一种特殊的偏正结构,一般认为它是名词性的;陆俭明(2003)则认为"N的V"是名词性结构,但不是偏正结构,而是由结构助词"的"插入"NV"这种主谓词组中间所构成的另一类"的"字结构。尽管两文的观点有所不同,但都认为"N的V"结构是名词性的。该结构进入"在……下"后,两岸"在N的V下"的相似度比较高,例如:

(17a) 2013年,在家人的支持下,＊＊＊终于迈开了"任性"的一步——辞职创业。(大陆,2015-01-18)

(17b) 今年小4患有多重障碍的＊＊＊在志工的引导下,用手感受协力车的模样。(台湾,2015-02-22)

(18a) 在中国电影人的不懈努力下,中国电影作品屡屡在国际电影节上斩获奖项,为中国电影在海外赢得了不俗的声誉,也培养了一批对《卧虎藏龙》《归来》等中国优秀电影作品耳熟能详的影迷。(大陆,2015-05-21)

(18b) 中国嘉德2014春季拍卖会,在各界藏家的鼎力支持下,以22.5亿元的业绩完美落幕,精彩的拍卖场景,余热未消。(台湾,2014-07-24)

据陈昌来(2014:182-191)调查,"在N的V下"中,N一般由名词或名词性短语构成,该结构的动词几乎都是书面语气息浓厚的双音节动词;在非介词框架的"N的V"结构中,N与V的语义极为多样,但进入"在……下"结构的"N的V",在绝大部分情况下N只能是V的施事。例(17)(18)中N和V的语义关系均是如此。

再看"NV"结构,它在两岸的一致程度也比较高。例如:

(19a) 1998年9月,在家人支持下,＊＊＊在村子里开办了学前班,收到24个学生。(大陆,2011-05-31)

(19b) 昨是父亲节,24位中重度心智障碍的大小朋友,尽管受限于口语或肢体困难,仍在志工引导下,靠自己的能力制作卡片、录制声音档,来表达对爸爸的感谢。(台湾,2014-08-09)

(20a) 在物理所大力邀请下，＊＊＊回国考察。（大陆，2014-06-05）

(20b) 前天早上，圆圆在保育员轻声呼唤下，悄悄离开圆仔，意味着圆仔将像野外的大猫熊，迈向独立生活。（台湾，2015-01-08）

从形式上看，"NV"结构是谓词性主谓短语，但进入"在……下"框架后，它实际上却相当于体词性成分，N与V之间可加入"的"，从而形成"N的V"结构。试比较例（19）的"在家人支持下""在志工引导下"与例（17）"在家人的支持下""在志工的引导下"，前者可看成后者省略"的"后的形式，这种看法与一些学者的观点一致。权正容（1995）认为"NV"是由于"N的V"中"的"的脱落所致，"的"可以补进去。屈哨兵（2006）把"在NV下"看作"在＋NP＋（的）＋VP＋下"的简称。再如，陈昌来（2014：133）在讨论"在N的V下"时指出，有时"N的V"中"的"可以不用，所举例句是：

(21) 我在父亲陶冶下，学会了吹箫，也学会了唱《苏武牧羊》和《满江红》。

这实际上是把省去"的"的"NV"当作"N的V"的一部分。

从语料调查结果来看，两岸"在N（的）V下"有较强的一致性，但也有一定的差异性，表现在台湾有少部分作为固定短语或类固定短语的四字格用于"在N（的）V下"，它们一般为谓词性成分，相当于该结构中的V，而这样的形式在大陆比较少见。以下举例说明：

(22) 在日本卡通、热门电影的推波助澜下，就算父母因为不景气没有太多闲钱，还是舍得帮家中的孩子购买流行性强的周边玩具，让小孩和同侪之间能有共同的話题。（台湾，2010-01-14）

(23) 信义乡公所去年斥资兴建的坪濑玻璃吊桥在游客千呼万唤下，将在25日试营运。（台湾，2014-08-08）

(24) 一开始家人不认同，民众也觉得她像小朋友，充满质疑，不过后来在朋友口耳相传下，她的道号"静心"慢慢打开来。（台湾，2010-10-13）

(25) 在寿险资金按兵不动下，以退抚基金为首的救火部队"姗姗来迟"，反倒是台塑、台积电、金鼎、东元等集团都进场买股票，表现最卖力。（台湾，2008-07-01）

检索两岸数据库，《人民日报》里用作V的"推波助澜""千呼万唤"的用例数分别为23和1，用作V的"口耳相传""按兵不动"未见1例，但是在

《联合报》里,它们分别为201、36、43和2例,两报的用例数差别明显。

此外,台湾还有少部分X是"主谓短语+(的)+动词"形式,显得比较特别,其中"的"可以自由隐现,这与"N(的)V"结构较为接近,我们将其归入"N(的)V"结构,这样的用例如:

(26) 太阳能导电浆厂硕禾营运气势超旺,继4月营收缔造单月历史新高,预计5、6月份在日本福岛电厂开始供电带动下,可望持续改写新高,带动第二季同步登顶,并进一步推升毛利率走扬。(台湾,2015-05-22)

(27) "金砖四国"股市齐步走扬,除了中国股市牛气冲天、俄罗斯股市跌深大反弹,巴西股市在原物料价格走稳的带动下也恢复上扬走势。(台湾,2015-05-28)

(28) 在……局势紧张牵连下,只要大陆承包商迟不全部派工返越,延缓越钢复工进度,每天烧3亿元的压力,就是越钢新任董座一接手就得承担的最大问题。(台湾,2014-07-24)

(29) 德盛安联东方入息产品经理***认为,预期在资金面、政策面、企业基本面改善支持下,日股仍具表现空间。(台湾,2013-05-28)

(30) 近来日股拉出一波日圆贬值大盘就涨的行情,周四在日圆贬破124日圆大关的激励下,日经指数再涨78.88点、0.39%,以20 551.46点做收,创下2000年初以来、15年新高。(台湾,2015-05-29)

上面各例中,X中的动词"带动、牵连、支持、激励",它们都具有[+促成]义,即促成某种结果,而其前的主谓短语都可看作出现这种语义的条件。从调查看,此类X在大陆还比较少见。

另外,偶尔还有两个并列的主谓短语后接动词的形式。例如:

(31) 欧系外资表示,正新最坏的时期已经过去了,在平均出货单价(ASP)逐步回稳、市场需求浮现带动下,欧系外资预估正新下半年营运可望重新回温。(台湾,2015-05-25)

下面是普通话里与上例X类似的例子:

(32) 在供应大幅回落、成交稳中有升带动下,10月重点城市商品住宅供求比大幅回落,整体库存状况继续改善,消化周期继续下降。(大陆,2015-11-03)

以上比较分析了两岸定中结构和"N(的)V"结构的X,除此以外,台湾还有少部分名词X很少用于大陆普通话,这里举例说明:

(33) 台湾未来应该在现状下，让历史往前发展，找到更清楚的形态。（台湾，2012-07-11）

(34) 警方在政策下针对录像带业者大举查缉违规盗版录像带，由于没有相关单位人员陪同，警方的专业知识和信息又欠缺，致引发不少争议。（台湾，1993-02-25）

(35) 近年不肖商人借着食品科技"变魔术"的功力日增，道德量尺也在暴利下解体。（台湾，2015-01-23）

(36) 在内阁制下，政治相当稳定，尤其产业政策由农业走向工业，土地、资源、劳力充沛，只欠资金、经验、管理和技术。（台湾，1999-05-30）

(37) ……能否顺利在WTO下协商，执政的一念之间是关键。（台湾，2002-12-06）

据邓永红（1999）的考察，普通话里抽象名词进入"在……下"结构需要带定语，整个"X"表示定指。例（33—35）的"现状""政策""暴利"为抽象名词，但它们都没有带定语。例（36—37）的"内阁制""WTO"则是专有名词。检索"现状、政策、暴利、内阁制、WTO"在两岸充当X的使用情况，结果显示，《联合报》里它们分别有122例、12例、4例、16例和8例，说明"在现状下"有较高的使用频率，其余则比较低；但是在《人民日报》里，除了"在现状下""在WTO下"各有1例外[①]，其他均无用例，说明这些名词在普通话里基本上不充当X。

从上面的调查分析来看，两岸X为定中结构或"N（的）V"结构等体词性成分时，一致度比较高，不过在大体一致的同时还有一定的差异，这些差异主要体现在：台湾X为定中结构时，其中心语较之大陆要丰富，其中有些中心语一般不见于大陆；X为"N（的）V"结构时，台湾部分四字格V和特殊的"N（的）V"结构很少见于大陆；此外，台湾还有一些名词X也很少用于大陆。邵敬敏（2008）指出，港式中文"在X下"有泛用的趋势。对比分析两岸体词性X，台湾X泛用的现象较为普遍。

[①] "在现状下"的实例为：（新加坡）《海峡时报》8月6日一篇题为《欺人之谈》的文章说："……用越南外长阮基石的话来说，'如果必要'，河内可以在现状下生活'三十年'……"（大陆，1980-08-12），此例为转引；"在WTO下"的用例是：CEPA是一份在WTO下签署的自由贸易协议，涉及货物贸易、服务贸易和贸易投资便利化等多方面。（大陆，2012-10-25）

B. X 为谓词性成分

吕叔湘、朱德熙（1951/2013：115-116）在论述"在……（之）下"结构时，有如下一段话：

就形式说，嵌在中间的有名词，最普通的是"情况"和"条件"，其次是"原则""政策""精神""态度"等等；这些名词前面常有或长或短的附加语，说明是哪种情况、条件、原则等等。又有由动词转变过来的名词，如"领导""指导""支配""监督""爱护""帮助""努力""参加""保证""培养""教育""说服""镇压""迫害"，多得很；其中有许多还只能算是主谓短语的谓语动词，还没有完全变成名词。最后还有短语或句子形式，例如"忍无可忍""无计可施""两昼夜喝不到水"等等。"在忍无可忍之下"这种说法显然是不对的，可是只要在这里头加上"的情况"，也就符合于第一种格式了①。

从上面的论述不难看出，进入"在……（之）下"结构的 X 即本节描写的定中结构和"N 的 V"结构等体词性成分，但书中没有提到 X 有谓词性成分的情况。

北京大学中文系 1955/1957 级语言班（1960/1982：619）指出，引申用法的"在……下"，常常用来表示事物的前提条件，含有限制的意思，嵌入的成分中常有"情况、前提、条件"等词，书中还指出下面的句子为"病例"：

(38) 在渔民们起早睡晚，终日劳动下，生产计划终于超额完成。

该书认为嵌入"在……下"当中的不是名词性成分，"所以站不住"，应在"终日劳动"后边加上"的情况"。这实际上也是认为进入"在……下"结构的 X 应是体词性成分。

黄伯荣、廖序东（1981：323）明确指出，嵌入"在……下"结构的 X 应该是名词或名词性词组，不是动词或动词性词组，如下面的句子就站不住：

(39) 自开工以来，在卫生工程局负责人及参加工作的工人、解放军不顾劳累、寒冷地积极工作下，工程进度很快。

书中认为此例的 X 是一个主谓词组，应当在"积极工作"之后加上"的情况"，或是将"在"改为"由于"，并且去掉"下"。

另外，陈昌来、段佳佳（2007）认为，现代汉语介词框架的中间项一般

---

① 在《语法修辞讲话》里，主谓短语的定义是一个主语加上一个谓语，中间用"的"字连接，如"态度的坦白"（吕叔湘、朱德熙，1951/2013：7）。

是名词或名词性词语，即功能上是体词性的。

以上所引不同时期的观点代表了人们的一般认识，即普通话里进入"在……下"结构的 X 应是体词性成分。

结合当前两岸语料来看，普通话的介词框架"在 X 下"，X 为谓词性成分的用例比较少见[①]，但是在台湾现代汉语里，谓词性的 X 却较为常见，而且其内部的结构形式复杂多样，其中绝大多数 X 基本上都不用于普通话，这与普通话的 X 一般为体词性成分差别明显。由此看来，在一般情况下，X 能否为谓词性成分是两岸"在 X 下"差异的重点所在。下面主要对台湾 X 为主谓结构、述宾结构、联合结构、状中结构、四字格等五类谓词性成分展开描写和分析。

a. X 为主谓结构

由表 3-1 的调查可知，该结构在台湾谓词性 X 中所占比例最大，是一种较为常见的形式。X 为主谓结构，其主语与谓语之间不能加入"的"，这与体词性"NV"结构相区别。以下从该结构中谓语的结构成分入手，主要讨论两种情况。

首先是谓语动词带宾语。权正容（1995）认为，"在他们帮助小王下"是不能成立的，谓语动词"帮助"用于"在……下"结构，即使它是及物动词，其后也不能带上宾语。这反映的是普通话的语法规则，但是这一规则在台湾现代汉语中在一定甚至很大程度上并不存在，因为经常可以见到以下这样的用例：

（40）在感恩节、圣诞节传统节日刺激买气下，12 月单月出口值将超过 250 亿美元。（台湾，2013-01-07）

（41）房仲业者解读，在"政府"不断祭出打房措施下，台北房市已开始涌现让价效应。（台湾，2014-08-02）

（42）电商巨擘亚马逊本月初起将英国的销售记入英国账目，意味其获利将被英国税务和海关总署课税，成为在财政大臣欧斯本打击企业避税下，第一家放弃借企业结构安排把获利与营收转出英国的科技公司。（台湾，2015-05-24）

以上三例，"刺激""祭出""打击"后都出现宾语，此处 X 是主谓宾完整的表述。这与前面用于"在……下"中的"NV"结构，其中动词不能带宾语

[①] 我们用"在 $15 下"检索式，考察 CCL 现代汉语语料库前 500 条"在 X 下"，谓词性 X 仅有 1 例。

形成鲜明对照。与"NV"结构相比,这里的主谓结构 X 是真正的陈述性结构,即纯表陈述。邢福义(1995b)指出,小句是最小的具有表述性和独立性的语法单位。例(40—42)的 X 带上句子语气则是小句。

上述主谓结构的 X 在普通话"在……下"结构里一般都不会出现,普通话相应的表达形式可以是以 X 为定语、抽象名词为中心语的定中结构,如大陆例(1a)"在西方国家推行新自由主义的压力下"。

下面再举几个台湾的类似用例:

(43)在金融海啸重创全球经济下,为拓展新市场,除了精品 e 化已成趋势,今年 BV、万宝龙借置入偶像剧成功带动销售,名人与时尚结合的魅力持续发烧。(台湾,2010-01-15)

(44)……从未承认指使撕票,……也没证据,为三名少年报仇只是借口,目的是制造……与……分裂。一场以卵击石的对抗便在两造各有盘算下展开。(台湾,2014-07-26)

(45)路透报导,在发电能力远超过电网建设速度下,电网企业"弃风"措施,已导致 20%风力发电量遭闲置。(台湾,2015-05-19)

(46)***强调,在买方期待降价下,接下来新推出的预售、新成屋案要回应社会的期待。(台湾,2015-07-29)

(47)在企业贪污的事前防制有其困难下,若能在事后借由重刑处罚,似也能产生一定的吓阻效果。(台湾,2015-07-30)

其次,谓语是形容词或形容词性短语。例如:

(48)82 岁的张爷爷平时独居,身体尚硬朗,3 个月前因夜里起床如厕,在灯光昏暗下,不慎被床边的垃圾桶绊倒,跌坐在地,造成髋骨骨折。(台湾,2014-05-07)

(49)在景气不佳下,业者不得不提高服务质量,以拉住顾客。(台湾,1993-06-09)

上面两例中,"灯光昏暗""景气不佳"用于"在……下"结构,其中例(49)中 X 的谓语"不佳"为否定形式。检索《人民日报》,未见以上两个"在 X 下"的例子,而在《联合报》里,它们分别有 5 例和 20 例。比较大陆例(2a)"在灯光昏暗的情况下"与台湾例(48)"在灯光昏暗下",前者 X 是体词性成分,后者 X 为谓词性成分,不过二者都是指同一种情况,因此它们在语义上是等同的。此外，与例（2a）（48）相近的表达还有"在昏暗的灯光下"，它在《人民日报》有26例，远多于"在灯光昏暗的情况下"（1例），"在昏暗的灯光下"属于"在X下"的"定向用法"，这里不讨论。

台湾与例（48—49）谓词性X类似的用例并不少见。再如：

（50）台北市南选区的万华区大小庙宇遍布，在选情激烈下，参选人对争取区内各式庙宇的信徒，无不全力以赴。（台湾，1992-11-18）

（51）检方表示，＊＊＊已承认部分不法情节，认为他与＊＊＊不同，在事证明确下，又无逃亡、串证之虞，28日凌晨一点三十分谕令饬回。（台湾，2007-03-28）

（52）……去年在战争纷乱下，趁机接收叙利亚东北地区油田，还透过贩卖古董赚进数千万美元，并且豪夺一家摩苏尔银行的4.25亿美元现金。（台湾，2014-08-09）

（53）台中豪宅建商如联聚、龙宝、精锐、双橡园、陆府等，因为长期经营品牌有成，在景气低迷下推出预售新案，照样吸引大批忠实粉丝排队预约、创下销售佳绩。（台湾，2015-05-13）

（54）面对今年4G竞争更形白热化，"中华电"预期吃到饱，在"用户相当执着"下，恐难退场。（台湾，2015-02-06）

此外，下面台湾主谓结构X一般也不用于普通话：

（55）全球自行车代工大厂爱地雅，昨日董事会通过，原任董事兼总经理＊＊＊，在前董事长＊＊＊因事务繁忙请辞下，成为新任董事长，爱地雅正式完成世代交接。（台湾，2010-12-31）

（56）在……连日来猛烈攻击下，伊拉克西部安巴省首府拉玛迪17日失守，这是伊拉克当局去年夏天对……展开反攻以来的最大挫败。（台湾，2015-05-19）

（57）在新机"蝴蝶机"（Butterfly）销售畅旺下，股价连续2天收红，昨天续涨4.5元，一举站上300元整数大关，收300.5元，创下3个月以来新高价位。（台湾，2012-12-29）

（58）台大兽医学院教授＊＊＊估计，台湾家犬绝育率不到4成，以全台174万只家犬来计算，有超过百万家犬没有结扎。……在饲主无力饲养或是照料不佳下，很可能沦为流浪狗。（台湾，2015-02-09）

(59) 台北市文化局昨日召开文化资产审议委员会，最受艺文圈瞩目的"新舞台文资审议案"，在中信副总经理＊＊＊到场陈述意见力争下，最后文资会通过撤销"新舞台"2项附带决议，但以4大理由仍维持原审议的文化景观身分。（台湾，2015-05-27）

例（55—56）X的谓语动词前出现状语，例（57）X的谓语动词后出现补语，例（58）X的谓语是谓词性联合短语，例（59）X的谓语可看成复杂的连动形式。这样的用例在普通话里相应的形式可以是在X之后加一个泛指性的中心语，即"情况"之类。

另外，以下两例中的X有些特别：

(60) 奥斯卡落幕，群星闪耀的余韵仍令人品味再三，在女星一片封胸秀美背下，项链似乎不再主导时尚趋势，从新科影后＊＊＊到＊＊＊等五大影后，皆情系大耳环。（台湾，2015-02-25）

(61) 太阳能导电浆厂硕禾尽管在其他同业第1季财报一片红字下，仍逆势获利，表现突出。（台湾，2015-05-31）

前后两例里"一片封胸秀美背"和"一片红字"都在主谓结构X中做谓语。这类X在大陆很少使用，大陆与此相当的形式一般是在主谓结构X后再加入中心语。例如：

(62) 记者在采访中遇到的每个冀外纺人都表示，要在全国改革一片艳阳天的大气候下，锐意进取，全方位地开拓国际市场。（CCL）

(63) 在形势一片大好的情况下，有个数据被很多人忽视了，618部故事片，但正式到影院与观众见面的仅有259部，其余359部影片石沉大海。（大陆，2015-04-21）

b. X为述宾结构

这是台湾谓词性X的结构类型中相对常见的一类，而且X有较多否定的形式，显得比较有特点。例如：

(64) 这次演唱会要加强体力，＊＊＊面对的就是激发不了她跑步乐趣的跑步机，但在没有其他选择下，她也只能勉为其难。（台湾，1997-12-27）

(65) 民政局正在和寺方研议如何在不破坏古迹下，提高光明灯数量，明年推出新方案。（台湾，2013-01-07）

上面两例的X"没有其他选择"和"不破坏古迹"都是谓词性成分，大陆如有类似表达，需要在 X 后加入作为中心语的抽象名词，如例（3a）"在承认现实的前提下"。

台湾述宾结构的 X 较为多见，这样的用例再如：

（66）凯雷、麦格里在没有资金压力下，其实卖不卖都很有弹性。（台湾，2009-08-03）

（67）在没任何证据下含血喷人，……忍无可忍才提告。（台湾，2014-08-01）

（68）亚洲大学学生＊＊＊发明"改良饮料纸盒包装封口"，在不增加材料下，可轻易、快速打开饮料纸盒。（台湾，2015-05-23）

（69）经济较为弱势的族群在缺乏资源下，要脱贫的机会也越来越少。（台湾，2014-08-16）

（70）邦泰公司一直是复合材料的专家，在积极发展医材明星产业下，更持续强化以绿宝高值化复合材料，做为企业百年大计的发展后盾。（台湾，2010-12-30）

黄理秋、施春宏（2010）在分析外国留学生使用汉语介词性框式结构（即介词框架）产生的偏误时指出，"在……下"中间嵌入的应该是名词性成分，并举例说明："人，除非在没有其他选择下，才必须靠自己做事，才会认真地做"属于"框内成分的句法语义偏误"，认为可以在"没有其他选择"后加上"的情况"。这种认识比较有代表性，反映了操普通话者的一般认识，如大陆例（4a）"在没有专利期延长制度的语境下"，即是在述宾短语"没有专利期延长制度"后使用中心语"语境"。据我们调查，"在没有其他选择下"在《人民日报》里没有用例，在《联合报》中有 2 例，如例（64）；而"在没有其他选择的情况下"《人民日报》有 1 例，《联合报》有 2 例。同样是"在没有其他选择下"，它在大陆通常属于"偏误"，而在台湾属"正常"（与此类似的例子又如"在没有资金压力下""在没任何证据下"），这实际上是两岸 X 差异的一个具体表现。比较"在没有其他选择下"和"在没有其他选择的情况下"，尽管二者形式不同，但表达的语义是相同的，大陆一般只用后者，而台湾二者皆用。

c. X 为联合结构

从我们的调查看，台湾 X 为联合结构的用例并不少见，其中主谓短语的联合形式较为常见。例如：

(71) 主计总处将于 22 日更新全年经济成长率预测，在国际外在环境不理想、内需成长缺乏力度下，学者评估，恐将下修今年经济成长率，内需微温、外需降温的态势恐延续至下半年。（台湾，2015-05-17）

(72) 代工大厂英业达在小米机需求继续延烧，及公司产品组合进行优化下，有机会带动营收逐季成长，并提升 EPS 表现。（台湾，2015-05-28）

上面两例 X 都由两个并列的主谓短语组成，其中例（72）用"及"联结。这类 X 一般也不用于普通话，大陆与此类似的形式同样是"X＋（的）＋抽象名词"，如例（5a）的"在经济发展进入新常态、财政收入增速放缓的背景下"。

台湾的此类用例，再如：

(73) ＊＊＊表示，北市房价居高不下，与土地稀少、资金充沛、新增供给有限有关，在新房供给无法有效增加、资金仍不退去下，短期内房价要大幅下跌恐怕不容易。（台湾，2015-02-26）

(74) 在医疗技术提升、治疗方式愈来愈进步下，全癌症 5 年存活率达 54.2％，等于有超过半数癌症患者可存活超过 5 年。（台湾，2015-05-08）

(75) 全球股市今年来在美国量化宽松（QE）逐步退场及众多国际情势纷扰下，市场呈现剧烈震荡。（台湾，2015-05-30）

以上 X 的主语都不指人，但是偶尔也能见到主语指人的例子。如：

(76) 汤姆鞋曾经为了美观，在部分鞋款加上一块补丁。没想到补丁容易磨损，造成雨天容易滑跤。在顾客没有抱怨、零售商还不知情下，汤姆鞋主动全部回收。（台湾，2015-05-16）

此外，有时两个非主谓短语也可以组成联合形式。例如：

(77) 在持续看好……但又担心波动下，采用股债并进的平衡基金将是适合当前的投资。（台湾，2015-05-25）

上例是两个述宾短语的联合[①]，下面两例则可看作"述宾短语＋主谓短语"的并列形式：

(78) 位于台北东区的 SOGO 敦化馆，在历经 20 年岁月及信义商圈冲击下，终于决定今年斥资 5 亿元改装。（台湾，2015-05-13）

---

① 这里的"联合"只是着眼于两个成分的并列，其实从另一个角度看，二者合为一个复句性小句，两项之间有转折关系。

(79) 在共付营销支出，品牌与商品互相支援下，才能与大军团作战的跨国企业与本地集团型公司竞争。（台湾，2015-04-20）

上举例（71—79）的 X 都是两个短语的联合，有时还有三个甚至三个以上短语并列的。例如：

(80) 观察过去 1 年全球股市，以土耳其、西班牙及东协为首，总计有 15 个市场波段涨幅超过二成，在美国财政悬崖达成协议、欧债缓和、中国大陆经济也见复苏下，今年全球可望延续多头格局。（台湾，2013-01-07）

(81) 包括苹果、Google 等均以绿色企业赢得市场认同，而台湾在水资源日益枯竭、"政府"开征耗水费，以及国际市场要求绿色环保法规下，台湾厂商已面临新一波"绿色环保战争"，势必得加速布局，以因应重大挑战。（台湾，2015-05-19）

(82) 在金额庞大、权力过度集中且缺乏外部监控下，私企业内掌管对外采购的高层就易成为行贿的对象。（台湾，2015-07-30）

(83) 中国信托台湾活力基金经理人＊＊＊指出，……在欧美需求增温、出口逐月转强，带动第三季企业营收爆发性增长，与 iPhone 6 等新品推出题材无缝接轨下，新一波多头攻势很快就会来临。（台湾，2014-07-24）

以上几例中 X 的信息容量比较大，表义也更为丰富，但有时会给人冗长之感，如例（83）。这种多个短语组成的 X 在普通话"在……下"结构里一般也只能作为定语出现，其后还需要有中心语，试比较大陆例（6a）的"在年初出现'财政悬崖'、10 月份联邦政府停摆以及 12 月美联储决定开始缩减量化宽松政策的情况下"。除此之外，例（80—83）"在 X 下"在大陆的对应形式还可以是将"在……下"换作"由于"。北京大学中文系 1955/1957 级语言班（1960/1982：619-670）认为下面的句子有误：

(84) 在政府的大力支持，市总工会的正确领导，以及全厂职工的不断努力下，兆丰面粉厂胜利地冲过了重重难关。

书中指出，例句中"在"和"下"应删去，改用"由于"。此例的 X 是三个体词性的"N 的 V"结构，与上面所举的由几个谓词性短语联合而成的 X 有所不同，但它大致可以说明，普通话"在 X 下"中的 X 一般不趋向于采用比较长或比较复杂的多项并列形式，因此例（84）中"在 X 下"被认为可以改成"由于 X"；而台湾的实际情况是，不仅体词性 X 可以比较长、比较复杂，而且谓词性 X 也可以是多项并列，因而比较长而复杂。

d. X 为状中结构

较之前面几类谓词性 X，此类 X 相对少见。从调查来看，X 中的状语多是形容词，少数为副词，中心语为动词。例如：

（85）昨日台北市逸仙街区等两个社区分别举办了改造环境的活动，在精心策划下，不仅让居民度过一个愉快的星期假日，更重要的是透过寓教于乐的方式，社区改造的方案在居民参与下也陆续出炉。（台湾，1996-06-03）

（86）＊＊＊曾向服务员反映，很担心打破奶瓶，＊＊＊就在旁协助，在不断鼓励下，如今已是熟手了。（台湾，2004-10-08）

权正容（1995）考察"在 X 下"发现，单纯描写性的修饰语不能修饰 X 中的动词，所举例子为"＊在精心策划下／＊在残酷的统治下"，但该例 X 前加领属性或指代性成分，则是可说的，如"在他的精心策划下""在这样残酷的统治下"。这是大陆的用法，其实质是将谓词性 X 变成体词性的。不过，例（85—86）动词"策划""鼓励"前的修饰语"精心""不断"都是描写性的，其中例（85）的 X 即权文认为有误的"在精心策划下"，这样的例子与普通话的一般用例差异明显。

台湾 X 为状中结构的例子，再如：

（87）北屯派出所警员仔细介绍勤务内容与装备，在细心指导下，小朋友并穿戴起警用头盔与防弹衣，高兴在执班台旁镜子，仔细端详一番。（台湾，2002-10-23）

（88）小鬼在强烈撞击下，幸好只有右手扭伤，车子也并无大碍。（台湾，2008-06-11）

（89）投资专家表示，王品确实是优质企业，市场也给予掌声，但投资人在疯狂追逐下，新股又有筹码集中优势，造成高本益比的现象。（台湾，2012-03-05）

（90）生产人员在严密防护下，工作安全无虞。（台湾，2012-05-12）

（91）中职 4 队打得激烈，在高度竞争下，更能分出球员优劣。（台湾，2015-05-19）

需要指出的是，以上状中结构的 X，大陆相应的表达可以是在 X 之前加领属性或指代性成分，这与主谓结构、述宾结构、联合结构等谓词性 X 在大陆相应的表达一般是后加中心语有所不同。

e. X 为四字格

以上分别从"词性"的角度对 X 作了分类。另外，能反映台湾本结构特点的，还有某些固定短语或类固定短语的经常性使用，它们一般是四字格形式且大多数为谓词性成分。

前引吕叔湘、朱德熙两位先生所说，"在忍无可忍之下"不对，可在"忍无可忍"后加上"的情况"，使之成为名词性成分。这是当时规范的表达形式，现今普通话的语法事实也大致如此。但是，"在忍无可忍之下"在台湾现代汉语里却不乏其例，如：

（92）她在忍无可忍之下，乃于八月三十一日投诉高市妇女会，请求援助，给一条生路。（台湾，1953-09-02）

（93）到了这个地步，小芬仍然执迷不悟，益胜在忍无可忍之下，终于提出离婚要求。（台湾，2010-02-03）

前面一例为台湾 20 世纪 50 年代用例，后面一例是本世纪的用法，此处"之下"都可换成"下"。例如：

（94）昨日这野男女竟变本加厉带了细软饰物私奔，＊＊＊在忍无可忍下，终于登报启事，请＊＊＊速回家面谈。（台湾，1955-04-11）

（95）魏妇在忍无可忍下向新竹地院声请保护令，法官昨天裁定魏妇的儿子不得对母亲有任何骚扰行为。（台湾，2001-11-01）

下面我们分别以"在忍无可忍下""在忍无可忍的情况下""在忍无可忍之下""在忍无可忍的情况之下"为检索对象，考察它们在《人民日报》和《联合报》中的使用情况，以下是调查结果：

表 3-2　海峡两岸"在忍无可忍下"等使用调查

形式 数据	在忍无可忍下	在忍无可忍的情况下	在忍无可忍之下	在忍无可忍的情况之下
《人民日报》	0	134	4*	2
《联合报》	59	78	81	2

＊其中 2 例为《语法修辞讲话》发表之前的用例。

上表显示，《人民日报》中"在忍无可忍下"未见用例，"在忍无可忍之下"很少见（4例），与之相应的符合规范的表述形式应为"在忍无可忍的情况（之）下"（共136例），其中"在忍无可忍的情况下"占绝大多数（134例）。与此明显不同的是，《联合报》里"在忍无可忍下"共59例，它与"在忍无可忍之下"合计140例，多于"在忍无可忍的情况（之）下"的80例，说明台湾"在忍无可忍（之）下"这种较为减省的形式比"在忍无可忍的情况（之）下"更为常见。

除了上面着重讨论的"忍无可忍"外，就我们搜集的用例来看，能够嵌入"在……下"结构的四字格还有不少，它们在两岸的使用对比见下表[①]：

表 3-3　海峡两岸四字格 X 使用调查

形式＼数据	《人民日报》	《联合报》	形式＼数据	《人民日报》	《联合报》
众目睽睽	24	556	大庭广众	9	241
万众瞩目	6	18	群情激愤	5	11
无可奈何	2	52	耳濡目染	1	220
供不应求	1	20	风吹雨打	1	11
内外夹击	1	8	因缘际会	0	136
无计可施	0	59	走投无路	0	56
口耳相传	0	47	僧多粥少	0	35
半信半疑	0	16	身心俱疲	0	16
大势所趋	0	15	软硬兼施	0	10
分身乏术	0	9	能力所及	0	8
万不得已	0	6	暗无天日	0	4
债台高筑	0	4	循序渐进	0	3
众所期待	0	3	风调雨顺	0	2
内外交困	0	2	千钧一发	0	2
深思熟虑	0	2	同病相怜	0	2
威逼利诱	0	2	依依不舍	0	2

---

① 《联合报》中仅为1例、《人民日报》用例为0的 X 没有列入表格，它们是"众寡悬殊、上行下效、循循善诱、湖光山色、惶恐不安、魂飞魄散、感同身受、众声喧哗、明察暗访、不屈不挠"等。另外，《人民日报》里出现1例、《联合报》没有用例的"千锤百炼"也没有列入。

根据上表可以看出,《人民日报》四字格 X 有"众目睽睽、大庭广众、万众瞩目、群情激愤、无可奈何、耳濡目染、供不应求、风吹雨打、内外夹击"等,其中"耳濡目染、供不应求、风吹雨打、内外夹击"等仅 1 例;与大陆形成鲜明对比的是,上表 32 个四字格均用于台湾,其中"因缘际会、无计可施、走投无路、口耳相传、僧多粥少、半信半疑、身心俱疲、大势所趋"等 23 个四字格 X 都不见于《人民日报》,占此表调查总数的 71.9%。另外,从两岸都用的部分四字格来看,使用数量也存在明显的多少之别。以两岸相差最大的"耳濡目染"为例,大陆与台湾之比为 1:220;再如两岸相差最小的"群情激愤",台湾的使用数也超过大陆的 2 倍。

表 3-3 用于"在……下"结构的四字格 X 并不是两岸的全部,但这种数据对比能够体现两岸 X 的明显差异,即台湾进入该结构的四字格数量远多于大陆,相应的使用频率也高于大陆。

下面略举几个两岸的用例:

(96) 英国田径队队长拉德克利夫在昨晚的女子 5 000 米预赛前,突然在众目睽睽下举起一个标语,上书"E—PO 滚出赛场"。(大陆,2001-08-13)

(97) 我国杰出的电影表演艺术家＊＊＊上个世纪 50 年代在大庭广众下当场表演哭的情景时,他说哭就哭,一下子陷入极度的悲愤之中,既而泪如泉涌,眼泪止不住,令在场的人叹为观止。(大陆,2005-06-24)

(98) 四岁和九岁兄弟在耳濡目染下,不只学爸爸抽烟,还抽起雪茄,被爸爸带来参加戒烟班。(台湾,2008-06-03)

(99) 随着孩子长大,时间也多了起来,在因缘际会下,我参加了儿子学校的读书会,开始了双周一次的读书约会。(台湾,2008-04-03)

(100) 目前全省医疗院所普遍存在护士荒问题,尤以台北地区最为严重,因北部护校较少,大型医院却多,在僧多粥少下,各医院均求才若渴。(台湾,1990-01-01)

以上分别讨论了主谓结构、述宾结构、联合结构、状中结构和四字格等五类 X,除此之外,台湾还有少量光杆双音节形容词有时用于"在 X 下"结构,也比较有特点,这类 X 大陆一般都不用,下表数据能够反映这种差异:

表 3-4　海峡两岸形容词 X 使用调查

形式＼数据	无奈	恐惧	愤怒	恐慌	惶恐	悲痛	激愤	激动	惊喜	兴奋	震惊	高兴	惊奇	伤心
《人民日报》	2	0	0	0	0	0	0	0	0	0	0	0	0	0
《联合报》	25	30	7	6	3	3	2	2	2	2	2	1	1	1

下面是台湾的部分用例：

(101) 警方表示，东区近日出现"诈财二人组"，故意走路擦撞民众，将手机掉落地面，再恶言恶语索赔数千至一万元，民众在恐惧下花钱消灾。（台湾，2001-12-24）

(102) 调查局取缔未上市股票盘商的动作，使市场在恐慌下宣布提早休市，围堵作法对铲除未上市股买卖的弊案有多大效果，仍有待观察。（台湾，2000-01-29）

(103) ＊＊＊说，他们兄弟姊妹共十三人，食指浩繁，贫困的父母在无奈下将他们送人抚养，所以不同姓。（台湾，2011-10-05）

孤立地看，或者是按普通话的一般表达习惯看，例（101—102）"恐惧""恐慌"有可能是指称性的，但是考虑到还有例（103）"无奈"等用例，以及台湾有较多陈述性 X 的用例，所以我们趋向于认为这几个动词仍然是陈述性的。

总的来说，台湾谓词性 X 的结构类型纷繁多样，较为复杂，包括动词、主谓结构、述宾结构、联合结构、状中结构、四字格、形容词等多种不同的类型，大陆基本上不用这类谓词性 X，与此相应的一般是后加中心语或前加成分（以前者为主）使之成为体词性成分。

2. 两岸"在"的隐去与替换

A."在"的隐去

两岸介词框架"在 X 下"的前置介词"在"有时都隐去，从而形成"X 下"结构，这大致有三种情形。

首先，X 为定中结构。例如：

(104a) 今年 1—4 月，市场不景气的背景下，公司主营业务收入达 39 亿元，同比增长 21%，利润同比增长 55%。（大陆，2014-06-03）

(104b) 如果大陆组团社低价抢客人后，就随便"丢给"台湾杀价接待旅行社，你丢我捡的情况下，可预见的是陆客团来台旅游品质，只会愈来愈差。

(台湾，2014-08-01)

以上两例"X下"用作状语从句，与主句用逗号隔开。

下面的"X下"则用于谓语动词之后：

(105a) 我国户籍制度是上世纪50年代的特定历史条件下，为加快工业化进程、实行计划经济体制而作出的制度安排。(大陆，2014-06-03)

(105b) 打败低薪，还可以玩游戏，让愈来愈多人加入这股影音风潮，形成低薪世代下，年轻人的另类出路。(台湾，2014-08-03)

其次，X为"NV"结构，"X下"做定语。例如：

(106a) 外界预期，共和党控制下的众议院最早可能在1日晚些时候就参议院通过的议案进行投票。(大陆，2013-01-02)

(106b) 2006年5月15日，美国国务院宣布，鉴于格达费领导下的利比亚6个月来未支持任何恐怖活动，且保证不会再有这类行为，美国打算将利比亚从支持恐怖主义国家名单剔除。(台湾，2015-05-15)

最后，X为四字格，"X下"做状语。如：

(107a) 要知道，一个成年女人，众目睽睽下向一对老年人撒娇，拥抱、哭泣，实在有些怪怪的。(大陆，2013-10-28)

(107b) 大庭广众下帮小孩换尿布，这样的事早几年我看到可能也会皱眉头。(台湾，2014-10-26)

以上是两岸"在"都可能隐去的三种情形，不过两岸"在"的隐现还有一定的差异。我们考察两岸各50例"X下"后发现，大陆未见"N（的）V下"用作状语从句，而台湾有5例，占10%[①]。例如：

(108) 记得才潜水观察海蛇不久，……虽然深恐它们会像文献描述的那样过来攻击，但好奇心的驱使下，我们忍不住隔着一小段距离观察。(台湾，2000-03-29)

(109) 地方的争取下，水保局陆续补助经费，将废弃的牧场设置步道。(台湾，2013-01-02)

(110) 嘻哈音乐的包装下，3人看似难亲近，实则如隔壁邻居一般好相

[①] 大陆例句出自《人民日报》(50例)，时间为2013年1月至2014年6月；台湾例句出自《联合报》(36例)、《经济日报》(10例)、《中国时报》等(4例)，时间为2012年8月至2015年7月。下文所举用例不限于此。

处，8月中旬更打算走唱全台湾，宣扬顽童的"本土嘻哈"态度。（台湾，2014-08-01）

（111）县"政府"与包商、顾问公司共同努力下，最近施工进度缩短到只落后6%，预定今年底完工。（台湾，2015-07-30）

（112）政策刺激下，外界预料将直接催升房市买气，短期内来看，接下来几个月成交量势必会短期反弹。（台湾，2015-04-20）

（113）从忠孝东路四段到市民大道，敦化南路到忠孝东路四段223巷这个区块，可说是台湾"本乐町"……，人流带动下，成为东区另一番风景。（台湾，2015-04-22）

上面各例"N（的）V下"在大陆普通话里其前的"在"一般都不能隐去，如例（108）（112）"好奇心的驱使下""政策刺激下"，它们在《人民日报》中均无用例，但"在好奇心的驱使下"和"在政策刺激下"分别有8例和4例。不过，比较而言，台湾"（在）N（的）V下"倾向于使用"在"，例如"在好奇心的驱使下"和"好奇心的驱使下"，前者在《联合报》中共81例，后者仅6例，前者是后者的13倍多。

另外，台湾一般不用于大陆的谓词性X，其前"在"有时也能隐去，下面按照X为主谓结构、述宾结构、联合结构、状中结构、四字格等各举一例：

（114）顾名仪认为，在少子化的情况下，未来高等教育确实面临到转型上的危机，环境竞争越来越激烈下，"要替学校结合及争取更多资源，让更多优秀的学生进入东吴大学就读"。（台湾，2015-03-17）

（115）美国既无法推翻……，对……的崛起与残暴也束手无策，以致历经多年战火下，……有超过四百万人流离失所，流窜四邻及欧洲。（台湾，2015-09-19）

（116）台肥表示，由于第3季为传统旺季，台湾进入秋耕季节、北半球农粮需求也扩大下，本季营运表现不看淡。（台湾，2012-08-05）

（117）台湾电子媒体过去受限于收视率牵制，不愿多报导国际新闻，深怕收视率下滑影响广告收入；现在则是恶性循环下，各媒体对于国际新闻保持距离。（台湾，2014-05-10）

（118）河滨公园篮球场的篮球架只剩已快腐蚀的架子，僧多粥少下许多爱好者只好望球兴叹。（台湾，1995-10-21）

例（114—118）的 X 基本上都不用于大陆"在……下"结构，加之"在"隐去，这对操普通话者而言，陌生化程度就更高了，相应的可接受度自然也更低了。

下面用例中复杂的 X 可看作连谓短语，这种谓词性结构同样也一般不用于普通话，与前面几例类似，"在"也隐去：

（119）二期稻作进入结穗期，人鸟大战方兴未艾，农民为了防止群鸟攫取辛苦的成果，驱鸟的旗帜、布幅到稻草人纷纷出笼无法奏功下，战况更加惨烈，有农民祭出鸟尸高悬"示众"，据称多少发挥吓阻效果。（台湾，2000-10-24）

从以上的描写分析来看，X 为定中结构、"NV"结构和四字格时，两岸"在"都可能隐去。不过，台湾用作状语从句的"（在）N（的）V 下"，"在"有可能"隐而不现"，这与大陆的用法差别明显；另外，台湾一些基本不见于大陆的 X，其前"在"有时也隐去。因此，与大陆相比，台湾"X 下"的使用较为自由，其使用范围也比较广。刁晏斌（2000b：232）指出，崇尚简约、讲求效率是台湾现代汉语的特点之一，它贯穿在语言运用和表达的各个方面。在我们看来，"X 下"的较多使用正是台湾现代汉语简约取向的具体表现。

B."在"的替换

大陆"在 X 下"中前置词"在"很少被替换，下面的例子比较少见：

（120）一名女子于众目睽睽下被人凶残殴打致死，令全民震惊、举国愤慨。（大陆，2014-06-04）

孙德金（2012：157）指出，文言介词"于"在现代汉语中一个主要的对应形式是"在"。上例以"于"替"在"，即可为证。

台湾类似的用例，则较为多见。如：

（121）台湾地区金融监管机构将于兼顾金融稳定及消费者权益的前提下，积极透过法规松绑，大幅开放金融业务及商品，进而鼓励金融机构建置商品研发能力，培育金融专业人才。（台湾，2015-06-25）

石定栩等（2006：212-213）报道，港式中文介词"从"有时可以替换介词短语"在……+方位词"中的"在"。赵春利、石定栩（2015）调查发现，港澳中文的部分条件性"经"字句中包含标记词"下"，即可以形成"经/经过……下"的条件从句。如果换一个角度看，未尝不可以理解为以"经/经

过"替代了相同结构中的"在"。类似的情况在台湾也并不少见,例如:

(122) 席梦思 Beautyrest 巧思按摩床,多用途的使用情境,从躺卧睡眠、坐姿看书、听音乐,或与家人聊天的状况下,Beautyrest 独立筒袋装弹簧的上垫,以高支撑力撑托身体各部位,呈现舒适回弹的效果。(台湾,2014-08-01)

(123) (＊＊＊) 经就服员及同事不断鼓励下,现在不仅能和顾客顺利地沟通,并努力考取丙级门市人员以及丙级烘焙人员双证照,实为难能可贵。(台湾,2015-05-19)

(124) 巴黎左岸大学路工坊经过 Hedi Slimane 巧手设计打造下,重新修复,包括建筑、花园等都有全新面貌。(台湾,2015-07-30)

以上是台湾"从/经/经过 X 下"的用例。除此之外,"受到""因""由"有时也能用于该结构。例如:

(125) 受到日圆贬值及大陆旅游法实施冲击下,去年全年来台观光旅客仍然突破 800 万人次,显示台湾观光发展已产生质变,迈向新里程碑。(台湾,2014-01-01)

(126) ＊＊＊也说,台湾树梅历经两次浩劫,树梅根、皮具止痛药效,因金十字胃肠药制造需求下,树梅一度大量砍伐。(台湾,2015-04-20)

(127) 数 10 辆哈雷机车组成的车队,昨由九天民俗技艺团长＊＊＊带领下齐聚,发出震天价响的引擎声,……(台湾,2012-09-28)

以上描写了台湾"在"的多种替换形式,不过,较之"从"等,"在"要常见得多。据调查,上述"从/经/经过/受到/因/由 X 下"一般都不用于大陆普通话。

两岸"在 X 下"中"在"均存在隐去或者替换的现象,而台湾表现得较为明显。值得注意的是,两岸"在"可能隐去或替换,但"下"不能,这是因为"下"是语义标记,舍此则"在 X 下"不能成立,也正是因为有"下"做语义标记,"在"隐去或替换后框架依然表示情况、状态、条件等抽象义。

总的来说,台湾 X 的结构类型较为丰富、复杂,体词性 X 和谓词性 X 均可分出多个类别并且广泛使用,而其中不少 X 很少甚至几乎不用于大陆普通话。比较分析两岸 X 的结构类型以及"在"的隐去与替换,台湾"在 X 下"所受限制较少,其灵活性高于大陆,稳定性则不如大陆,并且呈现较为明显的趋简和泛用的特点。

（三）从语言的继承性看两岸 X 的差异

历时来看，早期现代汉语是百年现代汉语的源头，两岸汉语都继承了其用法与规则。但是，两岸在继承上有差异，且各有不同的发展变化。考察早期现代汉语 X 的结构类型，我们依托台湾新闻智慧网，共收集 20 世纪 20 年代至 30 年代 80 个"在 X 下"的报纸用例，以下是对 X 结构类型的统计分析：

表 3-5　早期现代汉语 X 的结构类型

体词性成分			谓词性成分				合计
抽象名词	定中结构	"N（的）V"结构	动词	主谓结构	述宾结构	状中结构	
5/6.25%	25/31.25%	45/56.25%	2/2.5%	1/1.25%	1/1.25%	1/1.25%	80/100%
	75/93.75%			5/6.25%			

由上表可知，早期现代汉语 X 绝大多数为体词性成分，包括抽象名词、定中结构、"N（的）V"结构等；另有很少一部分为谓词性成分，包括动词、主谓结构、述宾结构、状中结构等。以下是报纸上谓词性 X 的实例：

（128）东非战事正式开始，意军陆空并进，墨氏两子一婿率空军出动，陆军在掩护下渡马勒白河。(1935-10-04)

（129）在全世界不景气下，从事节俭无补时艰，英经济学大家开恩斯氏之意见，在工商业发达国家其说可适用。(1931-01-25)

（130）蒋廷黻谈治政建设事业须予人民实惠，在保存主权下促进帮交。(1935-12-19)

（131）丰台失马案始末，陈觉生与今井交涉结果，在相互谅解下正式解决。(1936-07-05)

比较表 3-1 和表 3-5 数据，台湾延续了早期现代汉语 X 既可以是体词性成分又可以是谓词性成分的用法，不过台湾谓词性 X 所占比例（13.67%）高于早期现代汉语（6.25%），显示台湾 X 在继承的基础上有了新的发展变化。从大陆普通话来看，早期现代汉语谓词性 X 在大陆一般不使用，大陆 X 的结构类型已大为减少，上文所引如《语法修辞讲话》《现代汉语虚词例释》都指出大陆 X 应为体词性成分，这类说明实际上都带有明显的规范性质，因此，大陆 X 的结构类型与早期现代汉语拉开距离应与此期语言文字的规范化有关。

总之，两岸汉语 X 的结构类型较之早期现代汉语都有了一定的发展变化，比较而言，台湾 X 较多地继承了早期现代汉语的用法。

（四）两岸 X 的历时演变

1. 台湾 X 的发展变化及其内在动因

A. 台湾 X 的发展变化

从历时角度看，台湾体词性 X 在一定范围内有所减少，而相应的谓词性 X 有增多的态势。我们利用联合知识库，检索《联合报》（1962-01-01—1962-05-07），调查分析 300 个"在 X 下"用例，谓词性 X 有 13 例[①]，对比表 3-1 台湾 300 个用例（2014-06—2015-07），谓词性 X 共 41 例，后者是前者的 3 倍多。对此，一种可能合理的解释是：部分定中结构 X 因去掉中心语而变成谓词性成分，这一方面在数据调查上有所体现，即 1962 年定中结构 X（194 例）是相关数据（99 例）的近两倍，结合前后两个不同时期谓词性 X 有较多增长来看，这在一定程度上反映出定中结构 X 与谓词性 X 是此消彼长的；另一方面，从我们调查的一些具体用例可以看出，部分定中结构 X 与去掉其中心语后的谓词性 X，在出现时间上存在先后顺序，即定中结构 X 先出，相应的谓词性 X 后出，下面用几个例子加以说明。

例如"在景气不佳下"，首次见于《联合报》是 1993 年，也就是例（49）；而"在景气不佳的情况下"首次见于《联合报》是 1987 年，即：

(132) 行垫偿的基金将变成"只出不进"的呆账，基金财务在景气不佳的情况下势必面临相当考验。（台湾，1987-10-05）

又如"在没有其他选择下"，它在《联合报》首次出现是 1997 年，即例（64）；而"在没有其他选择情况下"首次出现于该报却是 1994 年，即：

(133) 许多民众过去支持……，主因在没有其他选择情况下，期望由……来督促制衡……。（台湾，1994-11-30）

我们认为，以上两种在同一家报纸上先后出现的"繁""简"相对形

[①] 这 13 个用于"在……下"结构的谓词性 X 分别为：动词 3 例（胁迫、拷问、竞争），主谓结构 1 例（人心军软），述宾结构 3 例（没有生产能力、不足法定人数、别无他法），联合结构 2 例（"空头心虚，求补心切""没有律师，无可抗拒，办案人为所欲为的迫害"），状中结构 3 例（不断努力、怎样艰苦、特别的看护），四字格 1 例（里应外合）。

式，应该存在对应性的派生关系，即后出的"简式"由先前的"繁式"变化而来。

此外，我们还考察了"在忍无可忍的情形下""在忍无可忍下""忍无可忍下"三者在《联合报》首次出现的时间，其中"在忍无可忍下"首次出现是1955年，即例（94），余下两种形式首次出现的用例分别为：

（134）市长＊＊＊，在忍无可忍的情形下，请＊＊＊局长，命令警察守住会场。（台湾，1952-06-18）

（135）事后他一再表示愿对夏女负责，但不久即开始疏远夏女，其间并胁迫她不得将事情声张出去，否则将对她采取报复行动，夏女忍无可忍下乃向管区警局提出告诉。（台湾，1976-08-28）

以上三种表义相同的不同形式，出现时间呈现明显的先后分布，由此就形成了一个由繁到简、再到"最简"的发展变化过程：

在忍无可忍的情形下→在忍无可忍下→忍无可忍下
　　（1952年）　　　（1955年）　　（1976年）

这样的发展线路图还可以由其他用例加以证明。再比如，"在僧多粥少下"首次出现在《联合报》是1990年，即例（100）；而该报"在僧多粥少的情况下"首次出现却是在1967年，即：

（136）台北市每年用在贫民施医方面的经费是一千多万元。在僧多粥少的情况下，还要顾到惠及全部贫民的原则，不免发生一些枝节的问题。（台湾，1967-09-18）

该例"在僧多粥少的情况下"明显早于"在僧多粥少下"。另外，联系"僧多粥少下"来看，它首次出现在《联合报》是1995年，即例（118）。对比"在僧多粥少的情况下""在僧多粥少下""僧多粥少下"的首现时间，我们也能给出它们的发展线路图：

在僧多粥少的情况下→在僧多粥少下→僧多粥少下
　　（1967年）　　　（1990年）　　（1995年）

邵敬敏（2011）指出，当代社会是个信息爆炸的社会，也是个讲时间讲效率的社会，电脑的电邮、手机的短讯等都要求我们的对话、信息传递必须简明扼要，在一定的语境里，旧有格式的简化成了必然的选择，并由此突破现有的语法规则。从以上调查分析可以看出，台湾一些谓词性X是对定中结构 X 的简化，换个角度看，也是对该结构的突破。

为了进一步证明台湾谓词性 X 有增多的态势，我们在 1952 年、1972 年、1992 年和 2012 年的《联合报》里各随机搜集 100 例 "在 X 下"，定点调查 X 的结构类型，结果见下表：

表 3-6　台湾 X 结构类型定点调查

类型 数据	体词性成分			谓词性成分					比例*
	抽象名词	定中结构	"N（的）V"结构	形容词	主谓结构	述宾结构	联合结构	状中结构	四字格	
1952	0	48/48%	48/48%	0	3/3%	0	0	1/1%	0	12∶1
	96/96%			4/4%					
1972	0	54/54%	39/39%	1/1%	4/4%	1/1%	0	1/1%	0	7.7∶1
	93/93%			7/7%					
1992	0	58/58%	32/32%	0	5/5%	2/2%	1/1%	1/1%	1/1%	5.8∶1
	90/90%			10/10%					
2012	2/2%	27/27%	55/55%	0	8/8%	3/3%	2/2%	3/3%	0	1.7∶1
	84/84%			16/16%					

* 定中结构 X 与谓词性 X 之比。

上表显示，台湾谓词性 X 递增趋势明显，这种变化首先体现在数量上，其次还表现在定中结构 X 与谓词性 X 之比逐渐缩小上。

B. 台湾 X 发展变化的内在动因

周绍珩（1980）认为，经济原则是支配人们言语活动的规律，它不仅仅是"节省力量消耗"的同义语，而且指在保证语言完成交际功能的前提下，人们自觉或不自觉地对言语活动中力量的消耗作出合乎经济要求的安排。刁晏斌（2008）论述了当代汉语的效率诉求，这是对经济原则的进一步阐释，文中认为讲求效率在语言及语言运用中的具体表现，主要是用尽可能经济的形式来表达尽可能丰富的信息和尽可能多样的色彩，以求得语言功能和效用的最大化。效率诉求在语法上的表现，刁晏斌（2012j）表述为在不影响意思表达的前提下尽可能地趋于简化，具体地说就是减少、缩短语句的层次和长度。谓词性 X 比有后加或前加成分的体词性 X 简洁，符合语言表达的经济原则及其效率诉求。因此，台湾体词性 X 有所减少、谓词性 X 相应增多与经济原则有密切的关联。

另外，如前所述，"在 X 下"中"下"是语义标记，在框架的作用下，无论 X 的"词性"如何，"在 X 下"表义的明确性一般都不会受到影响，这是谓词性 X 能够由少到多的重要的语义基础[①]。

2. 两岸 X 的融合

在"全球华语社区"这一大的框架下，各言语子社区之间的差异是客观的，而在某些方面、某种程度的融合也是必然的，并且通常都是"多边"而不是"单边"的（刁晏斌，2013c）。从调查分析来看，两岸"在 X 下"最大的差异在于是否使用谓词性 X，而融合的倾向主要就表现在这方面，即大陆的谓词性 X 大体从无到有，甚至于由少到多，这样两岸"在 X 下"的差异在一定程度上缩小，由此使得两岸的一致性或相似度有所提高。语料调查显示，近些年来大陆普通话里出现了少量谓词性 X，这样的用例在以往是很少见的，这种变化应该与两岸汉语的相互接触有关，也有其他华语社区（如港式中文）的影响，因此这种融合的倾向很可能是受"多边"影响的结果。

语言作为社会的重要交际工具，随着时代的发展而发展，当两个不同社区隔绝的时候，就会从发展中产生差异；当两个社区交流、融合的时候，它也必然会将差异或排除或吸收，出现化异为同的局面（张世平、李行健，2014）。以下几个出现在大陆网络媒体中的谓词性 X 即是对台湾用例的"转录"：

（137）台湾民航局表示……在不改变现有交叉型动线下，于一楼出境柜台至三楼出境大厅及三楼入境大厅至一楼入境海关检查区的路径，设置两个

[①] 据徐燕青（2012）对纸质语料和网络语料的考察，能够进入"在……下"结构的动词有 529 个，其中有不少词过去一般认为不能进入此结构，如"整个公司都在迅雷 6 的失败下迷茫徘徊（新浪网）"，徐文认为按照一般的看法，该例动词"失败"后面要续上"的情况"之类的词语才算完整（同时删去动词前面的"的"），但是，不续上"的情况/的状态"这类词语，并不影响表义的明确性；另外，"在迅雷 6 的失败下"与"在迅雷 6 失败的情况下"相比，前者较为简洁。虽然该文论述的对象是本书看作体词性成分的"N（的）V"结构，但文章的观点对我们具有重要的启发意义。

采光大挑空天井,提高空间展现效果。(大陆,2004-08-25)

(138) 据台湾《中国时报》报道,……＊＊＊说,高风险家庭大多负债累累,根本没有能力自己出钱戒酒戒毒。在社会资源缺乏下,只会将他们更推向社会边缘,苦的却是跟着他们的子女。(大陆,2007-02-02)

(139) 据台湾《中国时报》报道,……在党内同志吁请出面协调地区领导人人选下……(大陆,2007-02-11)

(140) 据台湾……报道,……尽管两岸交流频繁,还是有不少大陆人士在缺乏正确信息渠道下,听从中介代为申办各种的入台申请,成为新型商业犯罪形态。(大陆,2015-01-15)

(141) 在资金与产业规模缺乏"国际靠山"下,(台湾电子业)发展脚步出现停滞,引进新思维和新资金是当务之急。(大陆,2015-11-03,摘编自《中国时报》短评)

以上五例谓词性 X 都具有明显的台湾背景,它们是对台湾有关报道或评论的转引,这些谓词性 X 在普通话里原本一般都要换作体词性成分。值得注意的是,上举用例都经过了大陆相关人员的编辑,这些谓词性 X 能够出现在大陆正式媒体,从中不难看出因语言接触,台湾相关用法对大陆的影响。

下面是大陆报纸中出现的谓词性 X 的用例:

(142) 35Phone 手机接上键盘、鼠标、投影仪等各类外设,在不改变用户使用习惯下可替代台式电脑和笔记本电脑,享受便捷、高效的全新办公体验。(大陆,2011-04-06)

(143) 他说,在没有令人信服的证据支持下,不能确保任何有关……境内使用化学武器指控的信息有效。(大陆,2013-06-16)

(144) (联合报系文创事业部总经理)＊＊＊介绍说,"募资预购"让设计者预先掌握市场反应及购买比例,并为打样、开模、最低生产量等花费筹募资金,这能让优秀的产品概念,在没有资金压力下进行生产。(大陆,2014-07-16)

(145) 在缺乏更多可量产的先进技术支撑下,大众品牌此前积累的"先进＋创新"口碑难以继续传承。(大陆,2015-05-29)

上述四例,谓词性 X 之后均未加上泛指性的"(的)情况"等中心语,其中例(144)"没有资金压力"与台湾例(66)的完全相同,其说话人应该是台湾操现代汉语者,这可看作对台湾谓词性 X 的转引,同时能说明普通话中出现谓词性 X 受到了台湾的影响。

以下两例谓词性 X 出自权威媒体《人民日报》，也应该受到了台湾用法的影响：

(146) 这位（台湾）主管算了一笔账，如果以同年期新台币借款利率 1.9%、人民币存款利率 3.2% 计算，利差 1.3 个百分点，在不考虑其他税费下，借 5 亿新台币存 1 亿元人民币，一年赚新台币 650 万元。（大陆，2014-02-13）

(147) 在没有财团及报业集团的支持奥援、没有经验老到编务人员的参与投入下，毅然发行《观察》月刊。（大陆，2015-09-17）

前一例 X 为述宾短语，后一例 X 是由两个述宾短语构成的谓词性联合结构，这两例 X 的后面都没有加上"（的）情况"等。

据石定栩等（2002）报道，港式中文"在 X 下"，X 的结构类型比较丰富，文中所举谓词性 X 的用例较多，现转引一例：

(148) 他估计，肇事的七六七民航机在载满燃油下极速撞击所产生的爆炸力，足达一千吨黄色炸药的威力。（《星岛日报》，2001-09-14）

此例 X 为述宾短语。下面一例出自《人民日报》，其中 X 也是述宾短语，且从上下文来判断，此处 X 应该是受港式中文影响的结果：

(149) 根据香港法例，任何正在照顾或看管一名 12 岁以下儿童的人，不得在没有合理缘由下，让儿童在任何街道、公众地方或公众看得见的地方大小便。（大陆，2013-09-10）

需要说明的是，从我们的调查来看，大陆谓词性 X 的例子多是对港台（尤其台湾）用例的引进，尚未达到完全吸收进而自主使用的阶段，因此，当前这种正在进行的融合应该说还只是初步的。这种基本属于"初显"的融合如要进入更高层次，则需要普通话里谓词性 X 在数量、类型上出现更多、更丰富的用例。

此外，与大陆相比，台湾能够进入"在……下"结构的光杆双音节动词较为常见，这样的动词有"监督、包围、胁迫、压迫、指导、斗争、轰炸、空袭、掩护、保护、治疗、拷问、竞争、控制"等，下面略举几个《联合报》的用例：

(150) 拆除飞弹基地的工作，他表示可在监督下进行，不妨由联合国监

督。(台湾，1962-10-29)

(151) 昨一大早他搭机离台，数百位歌迷送机追逐，现场爆发推挤，＊＊＊在包围下寸步难行，依旧笑容满面，对着镜头比Ya!（台湾，2009-09-28)

(152) 他审理时坚称，当时他在博士班读书，切结书是在胁迫下签署，他在今年2月间已发函给对方，撤销切结。（台湾，2011-07-20)

(153) 未来想从军的19岁敏惠医专学生＊＊＊，与妹妹＊＊＊一起参加活动，在指导下，敏捷的完成制作缆节、撒缆及配戴防毒面具等动作，表现杰出。（台湾，2015-07-08)

以上双音节X形式简练，"在X下"语义明确。据权正容（1995）对普通话X的考察，X不能是简单的光杆动词，必须带上相应的修饰语。不过，当前的语言事实对此已有一定的突破。表3-1中大陆有两个光杆动词用于"在……下"，即"约束、监督"。检索人民日报图文数据库，它们在《人民日报》首次出现分别是2010年和2012年，即：

(154) 在全国范围内看，用工单位缴纳了工资保证金后，会在约束下按时发放工资，欠薪现象确实减少了。（大陆，2010-08-13)

(155) 司法体制机制改革在强化监督方面多层次推进，让公正在监督下运行。（大陆，2012-02-25)

例（150）与例（155）都使用"在监督下"，但前者台湾用例明显早于后者大陆用例。

大陆有少量光杆单音节动词进入"在……下"结构，这也是大陆谓词性X有所增加、两岸X一致性增强的一个具体表现。

总的来看，以上所举大陆谓词性X的用例还比较少见，远未达到台湾较为常见的程度，显示普通话里谓词性X还处于"初显"阶段，这也说明当前两岸谓词性X有一定的融合，但融合的程度还不是太高。不过，由于谓词性X在形式上比与之对应的体词性X简练，而且使用前者一般不会影响语义的明确性，此外加之台湾地区、香港地区等相关用例的影响，因此，基于以上内外因素，在不加以规范的前提下，未来大陆普通话有可能突破X须为体词性成分的要求与限制，X为谓词性成分的用例可能逐渐增多（这与台湾谓词性X经过由少到多的发展变化是一致的），从而两岸"在X下"的融合程度会进一步提高。

(五) 小结

综上所述，海峡两岸介词框架"在 X 下"的差异主要体现在 X 的结构类型上，台湾充任 X 的结构成分较之大陆要丰富甚至复杂许多。研究发现，体词性 X 在两岸一致性比较高，但也有一定的差异，主要表现在台湾一些体词性 X 一般不用于大陆；与大陆 X 一般仅为体词性成分不同，台湾 X 既可以是体词性的，也可以是谓词性的，二者皆用，其中谓词性 X 包括动词、主谓结构、述宾结构、联合结构和状中结构等，台湾还有一些谓词性的四字格也很少用于大陆，由此形成两岸 X 的诸多差异。此外，两岸"在 X 下"的差异还体现在"在"的隐现与替换上，与大陆相比，台湾隐去和替换"在"的情形较为多见，显示出较强的灵活性甚至一定程度上的随意性。

归纳两岸"在 X 下"的主要差异，可以概括为以下四点：

差异一（适用于多数情况）：

大陆：在＋（陈述＋中心语）＋下

台湾：在＋（陈述±中心语）＋下

差异二（适用于状中结构 X）：

大陆：在（＋领属性/指代性成分＋状中结构）＋下

台湾：在（±领属性/指代性成分＋状中结构）＋下

差异三［适用于"N（的）V"结构 X］：

大陆：＋在＋X＋下

台湾：±在＋X＋下

差异四（适用于少数情况）：

大陆：于＋X＋下

台湾：于/从/经/经过/因/由＋X＋下

对比考察海峡两岸现代汉语语法，台湾现代汉语的限制与约束相对较少，显得比较灵活、自由，同时趋简的特点较为明显，这些特点在台湾"在 X 下"的使用上有比较充分的体现。大陆普通话限定 X 为体词性成分，这实际上是"人为"规定的结果，即经过了语言文字的规范化，而台湾基本没有这样的全面彻底的规范化，所以它的面貌才更多地沿袭以前，或者说更接近于早期现代汉语的"自然"状态。通过对海峡两岸"在 X 下"及其他语法项目的考察分析，我们可以总结出两岸语法一个重要的实质性差异：普通话语法发展方向之一是精密化，或者说追求形式与意义的严格对应；而台湾现代汉语语法更加灵活，不拘泥于、也不追求规则的统一和一致。因此，大陆语法规则较为简明，台湾则相对复杂。

当前两岸"在 X 下"在差异的基础上已经出现融合倾向，主要表现在大陆出现了一些谓词性 X，显示出 X 的结构类型有不一定限为体词性成分的趋向，由此两岸 X 的一致性有所增强。从台湾 X 的发展演变来看，部分定中结构 X 去掉中心语后变为形式较为简练的谓词性 X，这种"简化"一般都不影响语义的明确性，这样体词性 X 有所减少，谓词性 X 相应增多，这是台湾现代汉语崇尚简约的结果。由于语言的经济原则及其效率诉求，加上台港地区等谓词性用例的影响，如不加规范，未来大陆谓词性 X 有可能增多，进而两岸"在 X 下"的融合程度会提高。

二、"述＋宾＋（介＋宾）"结构

(一) 引言

"述＋宾"即述宾短语，"介＋宾"相当于介词短语，"述＋宾＋（介＋宾）"结构是对述宾短语和介词短语组合形式的简称，该结构的"介＋宾"用在"述＋宾"之后做补语①。比较而言，这种特殊的短语在普通话里不太常见，但在台湾并不少见，而且类型比较丰富，其中一些形式很少用于普通话，由此使该结构在两岸形成较为明显的差异。从语料调查结果看，当前这种结构在两岸已有一定的融合趋向。

刁晏斌（1998、2000b）较早指出上述差异，邢梅（2003）作了一定描写。刁晏斌（2000b：166-168）对此有比较详细的举例说明，书中主要讨论了台湾由介词"在""于"组成的介词短语做处所补语的使用情况，认为这种形式在近代汉语和早期现代汉语中较为多见；此外，书中还列举了台湾"述＋宾＋（到＋宾）""述＋宾＋（给/予＋宾）"的用例，如：

(1) 我读的是经济，绝对不会浪费时间在不必要的事情上。
(2)（长庚医院）首先应用逆行性脑灌注术于剥离性主动脉手术。

---

① 刘丹青（2001）在讨论汉语双及物结构时，把"送书给他"称之为介宾补语句式。本书探讨的"述＋宾＋（介＋宾）"结构与此有类似之处，由于述宾短语是该结构重要的组成部分，我们采用"述＋宾＋（介＋宾）"结构这一更为显明的命名。

（3）……决定提高悬赏缉凶的破案奖金到新台币二千万元。

（4）至于何时发回财物给受害者，叶建人表示，待警方全部起出赃物后再统一认领。

（5）美森加国际开发股份有限公司为了提供最高品质之服务和最新之资讯予所有有意移民新加坡之国人，特邀请到……

后来，刁晏斌（2015d）指出台湾较多沿用早期现代汉语的句法结构，比如"述＋宾＋（介＋宾）"结构，而大陆普通话中有所发展变化。该文通过比较两岸对 Steve Jobs：A Biography 的翻译文本，再次提到这一结构在两岸的差异，以下是文中所举的用例：

（6a）台湾：凯尔和亚特金森抱怨说，贾伯斯让他们<u>花太多时间在标题栏的设计细节上</u>，害他们无法做更重要的事。

（6b）大陆：卡雷和阿特金森曾一度抱怨说乔布斯在标题栏的修改上<u>耗费了他们太多时间</u>，而他们有更重要的事情要做。

（7a）台湾：丽莎太昂贵了。我们努力把丽莎卖给大公司，但力有未逮，因为我们的强项向来是<u>销售平价电脑给一般消费者</u>。

（7b）大陆：它太贵了，我们试图把它卖给大公司，但我们擅长的是<u>出售给个人用户</u>。

戴维·克里斯特尔（2000：389）把词序（word order）看作语法分析用来指词在较大语言单位中的配置序列。同样，比词大的单位（如短语）也有一个在更大单位中的配置序列问题。例（6a）介词短语"在……"做补语，而例（6b）的"在……"做状语，二者的差异实际上是两岸大于词的单位配置序列差异的体现①。例（7a）（7b）的区别在于台湾述语"销售"后出现宾语，大陆"出售"后没有宾语，而在其前用"把"字句把宾语"它"提前，这反映出"述＋宾＋（给＋宾）"结构在两岸的使用差异。

周清海（2008）立足于普通话，结合其他华语社区具体的语法现象，提出这样的问题："在（到）"组成的介词短语能不能用在述宾短语的后面？所举用例为：

---

① 例（6a）（6b）对应的原文是：At one point Kare and Atkinson complained that <u>he was making them spend too much time on tiny little tweaks to the title bar</u> when they had bigger things to do（Walter Isaacson《Steve Jobs：A Biography》）。通过比对原文发现，台湾例（6a）的语序与原文一致，大陆例（6b）则有所调整变化。

（8）敖弟占了是男孩的便宜，有时外祖母会暗暗<u>塞水果到他的被窝里</u>。（《李敖快意恩仇录》）

该文还将上例改成符合普通话规范的"把"字形式进行对比：

（9）敖弟占了是男孩的便宜，有时外祖母会暗暗<u>把水果塞到他的被窝里</u>。

例（8）（9）两相比较，不难看出海峡两岸相关用法存在差异。

本书在已有研究成果基础上，对海峡两岸"述＋宾＋（介＋宾）"结构的差异作进一步的描写分析并探讨这一结构在两岸的趋同倾向。书中对比考察的"述＋宾＋（介＋宾）"结构，其中的介词限于成对的三组，即"在/于""到/至""给/予"，它们在语体色彩上都是前"白"后"文"。按照"义类"来分，"在/于"可以称作"表动作所在"，"到/至"则是"表动作所至"，"给/予"可以看作"表动作所及"。由前两者构成的介词短语"在/于＋宾""到/至＋宾"大多可看成处所补语（其中的处所包括具体的和抽象的两种），而后者"给/予"后接宾语构成的"给/予＋宾"，可称之为对象补语（刁晏斌，2000b：166-168）。

（二）海峡两岸"述＋宾＋（介＋宾）"结构的差异

以下的探讨分为三个小节，依次考察分析两岸"述＋宾＋（在/于＋宾）""述＋宾＋（到/至＋宾）""述＋宾＋（给/予＋宾）"的差异。

1. 两岸"述＋宾＋（在/于＋宾）"的差异

介词"于"在现代汉语中一个主要的对应形式就是"在"（孙德金，2012：157）。不过，"述＋宾＋（在＋宾）""述＋宾＋（于＋宾）"二者并不完全相同。崔新颖（2017）从语体色彩、结构紧密程度、表达倾向性等三个方面比较了二者的差异。下面分开讨论。

A. 两岸"述＋宾＋（在＋宾）"的差异

王还（1957）认为，"'在'＋宾"放在动词后面，它与前面的动词联系十分紧密，其间不能加任何成分（包括动词后出现的宾语、补语），如"*他写字在黑板上"。与此看法一致的还有康健（2015：167），书中认为"在"短语不能被任何插入的成分将它与相结合的动词分开，它必须紧跟在动词之后。

范继淹（1982）的观点与上述看法有所不同，该文认为动词位于"'在'＋宾"前，该动词不能跟单纯的宾语名词结合，但如果名词前有数量词，结合就很自由，如"他写了几个字在黑板上/我写个名字在黑板上"。吕叔湘（1980/1999：646）指出，介词"在"前的动词如果带受事宾语，宾语要有数量词，否则要用"把"字句或宾语前置句，如"写一个名字在上头/把名字写在上头/名字写在上头/*写名字在上头"。张赪（1997）对此有进一步的考察分析，认为双音动词、述补结构、述宾结构以及部分单音节动词带上名词宾语后，"在L（Location）"不能后置。后来，张赪（2001）进一步明确指出，引进与动作有关的场所的"在L"和动词的宾语一般不能同时位于动词之后，只有当宾语是名词且有数量结构修饰时，才有极少数"在L"可以位于宾语之后。

刘月华等（2001：747-749）指出，当谓语动词有两个宾语，一个是表示事物的名词，另一个表示经过动作后事物所在的处所时，事物名词要与介词"把"结合放在谓语动词前，究其原因，是因为普通话里除了双宾语外，动词或动补结构后只容许一个名词性成分出现，所举例子如：

（10）他们把鸡蛋放在桌子上就走了。

书中指出，下面不使用"把"字句的句子是错误的：

（11）*他们放鸡蛋在桌子上就走了。

从以上所引观点和表述来看，普通话里使用"述＋宾＋（在＋宾）"有诸多限制，如述宾短语的宾语要有数量词修饰，否则要使用"把"字句等其他形式；又如述宾短语中的动词不能是双音节的。然而，台湾却并没有这些限制，或者说这些限制并不明显。例如：

（12）嘉义市＊＊＊、＊＊＊夫妇在住处开设神坛，利用他人向神明求助时，声称太子爷将借手写字在金纸上，再要求庄姓男子等人将黄金、装有现金红包放在住宅或庙宇，然后趁机行窃，事后声称神明代为保管。（台湾，2001-04-27）

（13）二〇〇八年美国共和党副总统候选人裴林的小抄事件引来各方讪笑，连白宫发言人吉布斯也忍不住凑热闹，九日在一场记者会中也模仿裴林，故意写字在手掌上向媒体展示。（台湾，2010-02-11）

（14）有的学生用保丽龙层层包着鸡蛋，有的用塑胶杯内装水，放鸡蛋在容器内，有的设计成八爪章鱼模样，非常炫、酷。（台湾，2000-04-20）

（15）不会把所有的鸡蛋放在同一篮子，但是也不能不放鸡蛋在大陆的篮子里。（台湾，2011-05-30）

前面两例，"写字"分别用于"在金纸上""在手掌上"之前，"字"前没有数量词修饰。如前所述，这种结构形式在普通话里是不合语法的，同样的意思一般用"把/将字写在金纸上/手掌上"等来表示。《人民日报》的检索结果支持这一看法：我们以"写字在"为对象，没有检索到用例；而以"把字写在""将字写在"为检索对象，分别有 12 例和 2 例。"把字写在""将字写在"在《联合报》各有 14 例和 5 例；但与大陆基本不用"写字在"形成鲜明对比的是，该报"写字在"共有 3 例。尽管其用例数远比"把/将字写在"少，但仍显示它并非"例外"。后面两例，"放鸡蛋"都位于"在 L"之前，这与普通话里一般被认作错误的例（11）"放鸡蛋在 L"形成鲜明对照。另外，例（15）还显示"把鸡蛋放在 L"与"放鸡蛋在 L"是相同的两种表达形式。"放鸡蛋在"在《人民日报》里没有用例，但"把/将鸡蛋放在"分别有 35 例和 4 例。我们考察台湾全文报纸数据库(1951-09-16—2015-09-30)，"放鸡蛋在"有 2 例，即例（14）（15），显示这类表达在台湾是一种客观存在。

前引台湾例（1）"浪费时间在 L"中谓语动词是双音节的，且动词的宾语"时间"前没有数量词，按照普通话的一般规则，这也是不合语法的，但这种表达在台湾"述＋宾＋（在＋宾）"的用例中属于比较常见的形式[①]。我们以"浪费时间在"及其变换形式"时间浪费在""把/将时间浪费在"为检索对象，统计它们在两岸的使用情况，下表是调查结果：

表 3-7　海峡两岸"浪费时间在"等使用调查

形式 数据	浪费时间在	时间浪费在	把/将时间浪费在
《人民日报》	0	31	31/1
《联合报》	141	63	95/19

如上表所示，两岸"时间浪费在""把/将时间浪费在"的用例数存在一定的差异（这与两家报纸语料的总量不同有关），但是，比较明显的差异则是"浪费时间在"在《人民日报》里不用，而它在《联合报》里有不少用例（141 例）。由此看来，"浪费时间在"和"写字在""放鸡蛋在"等"述＋宾＋

---

① 此外还包括"浪费太多时间在 L""浪费不少时间在 L"等相近的表述。

(在+宾)"形式一样,两岸的差异是明显的。

以上主要是基于以往研究,通过对比分析少量用例来揭示两岸"述+宾+(在+宾)"结构在使用上的差异,即普通话里使用该结构时限制比较多,而台湾限制要少许多,由此我们可以进一步推断,该结构在台湾的使用频率远高于大陆。

以下我们再对比考察两岸几个具体的用例。由于"述+宾+(在+宾)"结构中述语和宾语都不确定,为方便考察,下面调查的 6 个例子中述宾短语的述语和宾语都是设定的,且这些述宾组合在两岸都是常见形式,调查结果如下[①]:

表 3-8 海峡两岸"述+宾+(在+宾)"结构使用调查

形式 \ 数据	《人民日报》	《联合报》
花时间在	4	241
发表论文在	1	7
倾倒垃圾在	0	9
投入资源在	0	6
花费精力在	0	5
放置炸弹在	0	2

上表显示,以上六种形式,《人民日报》里仅有两种存在很少的用例,而这些形式在《联合报》里都有或多或少的用例,其中"花时间在"在两岸的差异尤为明显(约 1∶60)。联系前面的调查来看,台湾"述+宾+(在+宾)"比大陆常见得多。

海峡两岸"述+宾+(在+宾)"结构的实例如下:

(16) 刁镇旧军办事处书记＊＊＊说,花时间在收税上,税是收上来了,却收坏了干群关系。(大陆,2004-04-19)

---

① 语料调查显示,"投注心力"在大陆不是常见的组合,在台湾却比较常用,而且"在 L"用于其后做补语的例子也不少见。在《联合报》里,"投注心力在"共 65 例,《人民日报》里没有用例。台湾的用例如:为提升品牌形象与价值,近来许多精品都投注心力在材质环保与实际施行环保的步骤上。(台湾,2014-03-27)

(17) 由于一流期刊大都出自美国，台湾学者为了争取研究资源，所以在策略上，常挑选美国关心的议题，而非台湾关心的问题研究，如此才有较高机率发表论文在顶尖期刊。（台湾，2015-05-02）

(18) 玉里镇三民里与卓溪乡立山村交会口处，与一条水圳毗邻。经常有人胡乱倾倒垃圾在水圳内，一下雨就造成阻塞，垃圾也到处漂流。（台湾，2005-09-09）

(19) ＊＊＊特别感谢＊＊＊及台湾房屋热心赞助150万元认养忠贞小学篮球队，做为5年的长期计划，希望发挥抛砖引玉效果，让更多企业愿意投入资源在教育上，嘉惠更多桃园县的学子。（台湾，2013-05-14）

(20) 因为要判断的是文章结构，所以不用花费精力在"字词意义"上，只须大略知道"句义"即可。（台湾，2009-08-31）

(21) 歹徒在这封恐吓信中扬言，将要放置炸弹在四次数家对其不友善的航空公司国际航线班机中。（台湾，1988-03-03）

在上面的调查中，述语及其后的宾语都是确定的。以下，我们再进行另一项调查，即选取表3-8中不见于《人民日报》的四种形式，去掉述语后的宾语，分别以表达式"倾倒/投入/花费/放置＄5在"，考察由它们组成的"述＋宾＋（在＋宾）"在CCL现代汉语语料库里的使用情况，结果显示，"花费……在L"有10例，"倾倒……在L"有1例，"投入/放置……在L"没有用例。应该说，在近6亿字的语料库里，以上的用例数显示它们的使用频率在整体上是很低的，从而也反映出大陆"述＋宾＋（在＋宾）"结构并不常见。

台湾"述＋宾＋（在＋宾）"的较多使用应该是延续早期现代汉语用法的结果。海峡两岸现代汉语与早期现代汉语都有距离，但比较而言，台湾现代汉语与早期现代汉语的距离较近，大陆普通话则与之相对较远，刁晏斌（2013e）提出这一观点并从多方面加以论证，其中语法方面就提到早期现代汉语中介词短语做处所补语比较普遍，而这一形式在台湾依然常用。关于该形式在早期现代汉语中的使用情况，刁晏斌（2007a：182-184）有较为详细的举例分析，现将部分用例摘录于此：

(22) 天气骤然很寒冷，还飘着细细的雪花在空中。（柔石《二月》）

(23) 你丈夫叫什么名字？给我写上名字在钱票上。（潘漠华《人间》）

(24) 护士放我在他的背上。（冰心《分》）

(25) 当下家树拿了帽子在手上。(张恨水《啼笑因缘》)

上引用例中介词短语做处所补语，如例（23）"写上名字在钱票上"，对比台湾例（12）"写字在金纸上"，二者有很高的相似度，从中不难看出台湾"述＋宾＋（在＋宾）"的用法与早期现代汉语基本一致。

不过，据张赪（2001）的考察，现代汉语中引进与动作有关的场所的介词短语"在L"和动词的宾语一般不能同时位于动词之后的词序规律在元明时期最终确立，那么早期现代汉语中为什么会有较多与这一词序规律不同的用例？这应该与欧化语法的影响有关。

托马森和考夫曼（Thomason－Kaufman）认为，在语言接触中，语序是最容易被借用并吸收的句法特点，这一点在翻译中表现得尤为突出（朱一凡，2011：150）。顾百里（1985b：103-104）对巴金小说《家》的原版及修改版作了比对并配以英文翻译，以此证明欧化对早期现代汉语的影响，书中所举用例如：

(26a) 一弯新月高高地挂在天空，投下淡淡的银光在水面上……（《家》1931年版）

(26b) 一弯新月高高地挂在天空，在水面上投下淡淡的银光……（《家》1957年版）

(26c) A new moon hung in the sky and cast a light, silvery beam upon the water……（《家》英文版）

(27a) 这女人留在客厅里……会散布着淫欲的毒气在这公馆里面……（《家》1931年版）

(27b) 让这个女人住在客厅里……会在这公馆里散布着淫欲的毒气……（《家》1957年版）

(27c) This woman's staying in the guest room…… would spread the poison gas of immorality in this compound……（《家》英文版）

该书指出，例（26a）的"在水面上"和（27a）的"在这公馆里面"后置的表达形式属于欧化语法，而在例（26b）（27b）中，作者巴金将其改为用于动词前。语序经过调整后的例（26b）（27b），介词短语位于述宾短语之前，正是符合普通话规则的形式，而台湾较多地保留了介词短语后置做补语的用法，也就是早期现代汉语常见的用法。

B. 两岸"述+宾+（于+宾）"的差异

北京大学中文系 1955/1957 级语言班（1960/1982：593-595）指出，由文言虚词"于"组成的介词短语放在动词或述宾短语之后，书中所举介词短语用于述宾短语后的例子为：

(28) 我们仅仅施仁政于人民内部，而不施于人民外部的反动派和反动派的反动行为。（毛泽东《论人民民主专政》，1949 年）

詹人凤（1979）把"于"分为介词"于$_1$"和后缀"于$_2$"，该文在讨论由介词"于$_1$"组成的介词短语时，所举例子也用到例（28），认为这一短语带有浓烈的时代距离感，使用这种短语的人越来越少，而且使用者多有较深的文言文修养。吕叔湘（1980/1999：636）指出，"于+宾"用于动词前或动词后，如"黄河发源于青海""于无意中流露出怀念之情"，但书中没有提及它用于述宾短语之后的用法。以上观点在一定程度上说明"述+宾+（于+宾）"在普通话里不太多见。

孙德金（2012：143-163）讨论了现代书面汉语中的文言语法成分"于"及其相关结构，指出"于"及其宾语通常直接跟在动词后面，有时会被动词的宾语隔开，形成"V……于……"结构，即"述+宾+（于+宾）"结构。这类结构一般表达处置意义，是汉语表达处置范畴的形式之一，因此该结构可和"把"字句有变换关系，所举用例如：

(29) 这样一个坏男人，老打我坏主意，最后当然要置他于死地，解气。

(30) 她是把人置于死地，而且是想尽各种办法，因此这个酸辣就发展成为毒辣。

该书还指出，现代书面汉语中常用于"V……于……"结构的 V 有"置、融、集、混、寓、聚、寄"。值得注意的是，这里所列的 V 都为单音节动词或动词性语素，而且"V……于……"结构比较固定，如"融……于一体"，其中"于"一般不能用"在"替换。

从语料调查看，海峡两岸"述+宾+（于+宾）"存在较大的差异，比较而言，该结构明显多用于台湾。我们依托联合知识库和台湾新闻智慧网，搜集到台湾 100 个"述+宾+（于+宾）"的用例[①]，其中述语为单音节的有

[①] 这些例子出自 1992 年 1 月至 2016 年 1 月的报纸，包括《联合报》（38 例）、《中国时报》（27 例）和《经济日报》（35 例）。

38例，包括16个动词或动词性语素；述语是双音节的共62例，包含38个动词。下面按照单双音节及其用例数的多少，分别列出。

单音节V有16个，即：

集（7）、置（7）、寓（4）、寄（3）、融（3）、花（3）、陷（2）、败（1）、倒（1）、呵（1）、还（1）、聚（1）、进（1）、弃（1）、伤（1）、遇（1）

双音节V有38个，即：

耗费（5）、投注（5）、应用（4）、花费（4）、浪费（4）、运用（3）、采用（2）、汇集（2）、集中（2）、维持（2）、整合（2）、安置（1）、报告（1）、保存（1）、变更（1）、表彰（1）、倡导（1）、成立（1）、创设（1）、筹办（1）、防范（1）、反映（1）、放置（1）、寄托（1）、结合（1）、纳入（1）、契合（1）、倾倒（1）、强加（1）、提出（1）、投入（1）、完成（1）、玩弄（1）、挽救（1）、维系（1）、隐含（1）、运输（1）、综合（1）

对比考察上述V进入大陆"述＋宾＋（于＋宾）"用作述语的使用情况，我们用表达式"V＄5于"，将上面54个动词或语素分别代入（如"集＄5于"），逐一检索由它们组成的"述＋宾＋（于＋宾）"结构在CCL现代汉语语料库中的出现情况，结果显示，在上述16个单音节V中，有2个不见于该语料库的"述＋宾＋（于＋宾）"结构，而在台湾现代汉语中有相应的用例，如：

（31）你受伤了吗？你呵气于我肩上，吹动我的汗水一阵清凉。（台湾，1996-08-25）

（32）苏写了一首诗，被朝内一个权奸视为嘲讽圣上，便进谗言于宋仁宗。（台湾，1992-01-29）

另外，在上述38个双音节V中，有"投注、采用、报告、变更、表彰、倡导、成立、筹办、反映、放置、结合、纳入、倾倒、提出、完成、隐含、运输"等17个动词不用作该语料库"述＋宾＋（于＋宾）"中的述语，而在台湾都有用例，由此显示出二者更为明显的差异。台湾的用例，如：

（33）荷兰时装设计师Iris van Herpen采用3D打印技术于时装周伸展台上，并联手鞋子设计师打造3D打印鞋款。（台湾，2014-10-11）

（34）监察人对于董事会编造提出股东会之各种表册，应予查核，并报告意见于股东会。（台湾，2002-10-24）

（35）孙文当不忘却自己成立兴中会于1894甲午年，而次年日帝侵夺台湾的历史。（台湾，2014-06-20）

（36）台东分所副研究员＊＊＊说，刚落成的海生馆完成水族箱水质、水温等测试，陆续放置鱼类于展示区的水族箱。（台湾，2002-01-01）

（37）（国光剧团）请＊＊＊将第六曲改作《痴梦乍醒》，由我订正格律，使梁祝完成爱情于梦境。（台湾，2012-01-03）

（38）烟酒之专卖，实乃对消费税之寓征于价，亦即专卖品之价格中已隐含消费税于内。（台湾，1992-02-09）

例（35）介词"于"的宾语表示时间，这种情况相对少见。

根据以上调查，在54个动词或语素中，共有19个基本不用于普通话"述＋宾＋（于＋宾）"结构，占比超过三分之一。此外，在我们调查的两岸都有用例的"述＋宾＋（于＋宾）"中，也存在较为明显的差异。以述语"耗费"为例，在CCL现代汉语语料库中，以表达式"耗费＄5于"进行检索，共有3个用例，如：

（39）主其事者，其实不过为一主编之虚名与一点眼前之小利，而从其事者，却不得不耗费精力于毫无意义的炒冷饭之中。（CCL）

检索台湾"平衡语料库"4.0版，"耗费……于……"有1例，即：

（40）独立经济体的家庭，除了取食以维持每日餐食的供应无缺之外，还有许多别的需要须加满足，欲满足其他需要必须耗费时间劳力于其他活动之上。（平衡语料库）

从"耗费……于……"在两岸语料库的总用例数来看，大陆是台湾的3倍，但是，CCL现代汉语语料库的规模（近6亿字）大约是"平衡语料库"4.0版（不足0.18亿字）的33倍，从中不难看出，台湾"耗费……于……"的使用频率应远高于大陆。

通过以上调查发现，两岸使用"述＋宾＋（于＋宾）"存有明显差异，较之大陆，台湾常见许多。上述一般不见于大陆的"述＋宾＋（于＋宾）"，普通话里可换用"把"字句或介词短语做状语，如例（31）"呵气于我肩上"，可换成"把气呵在我肩上"或"在我肩上呵气"，但"于"宜作"在"。

2. 两岸"述＋宾＋（到/至＋宾）"的差异

由介词"到"组成的介词短语，北京大学中文系1955/1957级语言班

(1960/1982：119-120）指出其用法有二：一是做动词的补语，如"有才在套窑里坐着，先让他们坐到炕上"；二是做状语，介绍出动作的时间，表明动作到这个时候为止的状况，如"到吃午饭的时候"。书中没有提及"到+宾"用作"述+宾"的补语。

刘月华等（2001：748）认为，下面句子的谓语动词后同时出现受事宾语和表示经过动作后事物所在的处所宾语，因此是错误的：

（41）*他递照片到我面前叫我看。

书中指出此例的正确表达要用"把"字句：

（42）他把照片递到我面前叫我看。

在我们考察的范围内，"递照片到"在两岸均无用例。我们另外考察与此结构一致的"递东西到"，它在《人民日报》中没有用例，但在《联合报》中有1例，即：

（43）我感觉自己像工厂输送带上的产品，一路缓缓前进，不断地有"机器手臂"递东西到我们面前。（2015-07-22）

此例可与例（41）比较。

"至"是文言词，意义、用法和"到"大致相当（北京大学中文系 1955/1957 级语言班 1960/1982：647）。一般来讲，用于"述+宾+（到/至+宾）"中的介词"到/至"，除开语体色彩差异外，二者基本上是可替换形式。普通话里"述+宾+（到/至+宾）"都不多见，而它们在台湾并不少见。下面我们以10组具体形式为例（其中的述宾短语在两岸都较为常见），考察它们在两岸的使用情况，调查结果如下表：

表 3-9　海峡两岸"述+宾+（到/至+宾）"结构使用调查

数据 形式	《人民日报》	《联合报》
扩大规模到/至	2/0	9/4
缩小范围到/至	1/0	20/8
延长时间到/至	1/0	13/10
延伸触角到/至	0	13/4

续 表

形式 \ 数据	《人民日报》	《联合报》
转移资金到/至	0	6/3
提升层级到/至	0	4/4
提高奖金到/至	0	4/2
降低利率到/至	0	3/8
拓展业务到/至	0	3/2
扩展市场到/至	0	2/0

由上表可知，上述10组形式在《人民日报》里总共仅有4例，且未见使用介词"至"的例子，由此能够推断，"述＋宾＋（到/至＋宾）"结构在普通话里很少使用；而与此明显不同的是，上面各种形式在《联合报》中基本上都有一定的用例，其中使用"至"的也有不少，但整体上以"到"更为常见。

以下是海峡两岸"述＋宾＋（到＋宾）"结构的用例：

(44) 他想，要是当初有足够的资金，现在不就盆满钵满？不过，依靠这桶金，他扩大规模到400亩。（大陆，2013-09-23）

(45) 他也主张，主灯区点灯后，人潮已分散到其他灯区，可缩小范围到丰原车站周边，趁此撤掉"灵堂"，也舒缓交通压力。（台湾，2015-03-07）

(46) ＊＊＊说，开心看到学童发挥创意，投入帮助他人爱心活动，期望儿童爱自己也爱别人，延伸触角到世界各地。（台湾，2013-03-26）

下面是台湾"述＋宾＋（至＋宾）"的用例：

(47) 目前灵修园至多只能住十人，未来将扩大规模至三十人。（台湾，2005-12-26）

(48) "会动的清明上河图"展期只剩5天，周五至周日开放夜间看展，延长时间至8点。（台湾，2011-12-07）

(49) ＊＊＊呼吁沿用百分之八至九房贷利率的房贷户，在利率下降后，一定要主动和债权银行协调降低利率至百分之二至三，降低负担。（台湾，

2003-09-13)

不见于《人民日报》的一些形式，在大陆通常用"把/将"字句。下面是此表中"延伸触角到/至"的变换形式在《人民日报》中的使用情况：

把触角延伸到/至   将触角延伸到/至
　　7/0　　　　　　　　15/2

以上使用"把/将"字句的形式各有一定用例（其中运用"到"的数量远多于"至"），这与该报不用"延伸触角到/至"形成鲜明对比。

下面我们进行另一项调查：选取表3-9中不见于《人民日报》的7组形式，去掉其中的宾语，在CCL现代汉语语料库中分别以表达式"延伸/转移/提升/提高/降低/拓展/扩展＄5到/至"进行检索，以下是每组形式的用例数：

表 3-10　CCL 现代汉语语料库"延伸……到/至"等使用调查

延伸……到/至	转移……到/至	提升……到/至	提高……到/至	降低……到/至	拓展……到/至	扩展……到/至
2/2	12/4	0/1	1/2	2/4	0	2/2

上表显示，上述7组形式在CCL的用例数都比较少，甚至部分形式没有用例。从总的用例数看，这些形式共有34例，平均每组形式的用例数不足5个。在一个大型语料库里，这样的出现频率应该说是很低的。据此我们能够发现，普通话里"述＋宾＋（到/至＋宾）"结构是一种较为少见的形式。

前引周清海（2008）提出"在（到）"组成的介词短语能否用在述宾短语之后的问题，从我们的调查分析来看，这种结构在普通话里不是常见的形式，类似的表达多用"把/将"字句等。不过比较而言，这种结构在台湾现代汉语里常见得多，如果从台湾的实际出发，这种形式应该是规范的。

3. 两岸"述＋宾＋（给/予＋宾）"的差异

现代汉语里"给"可做动词、介词等，李珂（2004）对动词、介词"给"的判定富有新意：根据动词的语义特征，将进入"AVP给R"（如"他拿/送了一本书给我"）中的V分为给予义动词和非给予义动词两大类，考察发现如果V是非给予义动词（如"拿"），那么"给"是表示实际给予动作的动词；如果V是给予义动词（如"送"），那么"给"是用来引介与事的介词。该文根据朱德熙（1979）的标准判断给予义动词，现转录于此：①存在着

"与者"（A）和"受者"（B）双方；②存在着与者所与亦即受者所受的事物（C）；③A 主动地使 C 由 A 转移至 B。我们参照这一观点，将用于介词"给"（包括与之同义的文言形式"予"）之前的述语限定为给予义动词。

关于介词"给"的用法，吕叔湘（1999：226）指出，其中的一个要点是用于引进交付、传递的接受者，它既可以用于动词前（如"教师给每个同学发了一份复习提纲"），也可以用于动词后（如"厂里发给他一套工作服"）。但是，书中没有提及"给"用于动词后其间出现名词或名词性短语用作宾语的用法。侯学超（1998：223）指出，由介词"给"组成的介词短语和动词短语互换次序，基本意思不变，例如"你给她送一束鲜花"等于"你送一束鲜花给她"，但书中对由"给"组成的介词短语后置没有作进一步的说明。

据卢小群、王泉月（2014）对现当代北京部分作家作品中"给"字句的量化分析，在表示"给予义"的给字句中，"NP1＋V＋NP3＋给＋NP2"句式仅占 1%，说明普通话里"述＋宾＋（给＋宾）"结构的出现频率很低。根据张明辉（2014）的考察，在台湾"平衡语料库"里，"述＋宾＋给＋宾"结构共有 154 例，在所调查的"给"字句中所占比例最高（35.7%），其中述语动词大部分表示"给予"范畴（如"颁发"）；该文认为，台湾这一结构在普通话里的对应形式多是"给＋宾＋述＋宾"，有时还需要用"把"字句。该文重点在于比较两岸"给"字句，没有涉及"予"。从以往研究的考察结果来看，大陆"述＋宾＋（给＋宾）"并非不用，但与台湾相比，二者的使用频率有明显的差别，下文将进一步考察说明。

《现代汉语词典》（第 7 版）对"予"没有标注词性，释义为"给"，举例如"授予奖状"。这表明"予"在普通话里不用作独立的词。据台湾辞典，表示"给"义的"予"为动词，所举例句是"彼交匪纾，天子所予"（《诗经·小雅·采菽》）。这大致说明古代汉语里独立成词的"予"，其用法在台湾有更多的承继。考虑到用于述宾短语之后的"予"跟用于"述＋宾＋（给＋宾）"结构中的"给"除开文白差异，大体上是等同的，我们将用于这一结构的"予"看作与"给"用法基本一致的介词。

以下调查几组"述＋宾＋（给/予＋宾）"结构的具体用例，其中的述宾短语在海峡两岸都是常用的。请看下表：

表 3-11　海峡两岸"述＋宾＋（给/予＋宾）"结构使用调查

形式 数据	供应武器 给/予	提供资金 给/予	颁发奖状 给/予	传授经验 给/予	捐赠图书 给/予
《人民日报》	6/0	3/0	1/0	1/0	1/0
《联合报》	210/11	117/2	252/14	19/6	8/1

通过上表数据，可以看到两岸"述＋宾＋（给/予＋宾）"结构的差别是明显的，这一点可以从以下两个方面来看：

首先，表中"述＋宾＋（给＋宾）"结构的 5 个具体形式，它们在两岸的用例数差别很大，其中有的可以用"悬殊"来形容（如"颁发奖状给"是 1∶252），这大致反映出该结构在两岸的使用频率具有明显的高低之别。下面是两岸"述＋宾＋（给＋宾）"结构的部分实例：

（50）投资者提供资金给上市公司，上市公司给予投资者现金回报天经地义。（大陆，2013-01-08）

（51）英国、美国、德国、法国和意大利都说他们要供应武器给……。（台湾，2014-08-26）

（52）吉安乡公所主秘＊＊＊颁发奖状给获奖学生，社会课长＊＊＊也到场鼓励，家长争相以相机、手机、iPad 为子女记录下光荣领奖的画面。（台湾，2015-03-22）

（53）一开始，他怕到连一次 30 分钟的疗程都无法完成，后来有儿童医疗辅导师协助，不再哭闹，甚至传授经验给其他小朋友。（台湾，2014-10-08）

（54）美商安泰人寿推动阅读运动，捐赠图书给偏远学校。（台湾，2004-09-22）

其次，上述五种形式在《人民日报》里没有用"予"的例子，而《联合报》里都有一定的用例（不过"予"与"给"相比，使用"给"的概率要高得多），由此可以看出，海峡两岸"述＋宾＋（予＋宾）"结构存在更为明显的差异。

此外，对 CCL 现代汉语语料库的检索结果也能说明大陆"述＋宾＋（予＋宾）"结构很少见。我们分别以表达式"供应/提供/颁发/传授/捐赠＄5 予"进行检索，除"提供/颁发……予"各有 3 例和 2 例外，其余三者均无用例。

下面立足于台湾现代汉语，调查分析海峡两岸差异较大的"述＋宾＋（予＋宾）"结构，以下的讨论基于我们搜集的 100 个相关用例[①]。

在我们调查的范围内，这一结构的述语共用到 23 个动词及动词性语素，以下按单双音节及其用例数的多少分别列出。

单音节 7 个，即：

捐（5）　交（4）　授（3）　颁（2）　赠（2）　付（1）　售（1）

双音节 16 个，即：

捐赠（18）　提供（15）　颁发（10）　销售（9）　颁赠（7）　出售（6）
颁授（3）　捐款（3）　捐助（3）　支付（2）　出借（1）　发放（1）
发送（1）　核发（1）　投资（1）　致赠（1）

从上面的调查结果来看，以下几个动词的用例数相对较多：捐赠（18）、提供（15）、颁发（10）、销售（9），它们所占比例超过全部用例数的一半。下面各举一例：

(55) 全球人寿捐赠救护车予北"市府"消防局，作为该局执行 119 专责救护勤务用。（台湾，2013-01-30）

(56) 馊水油事件爆发后，有业者拒绝提供下游厂商名单予卫生单位。（台湾，2014-09-08）

(57) (LEXUS) 今年将参赛对象扩及 5 岁以上学童，将颁发参赛证书予每位选手。（台湾，2013-08-06）

(58) 销售货物予客户后，因客户延迟付款而加收的利息是否也属于销售额范围？（台湾，2014-11-17）

以上出现频率较高的动词均为双音节，但也有少部分是单音节的。例如：

(59) 昨日三单位同步各捐 300 万元予新北市"政府""八仙粉尘气爆救助项目"捐款专户，协助日后之需。（台湾，2015-07-03）

(60) 典礼安排前几届的获奖者赠奖予本届的"学弟妹"，充满文学传承意味。（台湾，2014-10-05）

(61) 欧洲许多国家实施"公共出借权"，图书馆每借出一本书，政府便

---

① 例句出自 2012 年 9 月至 2016 年 1 月的报纸，包括《中国时报》（41 例）、《联合报》（26 例）、《经济日报》（17 例）和《联合晚报》（16 例）。

会代读者付补偿金予作家，代表对知识产权的重视。（台湾，2013-08-01）

（62）台东县卫生局稽查店家售烟予未满18岁青少年状况，祭出新招，首次派员穿上学校制服，乔装成青少年购烟，测试合格率约57％。（台湾，2013-08-23）

上面例句中的"捐300万元/赠奖/付补偿金/售烟予……"，形式简练，书面色彩浓厚。

另外，从"予"介引的宾语看，其中53％的用例"予"后的接受对象为[＋人]，如例（58）的"客户"；另外47％的接受对象为[－人]，包括单位、机构、公司、行业、国家等，如例（55）的"消防局"。

上述在大陆很少见的"述＋宾＋（予＋宾）"结构，它们在普通话里可用"把"字句或者介词短语做状语的形式来表达，如例（58）"销售货物予客户"，可以改为"把货物销售给客户"，另外也可以用"向客户销售货物"。

以上通过对比分析海峡两岸"述＋宾＋（在/于＋宾）""述＋宾＋（到/至＋宾）""述＋宾＋（给/予＋宾）"等三组形式，探讨了两岸"述＋宾＋（介＋宾）"结构的差异。总的来说，这一结构在普通话里用得很少，其对应的形式大多可以是"把"字句等；然而，这种结构在台湾却用得较多，其中带有文言性质的"于""至""予"也用于该结构，从而使得两岸"述＋宾＋（介＋宾）"结构呈现明显的差异。

台湾历来比较重视文言文的教育与传承，对此张宁（1994）有如下一段论述：

在台湾，传统语言学者势力很大，他们重视文言文，轻视白话文，台湾重视文言文的现象是有深刻的历史背景的。1949年以后，大批的国民党军政要员移居台湾，这些人员大都受过传统文化教育，注重高雅的语文习惯，所以他们把其语言传统也带到了台湾。目前，台湾中小学的语文课本文言文的比例占3/4，这个比例是相当高的。台湾的公务文书、法律文书等也都采用浅近文言的形式。在这样的语言环境和教育环境中，台湾书面语虽强调使用"标准现代汉语"，但不可避免地会带上书面化、文言化的色彩。

这段话反映了台湾重视文言文的历史背景、现实状况，以及由此对台湾书面语产生的影响。

据龚鹏程（2016：91）介绍，台湾的"中华文化复兴运动"体现在中小学教材中,《论语》《孟子》成为"文化基本教材",每个人都读过。据张赪(2001)考察,先秦汉语里动词的宾语和引进与动作有关的场所的介词词组"於(于)L"都同时位于动词之后,如"河内凶则移其民于河东"(《孟子·梁惠王上》)。台湾除了白话的"在、到、给"较多地用于"述+宾+(介+宾)"结构,文言的"于、至、予"也用于该结构。由此看来,台湾现代汉语更多地受到了古代汉语的影响。

语言是开放的动态平衡的符号系统(王希杰,1993:9),这一点表现在很多方面。比如,刁晏斌(2014b)在对比分析两岸"把"字句时指出,"述+宾+(介+宾)"结构与"把"字形式存在变换关系,与大陆相比,台湾较多使用前者,这是台湾"把"字句少于大陆的原因之一。

值得注意的是,据金立鑫(1993)考察,现代汉语谓语动词后的介词短语中的介词有一种强烈的粘附动词的句法要求,或者说有一种与谓语动词紧密结合的倾向(如"他把花种在院子里");由于动词与介词的这种句法上的组合极为紧密的特点,使动词与介词之间很难容纳其他成分,这样宾语就势必要被挤出这一位置(如"*他种花在院子里")。对比考察两岸"述+宾+(介+宾)"结构的使用情况,我们发现大陆普通话的语言事实更接近这一语法规则,但是台湾"述+宾+(介+宾)"结构较多地存在,显示其语言实际与此规则有一定的距离,换言之,台湾介词短语中的介词与其前的谓语动词的组合并不一定是十分紧密的。

(三)海峡两岸"述+宾+(介+宾)"结构的融合

赵世举(2017)指出,流播全球的汉语,形式上散布各处,称谓不一,实则血脉相连,是一个有机整体,并且正在由过去的点线流播走向网状连通,内在联系更为紧密,由过去的孤岛生存渐向互动融合的方向发展,并提出"整体华语观"。据陶红印(2022:38),亨特有关英语变体语法差异的研究显示,语法变异是在趋同(convergence),而不是趋异(divergence);就英语对汉语语法的影响来说,海外华语和大陆标准汉语越来越趋向于同步发展;海外华语中可以看到的各种所谓"欧化"用法,在大陆汉语中也同样屡见不鲜,这是当前网络时代全球汉语宏观面貌的一个侧影。在全球华语相互融合的大背景下,海峡两岸"述+宾+(介+宾)"结构在一定程度上也有趋同的倾向。从我们的调查看,这种融合趋向主要表现在大陆一些以往少见的"述+宾+(至/予+

宾)"结构有了较多的使用,以下分别举例说明。

首先是"述+宾+(至+宾)"。以"延迟……至……"为例,它在《人民日报》中共有 9 例,首例出现在 1998 年,即:

(63) 目前,香格里拉酒店集团已全面实行一项服务计划,凡付客房全价入住香格里拉或商贸饭店的客人可自动享受如下服务:……国际长途和传真按成本收费和延迟退房时间至傍晚 6 时。(大陆,1998-11-30)

上例与台湾更早的相关用例是一致的,如:

(64) 裴洛调查布什是否故意延迟美国人质获释时间至一九八〇大选之后,但这项调查后来不了了之。(台湾,1992-06-22)

再如"发送……至……",它在《人民日报》中有多例,仅"发送短信至……"就有 8 例。以下是"发送……至……"在该报的最早用例:

(65)(非彩信手机用户)可于大年初一至十五期间,发送短信"节目名称或演员名"至"2003",参加中央电视台每年一度的春节晚会我最喜欢的节目评选。(大陆,2003-01-25)

试比较下面一例:

(66) "房产之窗"网站会把有关购房申请发送至建行,建行经过初审,直接将初审意见和建议发送至购房者的电子邮箱。(大陆,2001-04-10)

此例分别使用"把"字句和"将"字句,较之"发送……至……",后者较为简练,符合经济原则,这或许是该结构用例在大陆增多的内因之一。另一方面,"发送……至……"更具文言或书面语色彩,这或许是其在大陆增多的另一个原因。

其次,结合前面的考察看,大陆"予"用于"述+宾+(介+宾)"结构的用例在以往很少见,但近些年来有所增多。例如:

(67) 5 月 21 日,海协接到台湾海基会的来函,函中主动对大陆各界"因 SARS 疫情有意捐赠医疗用品予我方","表示感谢"。(大陆,2003-05-27)

(68) 12 月 23 日、24 日晚上 19:00—21:00 进入日月潭养生浴健康中心消费的宾客凡捐赠 20 元现金予红十字会,即可享受免费小桶足浴一次。(大陆,2005-12-23)

"捐赠……予……"在《人民日报》中出现 1 例,即例(67),此例是对台湾表述的引用。

除了"捐赠……予……",我们还搜集到"拨款/提供/颁发……予……"的例子,以下各举一例:

(69) 香港特区政府赈灾基金咨询委员会9月2日拨款300万港元予联合国儿童基金香港委员会,紧急援助内地灾民。(大陆,1998-09-04)

(70) 香港海关侦破网上盗版案件发言人指出,海关人员昨日侦破一宗网上盗版案件,并拘捕一名涉嫌于网上提供盗版档案予公众下载的男子。(大陆,2003-02)

(71) 香港教育署及敬师运动委员会今天在香港会议展览中心联合举办"向老师致敬2002"活动,颁发表扬状予千多位中、小学及幼稚园教师,以发扬"尊师重道"的精神。(CCL)

"拨款……予……"在《人民日报》中共有6例,例(69)为首次出现。

从内容上看,以上三例都与香港有关,由此显示普通话里出现较多"述+宾+(予+宾)"的用例可能有"港式中文"的影响。刁晏斌(2014c)从多个角度论证了"港式中文"与台湾现代汉语有较强的共性。上述可能引自"港式中文"的例子,在台湾都是比较常见的形式,上文例(56)(57)分别是台湾"提供/颁发……予……"的用例,下面则是一个"拨款……予……"的例子:

(72) 协议要求已开发国家2020起每年拨款1 000亿美元予开发中国家因应暖化冲击,开发新能源、替代能源与再生能源。(台湾,2016-01-07)

刘斯奋、谭运长(2015)提倡"反俗复雅"的写作风气。刁晏斌(2015a:320-321)指出,新时期语言使用一定程度上有"复旧"的趋向,与此相关的是当今语言表达有"雅化"的倾向,其表现是多用古语词、成语乃至于一些文言表达方式等。大陆"述+宾+(至/予+宾)"使用的增多自然与此有关,或者说是同一取向的反映和表现,这也使海峡两岸"述+宾+(介+宾)"结构的一致性有所增强,从而出现一定的融合趋向。

(四) 小结

本节的考察分析集中在"述+宾+(在/于+宾)""述+宾+(到/至+宾)""述+宾+(给/予+宾)"等三组成对的结构。研究表明,大陆"述+宾+(介+宾)"比较少见,尤其是使用具有文言色彩的"于""至""予"更为少见,而上述三组结构在台湾是较为常见的形式。在两岸汉语交流互动的大背景下,"至""予"也开始较多地用于大陆"述+宾+(介+宾)",从而缩小了该结构在两岸的差异,趋于一定程度的融合。比较分析两岸"述+宾+(介+宾)",该结构在差异基础上产生融合应该主要是不同言语社区间语言接触后的结果。通过对比考察这一结构在两岸的使用状况,我们认为有以下几点值得注意:

第一,"述+宾+(介+宾)"结构在大陆很少使用,与此相应的用法大多可以是"把"字句等,但是该结构在台湾常见得多,由此使两岸汉语在短语的配置序列上形成了一定的差异,关于这一点,以往的研究似乎很少涉及。

第二,台湾既使用与上述文言介词有可替换关系的白话介词、因而具有中性语体色彩的"述+宾+(在/到/给+宾)"形式,也沿用文言介词、因而书面语色彩浓厚的形式,即"述+宾+(于/至/予+宾)",以上两种形式在一定程度上形成互补分布。相对于台湾兼备该结构"文/白"两套系统,大陆基本只有一套尚不完备、仍然处于发展之中的系统,即一般只少量使用白话介词这一套,另一套则只限于个别组合形式,这种差异与两岸语言整体风格的差异相一致。

第三,文言词"至/予"较多地用于大陆"述+宾+(介+宾)"结构,是普通话"雅化"倾向的具体表现。随着两岸融合的进一步加深,以及普通话向传统的"回归",文言词进入该结构的用例有可能增多。

第二节 句　　子

前面章节探讨了早期现代汉语实词、虚词和短语在台湾的发展演变情况,本节探究句子的变迁与发展。刁晏斌(2016a:308-317)对两岸处置句、被动句、比较句等作了描写分析,但是初步的材料显示,两岸句子的比较还可以在更大的范围内、针对更多的句子形式来进行。本节中,我们选取较具典型性的"除(了)"句式和差比句来进行相对细致的考察与分析。

一、"除（了）"句式

（一）引言

在现代汉语里，"除（了）"句是一种常见句式，以往针对该句式的本体研究成果比较多，较早的有郑懿德、陈亚川（1994）、高永奇（1994）、沈开木（1998）、殷志平（1999）、王鸿滨（2003）、肖奚强（2004）等，其中肖奚强（2004）认为"除了"句式一般指"除了P（以外），Q"等句式，它由小句"除了P（以外）"和主句"Q"组成；"除了"句式一般表示加合义或排除义，"还"类词（包括"还、也、又、亦"等）是此句式里表示加合义的语义标记，而"都"类词（包括"全、均、总、一律"等）和否定词是此句式里表示排除义的语义标记。

本书所说的"除（了）"句式，是在肖奚强（2004）所指的基础之上，增加"除了P（外/之外/而外），Q"和"除P（外/以外/之外/而外），Q"后的统称。本节着眼于"除（了）"句式的发展演变，对比考察它在两岸的差异，并试图从历时角度作出说明，解释其发展变化的原因。

（二）海峡两岸"除（了）"句式的差异

1. 连词"并"

从语料调查结果来看，大陆连词"并"很少用于"除（了）"句式联结前后的小句和主句，而在台湾这种现象并不少见。在我们搜集的大陆使用连词"并"的200个例句里，未见"并"用于"除（了）"句式的用例；而在台湾相应的200个例句里，这样的用例共有3个，这大体反映出"并"用于此句式在两岸存在较大的差异[①]。为对比考察两岸连词"并"用于此句式在使用频率上的差异，我们检索两岸各100万字语料，结果显示，大陆没有用例，台湾有9例，每10万字的使用频次为0.9，说明连词"并"用于"除（了）"句式在普通话里使用频率很低，但在台湾有一定的使用频率。除此以外，我们检索《人民日报》2014年1月的语料，同样未见"并"用于"除（了）"

[①] 用例出自大陆CCL现代汉语语料库和台湾"平衡语料库"。

句式的例子，这些都说明大陆"并"用于此句式比较少见①。由此看来，连词"并"用于"除（了）"句式在两岸的差异是明显的。

依托台湾新闻智慧网，我们搜集并考察台湾"并"用于"除（了）"句式的100个例句②，根据此句式的小句中前置词"除（了）"后是否出现后置词"外、以外、之外、而外"，可将其分为两类。

首先是不出现后置词，即"除（了）……，并……"，总共70例，其中"除……，并……"有43例，占全部调查用例的43%。例如：

（1）"县府"建管人员发现屋主并未申请建照，除要求拆除，并决定开罚。（台湾，2014-05-24）

（2）国泰人寿针对保户除了启动快速实时理赔，并发放保户慰问金。（台湾，2015-01-21）

其次是出现后置词，即"除（了）……外/以外/之外/而外，并……"，共30例，占少数。如：

（3）玉山银行昨日宣布，将办理大规模人才招募计划，以因应海外业务扩张、发展数位金融两大需求，除正式员工预计招募500人外，并将招募储备干部30人。（台湾，2015-02-13）

（4）公路总局表示，除了加开客运班次、替代道路与交通管制，三管齐下以外，并搭配App的实时推播，给用路人最新路况。（台湾，2015-01-28）

（5）各补给站除了由地方机关与商家赞助之外，并包罗中和地区特有的文化。（台湾，2015-06-24）

另外，在这100个例句中，"并"前出现成分的共5例，其中主语2例、状语3例，以下各举一例③：

（6）除希望政局安定，他并期许鸿海稳定成长，同时看好机器人产业，预期未来3年要以自动化设备及机器人，取代7成生产作业人力。（台湾，

---

① 大陆"并"并非不能用于"除（了）"句式，如：一些省市制订《实施办法》，除了把《条例》规定做了细化外，并对现行政策有所突破。（大陆，1993-03-08）

② 这些例句取自《联合报》（40例）、《联合晚报》（4例）、《经济日报》（15例）、《工商时报》（29例）、《中国时报》（12例），时间范围为2014年4月至2015年3月。

③ 在定量调查的100个例句之外，我们还搜集到"并"前主语、状语共现的用例，如：台船昨日与大陆海丰控股公司举行1800TEU（20英尺货柜）新船"海丰海南轮"命名、交船；除有七尾款落袋，推升业绩外，目前双方并正洽商同型船新订单，预计下月签约，将有利台船造船档期推进。（台湾，2015-06-27）

2015-02-27)

(7) 期交所于日前举办"揪爱期步走·相约大沟溪"公益健走活动。除了邀请乐山教养院院生于内湖大沟溪公园登山口办理商品的义卖外，现场并捐助 20 万元于乐山教养院，挹注该院水果副食经费。（台湾，2014-10-24）

从"并"用于"除（了）"句式的例句看，主句 Q 都是对分句"除（了）P（外/以外/之外/而外）"的补充和追加，如例（1），意思是"'县府'建管人员在要求拆除房屋的同时，还决定向屋主开罚"，此例前后分句在语义上存在递进关系。由此看来，台湾"并"和"还"类词一样，也是"除（了）"句式里表示加合义的标记，这与大陆"除（了）"句式里一般没有这样的标记形成明显对比。如前所述，台湾"并"可表示递进关系，而且"并"的主要语法功能是用作连接前后成分，不难看出，"并"的这种语义和功能是同加合义相适应的。

用于"除（了）"句式的"并"或"还"，"并"的位置同时是"还"的位置，它们在句中都具有连接的功能，而且"并"和"还"都可表示进一层的意思。由此可见，台湾"并"与"还"在功能和语义上存有交集，这在操普通话者看来，即是前者"挤占"了后者的一部分使用空间。台湾用于"除（了）"句式的"并"在大陆一般用"还"，如：

(8) 政府的财政支出责任，除了 1.29 亿元建设投入，还有补贴费用。（大陆，2017-07-24）

上面分类说明了台湾"并"用于"除（了）"句式的情况，不过从语料考察看，"还"与"并"相比，前者用于此句式的频率要远高于"并"。我们在联合知识库中搜集 300 个"除（了）"句式的用例，其中"除（了）……还"共 69 例，而"除（了）……并"仅 4 例，前者超过后者 17 倍，这反映出在"还"与"并"之间，台湾"除（了）"句式里明显倾向于使用"还"[①]。

2. 副词"更"

石定栩等（2006：168-169）考察发现，港式中文的"更"与标准汉语颇不相同，它常见的不是修饰形容词，而是修饰一般动词，即保留了它的古代用法。"更"的这种用法在台湾也能较多地见到，例如：

---

① 例句出自《联合报》（2014-01-01—2014-01-05）。

(9) 大台北银行希望在此展现专业的金融服务,更提供地利之便贴心服务客户。(台湾,2011-07-12)

(10) 惠文高中图书馆主任＊＊＊表示,以前号召十个班供应八十名街友食用,现在响应的班级达到二十个,供应一百二十名街友。＊＊＊等人更成立圣食志工团,不但有组织、有干部,还能传承公益行动。(台湾,2017-12-31)

语料调查发现,台湾"更"用于"除(了)"句式比较多见,请看:

(11) 除了金属中心研讨会吸引南台湾各企业老板莅临之外,本次会场更有尚品咖啡参与。(台湾,2011-06-25)

(12) 全台家乐福除了有 8 家分店天天 24 小时营业外,更有二波 24 小时不打烊服务。(台湾,2012-01-01)

"更"是程度副词,在"更"字复句中,它既表示程度,修饰 VP/AP,又标示关系,表明 A 与 B 之间具有递进关系(邢福义,1995c)。例(11—12)"更"是"除(了)"句式里表示加合义的标记。从副词的篇章连接功能来讲,张谊生(1996b)指出,"更"属主次型追加,即前次后主、前轻后重;"还"属并存型追加,即前后互相对称、大致相当。例(11—12)"除(了)"句式中的"更"与"还"类似,但并不等同。

不过,普通话"更"很少用于"除(了)"句式,以检索式"除*更"搜索 BCC 报纸库,相关用例仅 13 个。例如:

(13) 蛋黄可供给热力的百分之九十左右,因其中除含蛋黄蛋白质外更含脂肪。(大陆,1950-01-10)

(14) 影片的故事精心设计层层反转,除悬疑感之外更展现了复杂的人性,体现的父母之爱也非常动人。(大陆,2017-09-18)

3. 后置词"外"等的隐现

据陈昌来(2014:309-310)的考察,当前置词为双音节的"除了"时,后置词"外、以外、之外"的省略是自由的;当前置词是单音节的"除"时,倾向于出现后置词"外、以外、之外",否则,虽然句子也成立,但语感上不太通顺。从真实语料来看,两岸前置词为"除了"时,后置词的隐现基本都不受限,即后置词出现与否一般都是自由的,此时两岸的一致程度比较高;但是,两岸前置词是"除"时,后置词是否出现则呈现较为明显的差异。

北京大学中文系 1955/1957 级语言班(1982:86)指出,"除"通常要跟

"外、以外、之外"等搭配使用。吕叔湘（1980：104）也指出，"除"后面必加"外、以外、之外、而外"。为了方便称说，我们将使用介词"除"的句子称作"除"字句，其中"除"为单音节，有别于双音节的"除了"。我们调查大陆100个"除P（外、以外、之外、而外），Q"的"除"字句，其中出现后置词的"除……外/以外/之外"共95例，占绝大多数；不出现后置词的"除"字句仅5例，占比很小①。例如：

（15）2013年12月的制造业PMI除购进价格指数略微上升以外，其余各指数均有所回落。（大陆，2014-01-02）

（16）福建发出通知，严格规范报刊征订工作，除重点党报不得强迫订阅，并公布举报电话。（大陆，2014-01-02）

以上有关"除"后是否出现后置词的观点以及我们的调查结果是属于前后不同时期的，它们都说明，大陆单音节的前置词"除"一般都与后置词"外、以外、之外、而外"共现②。不过，台湾没有这种限制，也就是"除"之后不一定有后置词，如例（1）。在我们考察的台湾100个用例中③，"除……外/以外/之外"只有35例，其余65例"除"后都没有后置词；另外，在我们前面考察的台湾"并"用于"除（了）"句式的100个例句中，"除……并"共有43例，这些大体都能反映出台湾"除"后不出现"外、以外、之外、而外"等是比较普遍的现象。

（三）"除（了）"句式的发展演变

1. 两岸连词"并"用于"除（了）"句式

为了调查早期现代汉语"并"用于"除（了）"句式的使用情况，我们翻检《世界日报》新闻语料（1926-05-01—1926-06-24）。在200个使用连词"并"的例句中，"并"用于"除（了）"句式的共6例，证明其有一定的使用频率。例如：

（17）吴佩孚委邹尧仁为讨唐第十一路司令。邹已驰赴岳州。除电告就职外。并通电痛诋唐生智。（1926-05-02）

---

① 例句出自《人民日报》（2014-01-02—2014-01-18）。

② 后置词"而外"比较少见，应与其文言色彩较浓有关。如：美国著名学者杜威将蔡元培与许多世界名校校长比较："这些校长中，在某些学科上有卓越贡献的，不乏其人。但……能领导那所大学，对一个民族、一个时代起到转折作用的，除蔡元培而外，恐怕找不出第二个。"（大陆，2013-02-25）

③ 例句出自《联合报》（2014-01-01—2014-01-03）。

(18) 颜惠庆复职后。吴佩孚除电贺颜氏外。并有电分贺各阁员。及促其早日履新。(1926-05-21)

历时调查显示，海峡两岸连词"并"用于"除（了）"句式呈现"同→异"的发展变化。考察 20 世纪 50 年代初的情况，我们搜集两岸各 200 个使用"并"的例句①，大陆"并"用于"除（了）"句式有 4 例，台湾共 9 例，说明此期两岸"并"都用于"除（了）"句式，即都承袭了早期现代汉语的用法。例如：

(19) 参加庆祝大会的除工厂、机关、部队、学校、郊区农村的共产党员、战斗英雄、劳动模范和青年团员外，并邀请各民主党派地方组织和人民团体的代表参加。(大陆，1951-07-03)

(20) 战前该专区牲畜除役用外，并大量繁殖出售。(大陆，1951-07-04)

(21) 交通处昨天除令台航公司对航行东部船只不得脱班外，并函机帆船同业公会加开东部沿岸线船只，以维持东西交通之连系。(台湾，1951-10-02)

(22) 其中主犯＊＊＊与＊＊＊二人除行骗诈财之外，并涉及另案吸毒案。(台湾，1951-10-04)

从我们调查的 1961 年、1971 年和 1981 年《人民日报》的语料来看，20世纪 60 年代以后，大陆"并"用于"除（了）"句式有退隐的趋势，并与早期现代汉语的用法形成差异。我们搜集有关连词"并"的例句各 200 个②，其中 1961 年"并"用于"除（了）"句式的用例共 4 个，而 1971 年和 1981 年均不见用例，与前面所作的共时调查一致。

我们在探讨两岸连词"并"的差异时，认为其中的重要原因是大陆 20 世纪 50 年代历经了自上而下的语言文字规范化，当前大陆"并"用法的简化、"并"用于"除（了）"句式的功能由"还"等承担也与此有关，由此造成海峡两岸"除（了）"句式的差异。

2. 台湾副词"更"用于"除（了）"句式

定点调查台湾 1952 年、1972 年、1992 年和 2012 年各 300 万字报纸语料，副词"更"用于"除（了）"句式有一定的发展变化，如下表所示：

---

① 出自《人民日报》(1951-07-01—1951-07-03) 和《联合报》(1951-10-01—1951-10-10)。
② 时间范围分别为：1961-07-01—1961-07-07, 1971-07-01—1971-07-08, 1981-07-01—1981-07-06。

表 3-12　台湾副词"更"用于"除（了）"句式情况调查

年份	1952	1972	1992	2012
数据	7	24	17	41

如上表所示，1952 年台湾"更"用于"除（了）"句式用例最少，而 2012 年用例最多，尽管 1992 年用例少于 1972 年，但从整体上看，"更"用于"除（了）"句式呈上升趋势，显示其出现频率增高。

以下各例"更"用于"除（了）"句式，出自上述不同年份的《联合报》，请看：

（23）因为设厂除了机器原料的输入以外，更需要资金来购买建厂的地皮，建筑厂房，及支付工资等。（台湾，1952-06-12）

（24）除了在台大、政大任教外，她更大力的倡导空中教学。（台湾，1972-02-11）

（25）除了两届"美利坚合众国桂冠诗人"头衔外，倪氏更荣获"普立兹文艺奖"……（台湾，1992-01-08）

（26）古蜀文化宛如来自外星人留下的足迹，各种令人惊艳的文物，更证明中华文化除了我们所熟悉的黄河流域文明外，更囊括了长江流域的古蜀文明。（台湾，2012-01-02）

3. 后置词"外"等在台湾的隐现变化

历时来看，台湾"除"后是否出现后置词经历了一个较为明显的变化过程。我们在自建语料库中定点调查了 1952 年、1972 年和 1992 年的用例，其中搜集到的 1952 年"除"字句共 149 例，无后置词的仅 1 例，说明此期"除"字句里一般都有后置词[①]，这和大陆的情况比较一致。例如：

（27）台北市警察局鉴于新年各机关一律休息，在休假期间为维护治安秩序，防范未然计，除刑警人员加强警戒外，交通警员全部出动维持本市交通秩序，警备队亦集中待命，以防意外。（台湾，1952-01-01）

（28）最后议决：是项总预算审核报告书，除总述中第四项第三款……部份属于审计法第二十六条所称之情事，依法通知……再审查，及属于决算法

[①] 此外，我们对 1962 年《联合报》的 100 万字语料调查后发现，在全部 123 例"除"字句中，"除"后出现后置词"外、以外、之外、而外"的有 121 例，余下没有后置词的仅 2 例。

第二十三条所列举之事项,暨审核报告书所提出之意见,依法另案处理外,……(台湾,1952-01-01)

以上两例"除"字句中都出现后置词"外",其中例(28)"除"与"外"隔着多个分句,但"外"并未隐去。

在我们调查的 1972 年 59 个"除"字句中,2 个无后置词,即:

(29) 在人文及社会科学方面,除透过中美人文与社会科学合作,进行以当前经济、社会及历史文化的专题研讨,并初步建立台湾东部文化系统。(台湾,1972-01-09)

(30) 在新建议中,除不割地一项,其余三项全给否定了。(台湾,1972-02-04)

在 1992 年的 59 个"除"字句中,无后置词的升至 9 个,增幅明显。例如:

(31) 除以上发言焦点,其他发言内容包罗万象。(台湾,1992-01-12)

(32) 节目中除舞台设计,布景道具也都集豪华之大成,焰火爆竹以连串式的在空中陨落,显现出过年热闹气氛。(台湾,1992-02-03)

从上述 2014 年的调查结果看,"除"字句里无后置词的占比达 65%。通过以上调查发现,台湾"除"字句中的后置词经历了由一般不隐去到隐去逐渐递增的过程。

台湾"除"字句经过由一般都出现后置词到后来后置词在很大程度上脱落,而大陆的后置词在不同时期一般都出现,显得比较稳定。这样,两岸"除"字句里"外、以外、之外、而外"的隐现呈现比较大的差异,这种差异正是两岸言文距离差异的体现。刁晏斌(2013e)论证了两岸书面语和口语之间的距离差异,即台湾的言文距离远大于大陆。台湾书面语与口语拉开一定的距离,从而保持一定的"文气",而后置词"外"等成分的脱落正是一个很好的例子。此外,后置词的隐去还应与求简有关。

(四) 小结

海峡两岸"除(了)"句式有较为明显的共时差异,主要体现在连词"并"、副词"更"的使用情况和后置词的隐现等方面。研究表明,大陆"并""更"很少用于"除(了)"句式,而台湾"并""更"用于该句式的情形常见许多。也就是说,台湾"除(了)"句式中表加合义的"还"类词,较之大陆多出了"并"和"更"两个语义标记。另外,大陆"除"字句的后置词"外"等一般都倾向于出现,而台湾隐去的情形很常见。

从历时考察看,大陆"并"从用于"除(了)"句式到后来很少使用,应与20世纪50年代的语言文字规范化有关;台湾"除"字句的后置词"外"等由一般不隐去到逐渐隐去,这种差异是海峡两岸言文距离存在差异的体现。此外,隐去后置词应该还与经济原则有关。

二、差比句

(一) 引言

所谓差比句,指的是两个(或多个)比较对象在程度、数量或性状等方面有差别的句子(李蓝,2003)。关于差比句的类型,刘丹青(2003)指出,差比句包括"不含比较标记"的和"含比较标记"的两类,其中不含比较标记的差比句分为意会式、词汇性和语序型三种。赵春利、石定栩(2012)认为,无标差比句是指语义上表示差比但句法结构中没有差比标记的句子,这种句子的"差比义"往往可以通过插入比较标记来加以验证。以下是海峡两岸无标差比句的用例:

(1) 我们兄妹6人,我行二,玉儒小我两岁,排行老三。(大陆,2004-12-07)

(2) 9年前,洪男考进中山医学院复健系,认识高他一届的郭姓学姊。(台湾,2007-11-15)

前例"小我两岁"即"比我小两岁",后例"高他一届"即"比他高一届",它们都可以加入比较标记"比"。

和有标差比句相比,两岸无标差比句少见许多,本书对此不作进一步的讨论,以下的探讨仅就有标差比句而言。

赵金铭(2006)基于语言类型学,认为一个完整的差比句应该包括四个参项——比较主体、比较基准、比较标记、比较结果,如"小王比小李努力",分别包括主体、标记、基准和结果等四项。刘月华等(2001:836-851)归纳了比较性质、程度有差别的四种句式:一是"比"字句,即"A(主语)+比B(状语)+谓语",或"主语+A比B(状语)+谓语";二是"不比"句,即"A(主语)+不比B(状语)+谓语";三是"没有"句,即

"A（主语）＋没有 B（状语）＋谓语"；四是"不如"句，即"A（主语）＋不如 B（状语）＋谓语"。这四种差比句式在两岸都比较常用，但还不是全部。陈珺、周小兵（2005）考察有代表性的对外汉语语法大纲，以此来选定比较句的具体项目，其中差比句式有"更/最＋形容词""形容词＋一点""A 比 B……""没有比……更……的""不比""一＋量词＋比＋一＋量词""不如/比不上＋形容词""没有……这么/那么……""A＋形容词＋于/过＋B"等九类。这种分类相对比较全面、细致，不过"A 较 B……"的"较"字差比句没有列入其中。

赵春利、石定栩（2012）根据港式中文的差比标记和句法特点，把有标差比句分为"比较"类、"过于"类和否定类等三种。这种分类对于研究差比句具有较强的可操作性。我们从海峡两岸语料的实际出发，借鉴这一分类，对比分析两岸有标差比句的差异与融合，从而主要反映台湾差比句的发展与演变。两岸"比较"类差比句的比较标记主要有"比""较"等，"过于"类差比句的比较标记包括"过"和"于"，否定类差比句的比较标记包括"不如""没有""不比""没有比"等。

两岸差比句的种类比较丰富，这里仅调查分析上述八种含有比较标记的差比句，下表的调查结果基于我们自建的两岸语料库（各 100 万字）。

表 3-13 海峡两岸不同类型差比句使用调查

类型	比较标记	大陆	台湾
"比较"类	比	205	246
	较	25	31
"过于"类	于	69	74
	过	2	9
否定类	不如	36	37
	没有	9	8
	不比	3	4
	没有比	0	1

上表显示，海峡两岸差比句的使用频次都是"比较"类＞"过于"类＞否定类，其中两岸"比"字句的使用频次都占绝对优势。在"比较"类差比句中，台湾"比"字句和"较"字句的用例数均多于大陆；"过于"类差比句中用例数差异明显的是"过"字句，它在两岸的使用频次都不太高，但是台湾的使用频次是大陆的 4.5 倍；否定类差比句里，两岸"不如"的使用频次比较接近，"没有""不比"与此类似，"没有比"在台湾有 1 个用例，但大陆没有用例。

从调查结果来看，台湾差比句的使用频率在整体上高于大陆，这可能与两个方面的原因有关：第一，两岸表示差比关系的句式比较多，表中调查的八种差比句并不是两岸表示差比关系的全部句式，如两岸"不输"句就不在调查之列（详后）。根据我们对上述两岸各 100 万字语料的考察，有少部分不见于表 3-13 的句式，大陆的使用频次高于台湾，如"与/同/和/跟……（相）比/比起来，……"，大陆的用例数是 51，而台湾相应的是 20，前者约是后者的 2.5 倍；再如"相比（于）……"，大陆的用例数是 7，而这在我们调查的台湾语料中没有用例。因此，综合起来看，两岸表示差比关系句式的总的出现频次应该不会相差太远。第二，上述统计所覆盖的范围有限。差比句是两岸比较常见的一种句式，对各 100 万字语料的调查大体能了解该句式在两岸的分布情况，但要具体了解这一句式的各个类别的使用频率、用法等差异，则还需要在更大的语料范围内考察分析。

以下我们依托两岸大型数据库，即人民日报图文数据库和台湾全文报纸资料库，在较大范围内分类考察海峡两岸差比句的使用情况及其发展变化。

（二）海峡两岸"比较"类差比句的差异

由表 3-13 数据可知，两岸"比较"类差比句在使用频率上存在一定差异，但结合大量用例来看，它在两岸的差异主要体现在表示比较结果的谓语和"较/比……为……"句式两个方面。除此以外，台湾还有其他有别于大陆的"比"字句，我们将其与上述两个方面分别进行讨论。

1. 表示比较结果的谓语

两岸"比"字句、"较"字句的谓语都为动词性或形容词性成分，以动词性成分为主。这两类成分在两岸都存在差异，以下分别举例说明。

首先，谓语为动词性成分，大陆普通话一般不能是光杆动词，台湾大多与此一致。例如：

（3）根据中国教育在线的统计，2014年全国高考报名人数为939万人，较2013年增加27万人。（大陆，2014-06-05）

（4）健检活动开办6年，已累积超过3万名民众参加，去年总共有10 829人前来健检，较前年增加217人。（台湾，2016-03-26）

（5）他说，随着缅甸的发展变化，到仰光的外国人越来越多，租车需求旺盛，他的收入比以前增加不少。（大陆，2012-01-11）

（6）受到疫情影响，家长陪考情形的确比往年减少许多。（台湾，2003-06-22）

另外，两岸谓语动词前有时出现修饰性成分。例如：

（7）在党中央、国务院的领导下，最近五年我国气象灾害造成的人员伤亡和经济损失都较以往大大降低。（大陆，2009-01-23）

（8）日本6月实质薪资较一年前大幅下降，创下七个月以来最大降幅。（台湾，2015-08-05）

不过，台湾有一些双音节动词用作谓语，有时可以是光杆形式，这样的动词有"增加、减少、衰退、下降、提升、提前、缩减、萎缩、降低、下滑、回升、放缓、上扬、上涨、成长、收敛"等。下面略举几例：

（9）台大社会工作系教授＊＊＊昨天指出，台湾结婚人数今年较去年增加。（台湾，2010-12-05）

（10）今年第一志愿出现"弃法从商"的趋势，明星高中选读台大法律系的人数比往年减少，改填商学院人数则激增。（台湾，2007-08-09）

（11）英业达今年受到大客户惠普、宏碁订单流失的影响，笔电出货量比去年衰退。（台湾，2010-12-08）

（12）《读者文摘》昨天公布"二〇一五亚洲高等教育大调查"，台湾家长对"大学声誉"的重视度排名较去年下降，甚至低于"毕业生就业率"。（台湾，2015-02-05）

例（9）"增加"为光杆双音节动词，这与大陆例（3）"增加27万人"形成对比；例（10—12）"减少""衰退""下降"也都是光杆形式，这在大陆比较少见。

其次，谓语是形容词性成分，此时两岸"比"字句的相似度比较高，但"较"字句有一定的差异。大陆"较"字句形容词谓语后常出现成分，有时形

容词前出现修饰性成分,有时谓语形容词为光杆形式。下面各举一例:

(13) 欧元区整体经济增速将达 1.2%,较之前预测高 0.1%。(大陆,2014-04-10)

(14) 创业板有所例外,在相当部分时间,新股发行市盈率较市场平均水平略低。(大陆,2012-01-16)

(15) 由于男性劳动强度大,喝水多,且耐缺氧能力较女性弱,所以出现了壮年男子多重病的现象。(大陆,2003-01-31)

与大陆有所不同的是,台湾"较"字句中有较多光杆单、双音节形容词用作谓语的例子。如:

(16) 由于 15.6 吋笔电制作成本较 14 吋笔电低,今年 5 月第一波促销的 249 美元低价笔电将以 15.6 吋为主。(台湾,2014-04-09)

(17) 第三季经济表现可望较第二季佳,加上外资在 7 月汇出较 6 月多,第三季经济表现应可望较第二季佳。(台湾,2015-08-04)

(18) 台大医院皮肤科医师＊＊＊表示,虽然被红火蚁咬伤的痛感,较一般蚊虫咬伤强烈,但当成一般伤口处理即可。(台湾,2015-03-21)

(19) 这次推出的"新北市企业购置智慧自动化机器设备融资贷款",利率为 2.725% 到 2.825%,较现行的中小企业贷款利率 3.25% 优惠。(台湾,2015-04-21)

(20) 市立幼儿园的收费,平均每个月约 3 500 元,较一般私立幼儿园平均需月缴约 1 万 3 000 元便宜。(台湾,2015-04-23)

例(20)的比较基准"一般私立幼儿园平均需月缴约 1 万 3 000 元"是一个小句,比较结果"便宜"置于其后,整个句子的信息容量大且不失简约,这正是该例比较有特点之处。

介词"较"带有文言色彩(北京大学中文系 1955/1957 级语言班 1982:285)。台湾"较"字句的谓语有较多是光杆动词或形容词,显得整齐、简练,这与"较"的文言色彩相适应。

此外,张邱林(2014)考察分析了结论项由"偏+形容词"构成,表示事物的数量、程度偏离标准的偏标"比"字句(这里比较词包括"比"和"较")[①]。从我们调查看,这样的"比"字句并不少见。例如:

[①] 该文还比较了偏标"比"字句与一般"比"字句的异同,我们把前者归入差比句,而不探究它与一般"比"字句的差异。

(21) 泰国气象局认为，泰国今年 1 月至 6 月的降雨量，仅东南部算正常，其余地区均较往年偏少，其中最少的地区不到 200 毫米。（大陆，2015-07-10）

(22) 通过人工降雨，2010 年上半年武威全市降雨量比历年同期偏多 24％。（大陆，2012-01-04）

偏标"比"字句在大陆比较常见，但在台湾还不多见。在两岸各 100 万字的语料库里，大陆偏标"比"字句共 10 例，台湾未见用例。台湾常见的用法是比较结果一般只用形容词（或形容词后接其他成分）来呈现，"偏"不与之共现。

不过，台湾偶尔也使用偏标"比"字句，以下是我们搜集的一个例子：

(23) 全台成年民众中，有六成八觉得自己的生活快乐，三成二坦言生活并不如意。这个比率较欧美国家的不快乐感明显偏高。（台湾，2006-12-29）

上例"偏高"前有双音节的"明显"修饰，此处单用"高"不合韵律，加入"偏"能弥补这一不足，因此该例出现"偏＋形容词"的形式应该有凑足音节以符合韵律需求的考虑。

2. "较/比……为……"句式

"较/比……为……"句式实际上也是"较/比"字句，其语法形式为：A（主语）＋较/比 B（状语）＋为 AP（谓语），其中"A 较 B 为 AP"比"A 比 B 为 AP"常见。这种句式与"较"字句或"比"字句中谓语为光杆形容词的形式比较相似，不过，前者除了保留"为"之外，"为"后一般接单音节形容词，这与后者单双音节形式皆可不同。"较/比……为……"句式中 AP 的数量不是太多，我们见到的有"高、低、多、少、佳、差、大、小、强、弱、快、慢"等，其中"高、低"等均为成对的反义词，AP 为"高、多、佳、大、强、快"等的用例多于反义的"低、少、差、小、弱、慢"等，体现出这一句式偏向于［＋褒义、期待］。"较/比……为……"句式在大陆不太多见，而在台湾并不少见。

先看台湾"较……为……"的几个例子：

(24) 儿盟根据母职压力量表调查，发现 32.4％的全职妈妈感到中度或高度压力，较职业妇女妈妈的 27％为高。（台湾，2013-05-06）

(25) 和平电厂为民间经营，发电成本较台电为低，售价便宜，具备市场竞争优势。（台湾，2015-07-18）

（26）调查显示约有 18.6% 的民众有中重度的心理困扰，且年资 6 至 10 年者高于 0 至 5 年者，医疗产业又较其他产业为多。（台湾，2015-03-17）

（27）前篇出版的这几年，两岸就有许多朋友反映，谈禅画，肆意放言者已远较前为少。（台湾，2014-08-16）

（28）展望今年，除了 iPhone 6 / 6 Plus 需求持续畅旺之外，来自任天堂的游戏机营收也较预期为佳，因此营收可望仍有不错成长。（台湾，2015-04-30）

（29）克拉科夫上场赢得有点运气，虽说在波兰联赛表现很好，不过整体实力上应较对手为差。（台湾，2011-08-23）

有时"较"换作"比"，构成"比……为……"的形式，不过与"较"相比，"比"与"为"的适配性不如"较"。下面是"比……为高/低/佳"的例子：

（30）若是月收入在 10 万元以上者，理财信息反而多来自银行理专，其次为财经讲座，两者均比平均值为高。（台湾，2015-09-01）

（31）＊＊＊不讳言生活厨艺教室扮演刺激超市消费的角色，讲座类活动几乎都不收费，让此地有如社区健康美食中心，客层年龄因而比一般有机食品卖场为低。（台湾，2014-08-25）

（32）从长远的角度来看，新兴市场表现将比成熟市场为佳。（台湾，2011-03-27）

为了对比考察两岸"较/比……为……"句式的使用情况，我们以上面列出的 12 个谓语形容词作为考察对象，统计分析它们在《人民日报》和《联合报》中的数据，前者考察范围为 2000—2014 年共十五年，后者是 2014 年全年数据，调查结果如下表：

表 3-14　海峡两岸"较/比……为……"句式使用调查

形式 数据	较/比 …… 为高/低	较/比 …… 为多/少	较/比 …… 为佳/差	较/比 …… 为大/小	较/比 …… 为强/弱	较/比 …… 为快/慢	总计
《人民日报》 （2000—2014）	13	2	2	4	1	1	23
《联合报》 （2014）	25	9	4	2	1	1	42

在上表中，两岸"较/比……为高/低"的用例数都超过总数的一半，其他形式相对比较少见，说明"较/比……为高/低"是"较/比……为……"句式的常见形式。在《人民日报》十五年的数据中，"较/比……为……"句式的用例仅有23个，平均每年少于2个，这表明它在大陆的使用频率很低；在《联合报》2014年的一年内，该句式的用例共有42个，说明它在台湾有相对较高的使用频率。

《人民日报》部分用例如下：

(33) 由于西班牙在欧元区经济中的比例较希腊为高，西班牙债务问题的解决和经济的走势一直是欧元区经济的焦点之一。（大陆，2012-03-26）

(34) 舒马赫的家安在瑞士，贝肯鲍尔则定居奥地利，个中缘由，因为邻国较德国税收为低，所以"背井离乡"别有深意。（大陆，2010-04-15）

(35) 事实上，回归10年，香港终审法院处理的案件数目一直稳定递增，已处理1 000多宗上诉及上诉许可申请，数字远较回归前为多。（大陆，2007-07-01）

(36) 当然，加拿大经济也并非都是一片玫瑰色。加拿大经济面临通货膨胀压力要比其他工业国家为大。（大陆，2003-06-05）

高名凯（2011：296-300）指出，"较（比，比较）……为……"的形式是古文中表示差级的一种方法，后来该形式被"比（较）……（更）……"或"比（较）……（还）……"等形式代替。太田辰夫（2003：165）进一步指出，"较……为……"是在近古口语的基础上产生的新的文言形式。

下面是CCL古代汉语语料库中"较/比……为……"的例子：

(37) 管夷吾谓鲁侯曰："公子小白在莒，莒地比鲁为近，倘彼先入，主客分矣。乞假臣良马，先往邀之。"（明《东周列国志》）

(38) 弦索之形较琵琶为瘦小，与女郎之纤体最宜。（清《闲情偶寄》）

(39) 雍正中，甘兵定额较内地为多，后虽陆续裁减，计尚存马、步、守兵五万七千余。（民国《清史稿》）

由此看来，"较/比……为……"句式应是古代文言语法成分在两岸汉语中的沿用，只不过台湾的使用频率远高于大陆。以往不少学者认为台湾现代汉语的文言色彩较浓，如游汝杰（1992）、刁晏斌（1998）、杨必胜（1998）、周质平（2004）等，其中周质平（2004）指出，所有台湾语文上的特色，可以一言以蔽之曰"饶富古意",台湾呈现的是中国20世纪中期以前的语文现象,甚至连标点符号都"一仍旧贯"。台湾存在较多"较/比……为……"句式的用例,即是这种观点的一个证明。

此外,两岸都有"较(比)……更为……"的形式。例如:

(40) 特别是广大农村的部分山区、半山区以及南涧、巧家等局部地区,今年干旱较前几年更为严重。(大陆,2014-05-09)

(41) 可以预见,今年的缺水状况将较往年更为严重。(台湾,2015-03-21)

这里"更""为"共现,语义上相当于"更""更加","更为"后接双音节形容词,这与我们所讨论的"较……为……"句式不同。

3. 台湾其他有别于大陆的"比"字句

上面从表示比较结果的谓语和"较/比……为……"句式两方面探讨了海峡两岸"比"字句的差异。前文讨论台湾"太A"用作程度补语时,也涉及两岸"比"字句的差异,即台湾"比"字句中常用"太多"作为程度补语。这里另外讨论台湾区别于大陆的"有比"句和"比……较……"句。

首先是"有比"句。"比"字句前出现"有",形成"有比"的形式,在《人民日报》中未见其用例,在台湾却不少见。以往有关"有+VP"句的论述比较多,但对于"有比"句的讨论似乎还很少。下面是台湾的用例:

(42) 海外共同基金代销机构表示,投资人有比以往多,但可能是多半投资人不敢追高,海外共同基金公司也未特别推荐,所以投资者反而没有欧洲单一股市基金多。(台湾,1997-06-15)

(43) 作为政治世家的一员,从政虽然有比别人多一份机会,但也有不为外人道的辛酸。(台湾,2011-11-14)

(44) 明基友达集团董事长＊＊＊昨日表示,去年12月中下旬面板需求有起来,市况有比预期好。(台湾,2011-01-09)

(45) ＊＊＊说,得益某国际品牌行动装置热销,10月外销订单表现有比预期好一点。(台湾,2015-11-21)

(46) 屏"县府"昨召开阿塱壹古道暂定自然保留区审查会议,牡丹、满州2乡近70名乡民,包车前往"县府"陈情"动植物生态,有比我们人命重要吗?"(台湾,2011-07-27)

据刁晏斌(2012e)的研究,一般认为台湾"有+VP"受到了闽南话的影响，这一形式的使用在书面语和口语中有较大差异，它在口语中的使用频率高于书面语。台湾"有比"句的使用应该与闽方言的渗透有关，它多用于口语，上举部分用例可以说明。

值得注意的是，"有比"句里去掉"有"后并不影响语义，下面的例子是对例（46）所出文章标题的解释：

(47)"动植物比人命重要?"牡丹、满州居民要求立即辟台26线 审查委员建议"县府"环保、民生取得平衡点（台湾，2011-07-27）

此例中的"动植物比人命重要"与上例的"动植物生态，有比我们人命重要吗"形成对比，二者是可变换的形式。

其次是"比……较……"句式。周国光（1994）认为，"比较（较）"由于和"比"字语义重合，因此不能用于"比"字句。这是大陆普通话的使用情况，但在台湾现代汉语里，我们见到了一些"比……较……"的用例。如：

(48)春假连续假期五天半即将开始，预估台中县东势、和平山区各风景区的游客将比往年较多。（台湾，1999-03-26）

(49)一项研究发现，已婚者的心血管疾病风险比单身或是离婚、鳏寡者较低。（台湾，2014-04-20）

(50)在一般人心目中，＊＊＊比＊＊＊胜算机率较大。（台湾，2015-06-20）

(51)今天参加这项游行约有二千余人，比去年规模较小。（繁体汉语语料库检索系统之"台湾语料"，2000年）

(52)研究人员发现同卵双胞胎之间对新食物的排斥程度，比异卵双胞胎之间同质性较高，因而得出孩子的"食物恐新症"与遗传有关的结论。（繁体汉语语料库检索系统之"台湾语料"，2007年）

据杨荣祥（2005：227）考察，《朱子语类》中，"较"可以用于"比"字句，所举例子为：

(53)但竭力等事，比上面入孝出弟之类较重。

(54)某因谓，是比圣人言语较紧。

由此可见，台湾"比……较……"的用例延续了古代汉语的表达形式。

以上从表示比较结果的谓语、"较/比……为……"句式和台湾其他有别于大陆的"比"字句等多个方面，探讨了两岸"比较"类差比句的差异。与大陆相比，台湾表示比较结果的谓语有较多是光杆动词，"较"字句中表示比较结果的谓语有较多是光杆形容词，而台湾偏标"比"字句比较少见；"较/比……为……"句式作为文言形式，它在台湾的使用频率明显高于大陆，这是海峡两岸语体色彩差异的具体体现；台湾"有比"句和"比……较……"句式比较特别，它们在大陆一般不用。

(三) 海峡两岸"过于"类差比句的差异及其成因

1. 两岸"过于"类差比句的差异

两岸"过于"类差比句的基本格式是"比较主体＋比较结果＋比较标记＋比较基准"，即"甲＋AP＋过/于＋乙"，其中 AP 一般是性质形容词，乙的后面很少出现其他成分。

语料调查显示，两岸"于"字句的一致性比较高，"于"前形容词多为单音节，有时是双音节。例如：

(55) 分析人士认为，欧盟成员国均视本国利益高于欧盟利益。（大陆，2014-04-13）

(56) 所谓怀才不遇，就是"别人眼中的我"低于"自己心目中的我"。（台湾，2015-04-26）

(57) 目前我国临床医学的水准，尤其是治疗疑难杂症、解决医疗难题的水平还落后于国际先进水平。（大陆，2015-08-07）

(58) ＊＊＊所面对的政治处境，更复杂于＊＊＊。（台湾，1992-06-14）

此外，下面一例显得有些特别：

(59) 可以预期，那场经贸大气爆的后果，将千百倍惨重于高雄气爆。（台湾，2014-08-07）

上例双音节的"惨重"作为比较结果，受"千百倍"修饰，表示"比高雄气爆惨重千百倍"。

较之"于"字句，海峡两岸"过"字句的差异比较大，由此反映出台湾此类差比句的发展变化。

A. "过"前形容词的数量

比较两岸"过"字句，"过"前形容词在数量上差异明显。我们根据郑怀德、孟庆海编写的《汉语形容词用法词典》，依托人民日报图文数据库和台湾全文报纸资料库，将词典中的 1 067 个形容词，以"A（形容词）＋过"的形

式分别在《人民日报》和《联合报》中逐一检索,下表是调查结果:

表 3-15　海峡两岸"过"前形容词使用调查

形式 数据	单音节形容词	双音节形容词	合计
《人民日报》	44/4.1%*	3/0.3%	47/4.4%
《联合报》	62/5.8%	22/2.1%	84/7.9%

* 百分比为实际数量与所调查总数 1 067 之比。

由上表可知,两岸"过"前形容词都有单、双音节两类,都以单音节为主;大陆"过"前形容词占调查总数的 4.4%,台湾为 7.9%,无论单音节还是双音节的数量,台湾均多于大陆。

调查显示,《人民日报》"过"前形容词共计 47 个,具体如下:

单音节(44 个):

薄、惨、长、迟、臭、蠢、粗、大、低、短、多、高、贵、好、狠、厚、坏、急、贱、紧、苦、快、宽、蓝、老、冷、亮、慢、美、猛、密、浓、强、热、弱、少、深、甜、晚、旺、凶、硬、远、重

双音节(3 个):

豪爽、尖锐、便宜

大陆用例,如:

(60) 我们这个自认为有史以来最富于智慧的家族的寿命,可以长过我们视之为低等动物的恐龙吗?(大陆,2009-11-03)

(61) 朱师傅做生意,服务之心大过利欲之求。(大陆,2015-05-11)

张恒君(2009)在百度中检索《汉语形容词用法词典》中所收录的形容词,排除具有方言色彩的语料后,统计得出普通话里能够进入"过"字句的形容词共有 101 个,其中单音节形容词 80 个,双音节形容词 21 个。这项调查的总数是本书调查的 2 倍多,究其原因,可能与语料的规范度有密切关系。我们按音序抽取该文列出的不见于我们调查的单、双音节形容词各 10 个,在 CCL 现代汉语语料库中逐一考察,它们是"矮、笨、残、差、丑、脆、淡、陡、毒、肥、昂贵、残酷、粗壮、恶劣、高大、高贵、贵重、好看、狠毒、激烈",结果显示,除"差、毒、肥、昂贵、残酷、好看"等 6 个词组成的

"过"字句各有1例外,其他均无用例,说明由上面抽样调查的20个形容词所组成的"过"字句基本不用于大陆通用规范书面语。由此推断,普通话"过"前形容词的数量不会远多于我们调查的结果。

另外,用于大陆"过"字句的47个形容词,其中42个用于台湾,占比近90%,仅有"臭、蠢、苦、豪爽、尖锐"等5个"过"前形容词在《联合报》中没有用例,大致表明大陆"过"前形容词基本都用于台湾"过"字句。由表3-15可知,台湾"过"前形容词共有84个,其中单音节62个,双音节22个。在这些形容词中,共计42个不见于《人民日报》"过"字句,反映出能用于台湾的"过"前形容词有相当一部分一般不用于大陆,具体如下:

单音节(21个):

矮、暗、差、淡、毒、肥、红、辣、烂、凉、胖、浅、轻、帅、细、小、严、艳、糟、早、窄

双音节(21个):

昂贵、沉重、粗大、贵重、好看、健康、惊险、精彩、厉害、蛮横、茂密、模糊、泼辣、迫切、强烈、锐利、伟大、凶猛、虚弱、严格、优越

以下是不见于《人民日报》的台湾用例:

(62) 瑞穗乡以泛舟著名,有好山好水、好温泉,当地人说,掘地100公尺就有温泉冒出,简直美煞人,近两年有红过红叶温泉之势。(台湾,2006-10-30)

(63) 这栋清水磨的建筑,早在上一世纪的六〇年代完成,远远早过安藤忠雄等等出名建筑师的作品。(台湾,2015-02-17)

(64) 苏童写败德的部分,当然精彩过死亡。(台湾,1995-04-24)

(65) 那思念的感觉强烈过任何时候。(台湾,1995-12-27)

需要指出的是,台湾"过"前双音节形容词虽然明显多于大陆,但其整体的使用频率并不高,其中"昂贵、沉重、粗大、贵重、好看、迫切、伟大、优越"等在《联合报》中均只见1例。

B. 使用频率

在两岸各100万字语料库里,我们统计两岸"过"字句的用例数,结果显示,大陆出现2例,每10万字出现频次是0.2,都是"一浪高过一浪"的固定形式,难以看作典型的"过"字句;与此不同的是,台湾共9例,每10

万字出现频次是 0.9，没有出现上述固定形式。例如：

（66）"一望无垠的田野上，金黄的麦子一浪高过一浪……"这诗意而壮美的景象，我刚上小学时就会朗读和背诵。（大陆，2014-04-23）

（67）所谓错爱、谬爱，就是"别人眼中的我"高过"自己心目中的我"。（台湾，2015-04-26）

由此看来，两岸"过"字句的使用频率存在较为明显的差别，较之大陆，台湾要高出许多。

C. 语法形式

海峡两岸"过"字句在语法形式上也存在一定差异。一般来说，"过"字句在两岸都是"A＋过"的形式，但有时台湾"过"与"于"共现，构成"A＋过于"的特殊形式。我们以两岸均用于"过"字差比句的 42 个形容词为例，将其逐一代入"A＋过于"，翻检 2012 年至 2014 年三年内的人民日报图文数据库和台湾全文报纸资料库，以下是调查数据：

《人民日报》：多（2例）[①]。

《联合报》：多（28例）、大（15例）、高（9例）、好（2例）。

以上调查显示，大陆"过于"式差比句比较少见，而台湾有多个形容词用于该差比句且都有一定的用例。下面是台湾的例子：

（68）因蜂蜜中含有大量果糖和葡萄糖，当果糖多过于葡萄糖，蜂蜜不容易结晶，如果葡萄糖高过于果糖，才容易形成结晶。（台湾，2013-06-06）

（69）在旅行里，你观看人的兴致大过于看教堂，这也是写小说者的奇异之眼。（台湾，2014-01-27）

（70）开发规模较小但有诱发力量的小区块，好过于开发一整个大型观光区。（台湾，2004-03-08）

从语义看，"过于"式差比句实际上等于"过"字或"于"字差比句，如例（68）"多过于"等于"多过"或"多于"，这可能是具有方言背景的"过"字句与共同语的"于"字句的混合。

总的来说，大陆"过"前形容词的数量少于台湾，"过"字句的使用频率低于台湾，而语法形式较之台湾要简单。

[①] 数据库中的调查得到山东师范大学教师马永草的帮助，谨致谢忱。

2. 两岸"过于"类差比句差异的成因

李蓝(2003)指出,"A过式"是现代汉语方言里差比句的优势句型之一,它在闽方言的使用频率比较高。根据施其生(2012)对闽南方言差比句的调查研究,"过"字式(如"我大过伊")是该方言差比句的三种基本句式之一,文中还举出台中闽南方言"过"字式比较句的例句,现转引一例:

(71) 我悬过伊/我恰悬过伊(我比他高)

不难发现,台湾"过"字句与上例"过"字式比较句有较强的一致性。

海峡两岸"过"字句出现较大的差异,与台湾地处闽南方言区、受闽方言影响有关。竺家宁(1999:45-47)指出,在台湾各语言及方言中,以闽南话最为兴盛,能使用它的人口在八成以上;语言(方言)的接触,自然而然地相互吸收、融合,这是无法避免的,特别是台湾这样的多元背景,百货公司橱窗式的语言生态,其间的互动与相互影响,长久以来就一直进行着。据李行健、仇志群(2012)介绍,台湾70%的人操闽南话,台湾南部主要以闽南话为沟通语言,台湾还有不少外省籍的人也能讲或能听懂闽南话;以台北市为例,外省籍和闽南籍两个族群之间沟通指数的测算表明,台北外省籍人口的一半左右可用台湾闽南话与闽南籍人士交流;在这样一个语言环境中,可以想见闽南话对台湾现代汉语的影响。另据靳玮(2013)的研究,台湾光复初期推崇以方言学习早期现代汉语的办法,据文章推测,很多只会说日语和闽南话的本省人是使用闽南话的语音、语法学习现代汉语的。由此看来,台湾"过"字句受到闽南话及其相关表达形式的影响是很自然的事情。

(四) 海峡两岸否定类差比句的差异

两岸否定类差比句的差异主要体现在"没(有)比"句和"不输"句上。

1."没(有)比"句

"没(有)比"句是指用"没有比/没比"进行比较的句子,其形式是"A(主语)+没有比/没比B(状语)+VP(谓语)",其中VP以形容词性成分为主。"没(有)比"句在台湾并不少见,例如:

(72) 第30届桃源美展昨天颁奖,评审团很欣慰"奖金没有比其他县市高,但参赛作品件数比别人多"。(台湾,2012-11-18)

(73) 他说,既然走路没比别人快,开车技术就要比别人好,透露不愿服输的坚毅。(台湾,2011-02-11)

(74) 整体而言，今年美国出版界表现持平，幸赖《哈利波特7》，大型连锁书店和亚马逊网络书店的业绩没有比去年逊色。（台湾，2007-12-30）

例（72）否定型"没有比"和肯定型"比"先后出现，形成对照，"没有比"句是"比"字句的否定形式，表示"本县市奖金"（A）不如"其他县市奖金"（B）高，或者A与B一样高。例（73）"没比"句与"比"字句也是对照形式，该例表示"自己走路"（A）没有"别人走路"（B）快，或者A和B速度一样。以上两例的"高"和"快"都表示"积极义"。例（74）"没有比"句谓语"逊色"则表示"消极义"，该例"没有比"否定了"逊色"，亦即肯定了"今年业绩"（A）和"去年业绩"（B）相当，或者A比B好，但从上文"表现持平"看，A与B应该相当。

赵金铭（2001）指出，"……比……"格式表示"胜过"，而它的否定形式"……不比……"表示"等同"或"不及"。"……没（有）比……"的语义与"……不比……"相同。

"没（有）比"与"不比"是同义的不同形式，还可以通过下面的例子得到证明：

(75) "＊＊＊就算有错也没有错那么多！目前学生的负担并不比以前更重！"多年来参与教改计划的＊＊＊表示，九年一贯、多元入学方向是对的，但＊＊＊并没有考虑到教育现场的执行面，所以只执行了一半，但还是有收获。

被视为教改大将的＊＊＊指出，人民是健忘的，其实教改实施迄今，多少还是减少了学生的负担，虽然很有限，但并没有比以前更严重。（台湾，2005-10-13）

上例"不比"句和"没有比"句先后出现，前者是直接引用，后者为转述，但二者表达的是同一说话人的同一个意思，即"学生的负担和以前一样重"或者"比以前要轻"，这也是"等同"或"不及"。因此，"没（有）比"与"不比"的表达是相等的。

从"没有比"句的谓语来看，大多为形容词，其前能出现副词"更""更加""还"等，含有比较对象B已达到一定程度的意思，如例（75）"（负担）没有比以前更严重"。类似用例，再如：

(76) 谈到服务观，四季饭店总裁汉斯特在公司网站上指出："'时间才是

我们的服务对象'，这个概念从来没有比放在现在的时空更加贴切。"（台湾，2007-02-05）

（77）＊＊＊说，这项交易并没有比前董事长的评估还贵。（台湾，2008-04-02）

有时形容词前还可能出现"来得"，构成"来得＋形容词"的形式。例如：

（78）＊＊＊制作模型小船可没有比打造大船来得省事，模型小船也得先画草图，架设龙骨、钉外板、甲板和船舱小配件，最后再补土、上漆。（台湾，2005-10-19）

（79）＊＊＊表示，捐血一袋、救人一命，况且台东地区闹血荒，而选举再重要都没有比救人来得重要。（台湾，2005-11-26）

（80）骨松症最常见的就是骨折，而且是脊椎、手腕及髋部的骨折，以中医骨伤科的复位手法而言，绝对没有比西医骨科在X光指引下的手术来得精确。（台湾，2006-11-22）

在"没（有）比"以外的其他差比句中，"来得"更为常见。例如：

（81）过去作家和一般人没有两样，为了生计他们可能是出租车司机、办事员、秘书，但这些自力更生的生活经验，对写作可能反而比上创意写作班来得有助益得多。（台湾，2015-01-03）

（82）一般来说指考历史的题目较学测来得困难，无论是题目数量跟内容的深度都比学测时困难许多。（台湾，2015-05-24）

（83）我的阅读启蒙来自偷看母亲从租书店租来的言情小说，我的写作想必也因缘于青春期的阅读种下的种子，但这些都还不如母亲对烹饪的雅好与坚持对我的影响来得大。（台湾，2015-01-26）

刘丹青（2002）认为，用"比"字句时可以在基准和谓语之间嵌入一些半虚化成分，从而起某种黏合剂的作用，如"更、要"及普通话偶用而在一些方言中常用的"来得"等，它们跟"比"字形成临时的框式介词，如"小张比我儿子要/更/来得高"。《现代汉语词典（第7版）》对"来得"的释义为："〈口〉（相比之下）显得：海水比淡水重，因此压力也来得大/下棋太沉闷，还是打球来得痛快。"刁晏斌（2015d）认为，大陆"来得"是口语词，其使用范围受限，使用频率也不高；而在台湾，使用较少受限，使用频率相对较高。在我们考察的两岸各100万字语料中,台湾"来得"用于差比句共4例,其使用频次不算太高,但它与大陆相应语料里没有用例形成了鲜明对比[①];此外,"来得"在台湾"比较"类和否定类差比句中均有分布,如例(81—83),其中例(82)"来得"还用于带有文言色彩的"较"字句,说明"来得"与"较"可能并不互斥,这是"来得"在使用上不太受限的体现。由此可见,海峡两岸"来得"用于差比句,其使用频率和使用范围存有较为明显的差异。

有时,"没(有)比"句中谓语形容词后还加上"很多""太多""多少""到哪儿""到哪里去"等成分做补语。例如:

(84)小生意人的看法当然没有政治人物看得深看得远,但心里很明白口袋没钱,或是钱没有比人家多很多,就要比拳头,有钱才有讲话的份。(台湾,2006-03-06)

(85)抽中三人房的营管所新生 Lipo 认为,BOT 宿舍新、有管理,虽然没比市价便宜太多,但仍愿意去抽。(台湾,2008-08-04)

(86)上海几所大学的收费其实并没有比台湾的大学便宜到哪里去。(台湾,2006-04-15)

此外,"没(有)比"句的谓语还可为动词性词组,但不太常见。例如:

(87)警方强调,通报的窃案并没有比平常增加很多。(台湾,2005-11-23)

(88)＊＊＊日前宣布以联合国善心大使身分赴印度探访,提到另一位知名的明星慈善大使＊＊＊,只"含蓄"地说了句:"她并没有比任何在医院照料病患的护士提供更大帮助,不过,她确实使不少媒体注意到她对慈善事业的参与。"(台湾,2006-09-09)

例(87—88)的比较结果分别为述补短语和述宾短语。

以上探讨台湾"没(有)比"句及其谓语的主要形式,并比较"来得"用于差比句在两岸的差异。下面定量考察两岸"没(有)比"句的使用情况,并就此作一定分析。

张和友(2002)认为"没有比"句是可疑的,如"？张三没有比李四

---

① 这并不代表普通话里不用。例如:人们总说,从零分提高到60分,要比从60分到80分来得容易。(大陆,2011-04-21)

高",但这也并非完全不可说,文中所举可以接受的例句为"医生说一年以后张三将比李四高。可是一年过去了,张三(并)没有比李四高",这应该是基于普通话的规则所得出的结论。徐复岭(2019a:387-401)则认为台湾"不比"常换用成"没有比"或"没比",构成"甲+没有比/没比+乙+AP"句式,不过比较来说,"甲+不比+乙+AP"句式更为常见。我们考察《人民日报》和《联合报》在2012—2014年共三年的数据,以此对两岸"没(有)比"句和"不比"句的使用情况作一个初步调查,下表是调查结果:

表 3-16 海峡两岸"没(有)比""不比"句使用调查

数据＼形式	没有比	没比	不比	比例*
《人民日报》（2012—2014）	1	0	366	1∶366
《联合报》（2012—2014）	28	16	452	1∶10.3

*指"没(有)比"与"不比"之比。

通过上表数据,我们能看出两岸"没(有)比"句在使用频率上的明显差异。台湾"没(有)比"句共44例,其中"没有比"句多于"没比"句,"不比"句与"没(有)比"句相比,前者约是后者的10倍,不过后者仍有一定的使用频率。上表显示,在"没(有)比"句和"不比"句之间,大陆基本上只用"不比"句(366例),"没(有)比"句的用例极少,仅有1例,即:

(89)都说是为老爷子最后尽孝的事重要,但还是没有比担心申姐的重要,而这个担心,不是为老爷子,是为自己。(大陆,2014-02-26)

该例表示"为老爷子最后尽孝的事"(A)没有比"担心申姐的(事)"(B)重要,即A不如B重要,或者A与B的重要性等同,但结合前后语义来看,偏向于后者。

下面的例子与"没(有)比"句在形式上有些相似,但并不是我们讨论的"没(有)比"句:

(90)在全国闻名的书画之乡甘肃通渭,没有比要孩子成为有文化的人更

重要的事。(大陆，2012-06-21)

(91) 用一枚奥运金牌给自己庆祝生日，没有比这更好的礼物了。(大陆，2012-08-06)

(92) 早在上世纪70年代，国际上就有这样的观点，在所有的环境污染问题中，没有比"贫穷污染"更为严重的。(大陆，2013-07-22)

以上三例"没有比"前都没有比较主体，"没有"作为谓语动词，其后的成分为宾语，这与"没（有）比"句明显不同。

为了在更大范围内反映大陆"没（有）比"句的使用情况，我们对CCL现代汉语语料作了穷尽性的调查，结果显示"没（有）比"句共33例[①]，而且其中26例"没（有）比"与副词"并""也"等共现，构成"并没（有）比""也没（有）比"等，占比近八成。例如：

(93) 细水长流的最终结果是我的总流量并没有比任何人少。(CCL)

(94) 同样的人均GDP，她的贡献率并没有比别人高。(CCL)

(95) 再要紧的事，也没有比守仁的事要紧。(CCL)

(96) 有的不满足于对方的待遇条件，有的认为他们的联赛没比甲A强多少，有的甚至提出不参加试训而且去了就要打主力的要求。(CCL)

与大陆大多数"没（有）比"句都与副词共现不同，台湾"没（有）比"前经常不出现副词，即能独立使用。

另外，台湾口语中"没（有）比"句也不少见，这反映在书面语中，即是有不少"没（有）比"句是对说话人原话的"直录"，如例(72)(73)，这也体现出该句式具有比较浓厚的口语色彩。相比之下，"不比"则显"中性"。在普通话口语里，"没（有）比"句很少见，考察中国传媒大学"媒体语言语料库"检索系统，"没（有）比"句在21世纪中央电视台六年(2008-01-01—2013-12-31)约1亿字符的口语语料中出现6例，其中大陆用例仅2个，其他4例出自有关台湾的新闻，说话人都具有台湾生活背景。以下是台湾口语用例：

(97) 当初"政府"要盖这样一条苏花高，主要是源自于民意的诉求，那么花莲他们说，我们每年的缴税也没有比其他市少，但是为什么我的连外交通要这么的不方便，……(台湾时事评论员语，出自节目《海峡两岸》，

[①] 不包括港台用例。

2008-03-12)

(98) 2点半起飞，大概是6：45到，所以大概是4个小时15分钟，票价没有比平常便宜，差不多，3 960元，但是时间上缩短了。（北京台商协会常务理事语，出自节目《今日关注》，2008-07-13）

此外，徐复岭（2019a：387-401）转引《闽南方言的平比句》（陈法今，1984）所举闽南方言例句及与之逐字对译的普通话例句，如：

(99) 大麦产量无当赢小麦（大麦的产量没有比小麦多）

该文认为该例普通话的"没有"是对闽南话"无"的对译，陈法今（1984）注明的这种"有些不自然"的对译，其实就是台湾现代汉语的说法，据此徐文认为"没（有）比"句"当是闽南方言语法影响和渗透的结果"。这种推断有一定的道理，但还可进一步探讨。

从以上调查分析可以看到，大陆"没（有）比"句的出现频率很低，大陆"比"字句中"比"前的否定形式一般都用否定词"不"，构成"不比"句，而很少使用否定词"没（有）"；台湾"比"前否定词在以"不"为主的同时，还有"没有""没"等①，从而形成比较多见的"没（有）比"句。由此看来，海峡两岸否定型"比"字句存在明显的差异。

2."不输"句

台湾"A不输B"表示差比（刁晏斌，2000b：193）。例如：

(100) 每年都闪耀圣诞节的SWAROVSKI（施华洛世奇）点灯活动，今年由＊＊＊负责点亮4米5高的雪花水晶耶诞树，身穿镶缀数千颗红水晶霓裳的她，吸睛度不输主持金马盛会。（台湾，2010-11-24）

(101) 25岁龟山消防分队女消防员林郁馨，服务才满1年，无论打火、操纵云梯车自如，能力不输男性。（台湾，2012-04-08）

例（100—101）"A不输B"即"A不比B低/弱/差"。

比较两岸"不输"句，台湾的使用频率较高。调查两岸报纸语料②，"不

---

① 徐复岭（2019a：387-401）提到台湾书面语里"没（有）比"句中"没有比/没比"有时可换成"未比"。据我们对《联合报》（2012—2014）的考察，"未比"句仅1例，且与"并"共现，即：叶满足表示，在主计处下修全年出口成长率后，11月出口数据，并未比预期差。（台湾，2013-12-10）另考察《人民日报》（2012—2014），"未比"句没有用例，可见两岸"未比"句的使用频率都很低。

② 台湾地区语料包括《中国时报》（126万字）和《联合报》（100万字），共计226万字；大陆语料包括《人民日报》（100万字）、《中国青年报》（88万字）和《新京报》（56万字），合计244万字。两岸语料的时间范围是2014年至2015年。

输"句在台湾226万字语料里共3例,其中"A不输B"2例,"A不输给B"1例;在大陆244万字语料里,"不输"句出现1例,即:

(102) 曾在合拍片《叶问2》中负责2的＊＊＊这次虽然扮演的是一名治疗精神病的医生,但在现场却肩负起了"搞笑"重任,回答记者提问,逗比程度一点不输给变身段子手的歌神＊＊＊。(大陆,2015-03-10)

以下以每十年为一个点,每个点300万字,考察1952年至2012年台湾"不输"句的使用情况,调查结果如下:

表3-17 台湾"不输"句历时调查

形式 数据	不输	不输于	不输给	合计
1952	0	0	0	0
1962	1	2	0	3
1972	2	5	0	7
1982	2	0	1	3
1992	4	2	3	9
2002	20	0	2	22
2012	25	0	2	27

如表3-17所示,台湾"不输"句有较为明显的发展变化,即整体上从最初的基本不用到后来使用频率逐步增高。此外,上表还显示台湾"不输"句以"A不输B"为主,"A不输于/给B"相对少见。

下面是台湾"不输"句的用例,包括"A不输B""A不输于/给B":

(103) 他现年已六十岁,但看他这首诗,字里行间,透出一股"老将"的豪迈气息,真不输少年人。(台湾,1962-08-03)

(104) 现在童家的一张演戏名单,叫座力并不输于言慧珠的一家。(台湾,1962-04-03)

(105) (图画书)印刷考究,编排、设计、构想更属上乘,不输给任何成

人的书籍。(台湾,1982-08-01)

(五) 海峡两岸差比句的融合

从两岸历时语料的调查结果看,两岸差比句都出现了一定的发展变化:就大陆普通话来说,过去不太常用的"较"字句和"过"字句呈现增多的趋势;而在台湾现代汉语,"比较"类差比句的分布表现出"比"字句增多、"较"字句减少的趋向。因此总的来看,海峡两岸差比句差异缩小、一致性增加的趋势是明显的,并且呈现双向互动的特点。

以下分别探讨"较"字句和"过"字句在两岸的趋同表现。

1. "较"字句的融合

介词"较"和"比"用法比较接近,北京大学中文系1955/1957级语言班(1960/1982:285)指出"较"的作用和"比"相同,用来介绍出所比较的对象;此外,侯学超(1998:325)用"比"解释"较"。因此,"较"和"比"除了语体色彩差异外,二者一般是可替换的。下面我们先定点调查《联合报》在1952年至2012年的语料,以每十年为一个点,每个点的时间是1月1日,考察这七个时间点上"比"字句和"较"字句的使用情况,并以二者数量之比来反映它们的发展变化。调查结果见下表:

表 3-18 台湾"比/较"字句历时调查

形式 数据	比	较	比例
1952-01-01	2	6	1∶3
1962-01-01	17	10	1.7∶1
1972-01-01	16	6	2.67∶1
1982-01-01	17	16	1.06∶1
1992-01-01	40	13	3.08∶1
2002-01-01	112	23	4.87∶1
2012-01-01	51	9	5.67∶1

上表显示，在上述七个时间点上，1952年"比"字句与"较"字句之比是1∶3，说明前者明显少于后者；而在往后的六个时间点上，除了1962年、1982年"比"字句与"较"字句之比略大于1，其余四个时间点这一比例都明显大于1，显示前者远多于后者；而且从整体上看，这一比例在逐渐增大，尤其是1982年至2012年增幅明显。由此不难发现，台湾"比较"类差比句经过了"比"字句逐步增多、"较"字句相应减少的此消彼长式的发展变化。

出现上述变化，可能有大陆普通话的影响。例如台湾2002年1月1日《大陆经济规模跃居全球第六大》的消息，来自"《联合报》的大陆新闻中心/北京报导"，其中"比"字句共出现9例，没用"较"字句。如：

(106) 预计去年全年大陆城镇居民人均可支配收入，比前年实际增长百分之八；全年农民人均纯收入，比前年实际增长百分之四。税收方面，一至十一月份完成税收总额一兆三千六百五十八亿元，比前年同期增长二成。（台湾，2002-01-01）

上例三个"比"字句连续出现。

下面我们以类似的方式考察《人民日报》在1952年至2012年的部分语料，即以每十年为一个点，每个点的时间是1月1日至10日，"比"字句和"较"字句在这七个时间段里的使用情况如下表：

表3-19　大陆"比/较"字句历时调查

形式 数据	比	较	比例
1952-01-01 —1952-01-10	89	8	11.1∶1
1962-01-01 —1962-01-10	283	9	31.4∶1
1972-01-01 —1972-01-10	150	4	37.5∶1
1982-01-01 —1982-01-10	163	2	81.5∶1
1992-01-01 —1992-01-10	180	5	36∶1
2002-01-01 —2002-01-10	152	3	50.7∶1
2012-01-01 —2012-01-10	195	25	7.8∶1

由上表的调查结果可知,在表中七个时间段里,"比"字句与"较"字句之比反映出明显的高低起伏,即1952年至1982年不断上升,"比"字句增多,"较"字句相应减少;1982年至2012年则总体上出现明显的下降趋势,说明"比"字句相应减少,"较"字句有增多的趋向。从距离当前时间较近的2002年和2012年"较"字句的用例数来看,由3例升至25例,增幅明显。就大陆"较"字句的发展变化来说,大体是两头多中间少,呈现出"多—少—多"的特点。

比较表3-18和表3-19,前表台湾"比"字句与"较"字句之比整体上呈上升态势,到2012年达到5.67∶1;后表大陆这一比例先升后降,2012年降至7.8∶1。尽管后者比例仍高于前者,但二者已经比较接近,说明两岸"比"字句与"较"字句之比处于相对的动态平衡。这一调查结果与表3-13的数据相吻合,此表中台湾"比"字句与"较"字句之比为7.9∶1,大陆相应的是8.2∶1。

大陆"较"字句的增多在一定程度上是"复旧"的体现,反映出"雅化"的倾向。另外,"较"字句有所增多,还可能与"比"字句大量甚至过度使用有关。"较"和"比"二者用法相近,"较"替换"比",可以丰富比较标记。试比较:

(107) 德州市超额完成2002年度人民日报发行计划,发行量比去年增长一倍;聊城市的发行量比去年增长40%;菏泽市2002年度人民日报发行量比去年增长18%。(大陆,2002-01-02)

(108) 世博会前,上海还将大幅提高交通保障能力。高速公路通车里程将达767公里,比2008年增长20%。中心城快速路达145公里,较2008年增长25%。(大陆,2010-01-09)

(109) 1月15日春运第二天,全国公路运输客运量较第一天略有增加,完成客运量4 720万人次,比昨天增加40万人次,较去年同期增加195万人次,增长4.3%。(大陆,2006-01-16)

例(107)"比"字句连续三次出现;例(108)先用"比",后用"较";例(109)"较……比……较"交替使用。与例(107)相比,例(108—109)"词面显得灵活"(参看:张邱林,2014)。因此,使用"较"还具有避免比较标记单一的语用价值。

2. "过"字句的融合

前面探讨了海峡两岸"过"字句的共时差异。从历时来看,大陆"过"字句的使用出现了一些新的发展变化,反映出它在两岸的融合趋势。

陆俭明(2001)比较新加坡华语和普通话在句法上的差异时指出,新加坡"过"字句在普通话里不用,普通话用"比"字句。陈珺、周小兵(2005)认为,普通话"过"字句的使用频率非常低。不过,李晓云(2005)认为"过"字句是"目前流行的句式"。张恒君(2009)注意到大陆"过"字句处在引进初期,人们对它的接受度还不是很高,但有扩大使用的趋势。周清海(2008)在谈到现代汉语标准语和各地华语相互冲击与交融时,认为新加坡、马来西亚的华语地区和港台地区的"高过你",在中国大陆不少地方替代了"比你高"的说法。在全球华语的大背景下,大陆"过"字句使用的增多应该有其他华语社区的影响,下面"多过"的例子可以说明:

(110)自称"坐飞机多过坐汽车"的郑昭明先生是位大忙人……郑先生的正式头衔是新加坡庆新集团及联营国际酒店管理集团主席。(大陆,1990-06-04)

(111)"银行多过米铺"是市民们对香港发展状况的生动描述。香港银行遍布,银行业不仅渗及所有经济领域,也与市民生活息息相关。(大陆,1997-03-31)

(112)台媒称,华人喜欢现金多过银行卡,家中动辄能存放成千上万元钞票已不是稀奇事。(大陆,2015-12-09)

历时考察《人民日报》,大陆"过"字句的发展演变主要表现在以下两个方面:

一是少量"过"字句从无到有。21世纪以来,《人民日报》共有5个"过"前形容词首次出现,即"老、慢、冷、便宜、尖锐",且都只有1例。实例如下:

(113)沈阳老了,早已经老过两千岁;沈阳还年轻,顶多也只能算条中年的汉子,才刚知天命而已,正逢如日中天的年纪。(大陆,2007-06-02)

(114)提到超速,人们往往想到的是车速超过最高限速,却容易忽视另

一种"超速":车速慢过最低限速,也称"超低速"。(大陆,2013-12-18)

(115) 从1月5日起,一股被气象学家称为"极地漩涡"的北极冷气团吹袭美国大部分地区,造成气温一路探底,一些地方甚至"冷过南极洲"。(大陆,2014-01-10)

(116) 马先生说,这次旅游倒了好几个航班,最低享受到1.8折,最高也拿到了5折,全程机票只花了2 200元,远远便宜过市面价格。(大陆,2010-12-09)

(117) 全社会的目光一日尖锐过一日,如何在大众媒体的语境里维护明星的声誉,也成为各种经纪公司、公关公司竞相比拼的"活计"。(大陆,2012-09-14)

二是部分"过"字句由少到多。这集中体现在共有9个"过"前形容词(即"贵、狠、紧、快、宽、热、少、旺、重"),在21世纪前十五年(2000—2014)用于"过"字句的用例数,与20世纪近五十五年(1946-05-05—1999-12-31)相比存在较为明显的多少之别,下表是调查数据:

表 3-20 《人民日报》不同时段"过"字差比句使用调查

形式 数据	贵过	狠过	紧过	快过	宽过	热过	少过	旺过	重过
21世纪 (2000—2014)	20	3	9	21	3	6	5	2	8
20世纪 (1946—1999)	7	1	7	9	2	2	3	1	6

上表显示,21世纪前十五年"贵过""狠过""快过""热过"等的用例数均超过20世纪近五十五年的2倍,其余"紧过""宽过""少过""旺过""重过"等在21世纪的用例数也都超过20世纪。

上述一部分"过"字句"从无到有"和"由少到多",两方面叠加使大陆"过"字差比句的使用增多,从而缩小了它在两岸的差异,体现出海峡两岸"过"字句差异部分在一定程度上缩小、一致部分有所增加的融合趋势。

大陆"过"字句的较多使用,是在以往常用差比句式(如"比"字句)

的基础上,增加了一种过去不太常见、陌生化程度较高的表达形式。不过,从两岸差比句的共时状况来看,"过"字句远不是主流形式,表示差比关系的主要是"比"字句。

(六) 小结及余论

本节探究现代汉语差比句的变迁与发展,对比考察海峡两岸"比较"类、"过于"类和否定类等三种不同类型的差比句。调查发现,它们在两岸均存在差异,而新时期以来两岸"比较"类、"过于"类差比句差异缩小的趋势比较明显,由此形成了一定程度上的融合态势。

总体而言,台湾差比句的形式比大陆丰富甚至复杂,其用法也更为灵活多样,这集中表现在以下两个方面:第一,台湾有些差比句式几乎不用于或很少用于大陆,这样的句式有"有比"句、"比……较……"句、"AP 过于"句和"没(有)比"句等。综观两岸汉语的发展演变,大陆普通话经历过较为全面彻底的语言规范化,而台湾基本上没有,由此使台湾现代汉语的规范标准不如大陆严格,语法上的一个重要体现即是语法形式较之大陆通常要多。第二,台湾部分差比句式的使用频率明显高于大陆,如"较/比……为……"句和"过"字句。不过,大陆"偏"标比字句的使用频率远高于台湾,这种情况相对少见。

考察分析两岸差比句差异形成的原因,古代汉语和方言对台湾差比句产生了较大的影响,一些句式的使用(如"比……较……"句)以及使用频率的高低(如"过"字句)大多与此有关,因此,我们探讨的两岸差比句可看作古代汉语和方言如何影响台湾现代汉语进而造成两岸语法差异的实例。另外,在两岸语言风格上,刁晏斌(1998)指出台湾现代汉语古旧色彩较为浓厚。陈珺、周小兵(2005)认为,"过"字句是古汉语在现代汉语中的保留。"过"字句的较多使用是台湾现代汉语古旧色彩较浓的体现。

海峡两岸差比句的融合有多方面的表现,首先是"较"字句的融合,它体现出两岸双向互动的特点,即大陆"较"字句使用增多,"比"字句相应减少,台湾的情况则与此相反,从而使"比较"类差比句在差异的基础上表现出融合趋向;其次是"过"字句的融合,主要体现在大陆与"过"组合的形容词有所增多,以及 21 世纪前十五年里部分"过"字句明显多于 20 世纪近五十五年的用例数，这就使普通话里原本不太常见的"过"字句使用增多，这种变化缩小了与台湾"过"字句的差异，因而是两岸差比句趋于融合的具体表现。

以往探讨两岸语言融合，以词语融合较为多见；讨论两岸语法融合，以词法融合较为常见。刁晏斌（2017a：238）认为，相对于词法而言，句法方面融合研究的难度更大，因为需要有一个较大规模的历时语料库作为支撑。我们讨论的两岸差比句的融合即是句法融合之一例。值得注意的是，两岸"较"字句的融合是通过该句式在大陆的使用增多和在台湾使用的减损来实现的，较之两岸语法融合多通过引进、吸收来实现，这可以视为融合的另一种途径与表现。

第四章　结语及余论

- 第一节　本书内容小结
- 第二节　海峡两岸语法差异与融合的类型
- 第三节　海峡两岸语法差异的发展趋向

本书基于语言发展演变观，在现代汉语史的框架下，以早期现代汉语语法在台湾的发展演变为主要研究对象，综合运用语法学、语料库语言学、接触语言学等现代语言学相关理论和方法，采取选点的研究方式，依托不同时期、不同规模、不同类型的语料库和数据库，对充分体现早期现代汉语语法在台湾发展演变的九个词法和句法项目作了较为全面细致的探究，研究中以语言事实调查为基础，尽量做到定量研究与定性分析相结合、共时描写与历时考察相结合。本研究集中展现了早期现代汉语语法在台湾的变迁与发展，还在一定程度上揭示了普通话语法的发展演变，得出了一些有价值和意义的结论，这些结论对于深化认识现代汉语的发展与变异以及新时期下两岸汉语的差异与融合等重要问题将有所帮助。

第一节　本书内容小结

本书主要考察分析了早期现代汉语语法在台湾的发展与变迁情况，得出如下结论：

第一，早期现代汉语在台湾的发展演变是海峡两岸现代汉语产生共时差异的重要原因，而两岸汉语由差异趋向融合正是发展演变的新的重要表现。海峡两岸语法差异体现出早期现代汉语分化之后两岸汉语语法不同的发展与演变，而深入探讨这些差异能够揭示现代汉语的发展变迁情况。

第二，对比考察两岸多个语法项目，我们发现大陆普通话所受的规范通常较多，其相关用法也相对简单，而台湾现代汉语往往规范较少，因而呈现用法丰富、多样甚至复杂的特点，这种差异在整个两岸语法对比中具有相当的普遍性。因此，从本质上讲，普通话语法发展方向之一是精密化，或者说追求形式与意义的严格对应；相比之下，台湾现代汉语语法更加灵活，不拘泥于、也不追求规则的完全统一和一致。两岸语法差异的具体表现大多在于使用频率、搭配对象、共现成分、结构类型、语义色彩等方面，就两岸存在差异的单个项目而言，差异的表现通常是多方面的。此外，影响海峡两岸现代汉语发生变化进而产生差异的因素有很多,包括古代汉语、早期现代汉语、方言、外语、语言政策等,这些因素作用于两岸汉语,由于它们对两岸语言的影响程度并不均衡,使两岸语言出现诸多差异。

第三,海峡两岸现代汉语在差异的基础上出现融合是新时期两岸汉语相互接触进而交汇互动的必然结果,也是现代汉语发展演变过程中的新现象,值得扩大范围作进一步的跟踪研究。这种趋同现象常见的具体表现可能是某种形式及用法在一方以往很少出现,但在另一方并不少见,通过相互接触,这种形式、用法在一方当前的用例有所增多,使用频率得到提高,从而在一定程度上与另一方的使用状况取得相对一致。此外,趋同的途径还可能通过"自我减损",即一种形式及其用法在使用较多的一方出现减少的趋向,进而达到与对方一定程度上的一致。

第四,从历时来看,差异与融合伴随两岸汉语的发展与变迁,而融合已由"潜"变"显"。海峡两岸现代汉语的融合大多经过引进、吸收进而自主使用等不同层次的发展阶段,因而是一个动态发展的过程。不过,不同的语法项目所处的融合阶段则可能有所不同,有的刚刚引进,属于"初显";有的则已吸收并趋于自主使用,进而达到较高的融合层次。两岸语法的融合呈阶段性发展,早期主要是大陆引进台湾的用法,因而大多是单向的;后期台湾也开始引进大陆的用法,从而向双向互动方向发展。不过就目前的状况来看,相较于台湾现代汉语语法对普通话的影响,普通话语法对台湾现代汉语的影响还不够大,二者还未达到均衡的状态。另外,海峡两岸现代汉语出现融合,有可能是受到了对方的影响,但这种影响也可能来自全球华语范围内其他华语社区,或者是对方和其他华语社区的影响兼而有之,因此,从影响源来看有多元化的特点。

第五,两岸语法的差异与两岸语言风格的差异相适应。两岸语法差异的一个重要方面即反映在文言语法成分的多少以及这类成分使用频率的高低上。大陆普通话整体风格呈现通俗化、口语化的特点,而台湾现代汉语古旧色彩较浓,表现在沿用更多的文言语法成分,或者说使用这类成分的频率远高于大陆。总之,文言语法成分与台湾现代汉语的适配性较之大陆要强,这种差异与两岸语言整体风格的差异是一致的。

第二节　海峡两岸语法差异与融合的类型

通过考察早期现代汉语语法在台湾的发展演变，我们对于海峡两岸现代汉语的差异与融合有了进一步的认识，可从差异的类型与融合的类型两个方面来看。

一、差异的类型

总的来说，两岸语法差异的类型大体可分为"同中有异"和"有无之别"两种，但以前者为主、后者为辅，以下分别讨论。

海峡两岸现代汉语同属现代汉语，整体而言，两岸语法的一致性远大于差异性。但是，共性之外，两岸语法存在或大或小、或明或暗的个性差异却是事实。这种差异通常表现为同一个语法项目的语法功能在两岸基本都具备，不过在具体的用法上却有使用频率的高低、使用范围的大小、搭配对象的多少、感情色彩的褒贬等差别，这些差别往往不是"有"与"无"的，而是多体现在动态的倾向性上①，这也就是我们所说的"同中有异"。两岸反映这类差异的语法现象有很多，比如量词"通"，它在两岸都能与电话类、言语或动作类等词语搭配，但大陆倾向于与言语、动作类词语搭配，而台湾倾向于与电话类词语搭配，这就使两岸"通"在语法分布、使用频率等方面表现出明显的倾向性差异；又如副词"太"，它在两岸修饰的对象都可以是一般形容词、动词短语、心理动词、一般动词、名词或区别词等，不过，比较而言，台湾"太"修饰名词、区别词的范围大于大陆，其使用频率也相对较高；再如，两岸都使用"过于"类差比句，但台湾用于"过"前的形容词多于大陆，也就是与"过"搭配的形容词的范围较广，从而使台湾"过"字句的使用频率比较高。

---

① 语法的动态倾向性是指语法单位或语法现象表现出来的某种性质的多少、蕴含共性或使用频率的高低等体现出来的动态规律（储泽祥，2011：91）。

以上探讨了两岸语法差异的主要类型"同中有异",此外另一种次要的类型表现为:一方某种语法现象或者某个语法项目的部分用法几乎不见于另一方,我们将这种很明显的差异称之为"有无之别"。与"同中有异"相比,这是更能体现两岸语法差异的一种类型,它往往能够更加充分地展现共同语的发展与变异,因而其研究内涵也更为丰富。从我们的研究来看,两岸语法的"有无之别"并不罕见,且通常是台湾现代汉语某个语法现象或某种、某些用法一般不见于大陆普通话。本书探讨的连词"并"即集中体现了这种差异。

二、融合的类型

结合以往的研究和我们的观察、讨论,两岸语法的融合可以概括为两类:一是单向趋同,二是双向互动。

单向趋同的表现通常是仅有一方逐步使用另一方的某些用法,进而形成与对方融合的趋势。这种融合现象并不是双向的,而是单向、不平衡的。在20世纪80年代后期海峡两岸相互交流后的一段时间里,两岸语法的融合多是大陆向台湾靠拢,因而表现出较为明显的单向性。刁晏斌(2000b:193-207)考察两岸语法的融合现象,如新时期大陆动词、形容词、名词等功能的扩大,几乎都体现出向台湾靠拢的倾向;后来,刁晏斌(2012b)等讨论两岸语法的融合大体也反映出这一点。在本书考察的六个体现融合趋向的语法项目中,有四个基本上只有普通话向台湾现代汉语靠拢。以上事实说明,过去的一个时期内,单向趋同是两岸语法融合的主要类型。两岸交往之初,经济、文化等方面存在差异,语言的流动呈现出"一边倒"的趋向。下面我们再以助动词"会"、副词"比较"为例来进一步说明。

海峡两岸"会"存在差异,但是当前已在差异的基础上呈现趋同倾向,这主要体现在大陆"比较不会"等的较多使用上。例如:

(1) ***发质倾向柔软,个性会很柔和,比较不会自寻烦恼,不自找麻烦,这样的生活会相当幽静、安逸。(大陆,2013-05-29)

(2) ***表示自己在生活中不会做女生的"男闺蜜","主要还是因为我生活中比较不会跟女孩子相处"。(大陆,2013-06-04)

例(1)中"会"与例(2)中"比较不会"均为台湾"会"的常见用法,

在普通话里则还比较少见。

以上用例大致可以看作大陆操普通话者的自主性使用，一般来说，在此之前，通常还有一个较为明显的引用过程。比如，以下用例中的"比较不会"大致即为此类：

（3）据台湾《中国时报》报道……市刑大侦二队日前追查贩毒集团，锁定在三重活动的32岁毒贩＊＊＊和＊＊＊，发现＊＊＊平常都躲在家中联络，运毒工作都交给怀孕的妻子＊＊＊，认为孕妇比较不会被警察临检。（大陆，2011-09-18）

（4）（台湾古龙著作管理发展委员会成员）＊＊＊表示，……"金庸的作品和影响力在市场上一直比较稳定，但我父亲和他的作品，从1985年他去世到管理委员会成立，中间有二十年的空白。所以我们委员会成立以后，授权的目的都是以推广为主，比较不会计较费用问题。"（大陆，2013-06-04）

以上用例均有引用的显性标记，这种对大陆/台湾常见形式的使用，往往也就成了两岸语言融合的起点。

再如，按普通话的一般语法规则，程度副词"比较"一般不用于否定句，不过，这种规则近些年来有了一定程度的改变。例如：

（5）西甲卫冕冠军本轮就比较不走运了，在皇马0∶3失利后，拉科一心想全取三分，缩小与皇马的差距。（大陆，2001-05-08）

（6）可能我比较不在乎别人怎么看我，我就是想（以后）做一名法官。（大陆，2017-07-21）

时至今日，这样的用例已经并不鲜见，并且早已脱离了引用阶段的具体语境，因此可以初步确定已经进入比较高级的融合阶段，即自用阶段。

如果还原发展过程，普通话里出现一定数量的"比较"用于否定句的例子，与台湾的影响有直接的关系。以下用例大致反映的是引用阶段的事实：

（7）萧言中：……以我的个性来讲，比较不习惯用一种常规的角度去看事物，不喜欢重复别人做过的事。（《台湾漫画家萧言中访谈》，大陆，2004-08-15）

（8）6月23日是台湾"男性关怀专线"成立10周年的日子，10年来，该专线协助辅导16万多人次。专家指出，男性比较不喜谈论家庭与自己遭遇的困难，但通过电话的隐秘性与即时性，比较愿意吐露心声。（大陆，2014-06-25）

如果再往前追寻，则是台湾"比较"的大量类似用例，崔平（2015）对此作过细致的描述。

除"比较不＋VP"外，还有"比较没/比较没有＋NP"形式也是如此。我们以"比较没"为关键词在BCC报纸库中进行检索，共得到11个相关用例，多为台湾语境下的引用。例如：

（9）＊＊＊还指出，岛内大学生不论好坏，每年约有五千人出外留学，"把比较没办法的留在岛内"。（大陆，1984-10-29）

（10）记者采访了清华大学（北京）的＊＊＊，她是台湾人，从小转到大陆读书，她认为两地知识观的差异，或许能为"狼性"与"羊性"的差异提供解释，"台湾比较没有读书至上的观念，很多家长希望孩子多拓展能力"。（大陆，2015-08-27）

不过，伴随中国综合国力不断增强，影响力持续上升，两岸交流、接触日趋频繁，海峡两岸现代汉语的融合正在逐步由单向趋同发展为双向互动。邹贞（2015）通过细致分析"资深""抓紧"等在两岸的使用情况，证明两岸词语的融合方式已经由早先的大陆吸收台湾词语为主转变为两岸相互吸收、相互融合。与词语相比，语法的变化具有相对滞后性，换言之，语法的稳定性远高于词汇，因而发展变化的速度也与之有较大的差距，因此二者不可能呈现同步的发展。就两岸语法融合而言，目前还没有达到词语融合中"基本均衡的双向互动"，但是这种彼此交流进而双向互动的态势已经初步显现。刁晏斌（2017a：222-238）考察了台湾虚义动词"搞""抓"向大陆靠拢的情况，并指出相对于普通话对台湾现代汉语的吸收既表现在词法上也表现在句法上，台湾对大陆语言成分的吸收则主要集中在词汇方面，属于词法的范畴。本书探讨的两岸"搞"出现深度融合是两岸汉语语法双向互动的鲜明例证。此外，两岸"较"字差比句的融合趋向也能在一定程度上说明同样的问题。基于语言发展观综合来看，未来海峡两岸现代汉语语法将会进一步向双向互动的方向发展。

需要指出的是，两岸语法在差异基础上出现融合是正常的现象，但是有时也存在当前只有差异而没有或基本没有融合的情况，比如台湾连词"并"一般不见于大陆的部分用法。不融合的现象涉及"占位"与否、是否属于核心形式或用法等复杂问题，还有待于进一步深入探究。

第三节　海峡两岸语法差异的发展趋向

本节简要探讨两岸语法差异在未来的发展趋势。徐复岭（2019a：387-401）在考察台湾现代汉语有别于普通话的六种语法现象后指出，两岸语法差异现象的发展趋势不能一概而论，不同的差异现象可能会有迥然不同的发展趋势，有的未来可能"趋同"，如不及物动词带宾语的现象在普通话中有增多的趋势；有的可能只在一方使用而不被另一方接受，如台湾"V＋来/去＋O_L"句式在大陆一般只用"V＋O_L＋来/去"句式；有的可能会逐步弱化乃至被淘汰，如台湾"介＋名＋方"中方位词的缺失；还有的目前尚难作出预测，如台湾"没有比"句是否继续与"不比"句并存，还是未来只保留后者。概括文中要点，并且结合我们自己的研究和思考，两岸语法差异现象的发展趋向大致有两种：一是融合，二是维持或产生新的差异。

我们认为，在以上两种可能的趋势中，融合是主要的发展方向，而维持或产生新的差异是相对次要的。也就是说，前者是主流，后者是支流，二者不能"等量齐观"，特别是着眼于未来比较长的时间而言。

以下两个方面的研究成果支持我们的上述看法：第一，以往相关研究能够较好地证明这一点，刁晏斌（2012b、2013c、2017a）等系列论文、著作在主要讨论两岸语法差异的同时还探究差异基础上的融合倾向，表明两岸语法的许多差异已表现出不同程度的趋同倾向；第二，本书的研究也能说明上述观点，在考察的九个语法项目中，有六个既有差异又有融合，而基本维持差异的仅有三个。由此可见，两岸语法差异的发展方向主要体现在趋同上。

王建民（2009）指出，和平发展已成为两岸关系发展的时代主题。随着海峡两岸持续交流互动，两岸汉语相互影响，联系会进一步紧密，两岸语言差异将呈现更多、更为明显的趋同现象，直接影响包括台湾现代汉语在内的两岸汉语的发展与演变。

总而言之，早期现代汉语在台湾的发展演变是一个较新的研究领域，而深入探究台湾现代汉语的发展变化能够带动相关研究，催生新的增长点，从而促进现代汉语史乃至全球华语史的研究，因此，这一研究领域具有较为广阔的发展前景与提升空间。本书主要探讨早期现代汉语语法在台湾的发展演变情况，当前还只是初步的尝试，如要对此有更为全面、清晰、深刻的认识，后续研究还需要在全球华语的视域下细致考察更多典型性强的语法项目，进一步总结和揭示其中规律，并结合相关研究成果，对台湾现代汉语的发展演变进行科学、合理的分期。

参 考 文 献

[1] 北京大学中文系 1955/1957 级语言班. 现代汉语虚词例释 [M]. 北京：商务印书馆，1960/1982.

[2] 北京师范学院中文系汉语教研组. 五四以来汉语书面语言的变迁和发展 [M]. 北京：商务印书馆，1959.

[3] 蔡晨. 泛义动词"搞"在两岸汉语中的语义韵变异研究 [J]. 华语文教学研究，2014（3）.

[4] 蔡丽. 程度范畴及其在补语系统中的句法实现 [D]. 广州：暨南大学，2010.

[5] 曹利华. "都""并""全"的历时演进及相互影响 [J]. 新疆大学学报（哲学·人文社会科学版），2016（4）.

[6] 陈昌来. 汉语"介词框架"研究 [M]. 北京：商务印书馆，2014.

[7] 陈昌来，段佳佳. 介词框架"在 N 的 V 下"与主句的语义联系及语义特点 [J]. 云南师范大学学报（对外汉语教学与研究版），2007（2）.

[8] 陈淳义. 关注两岸语言差异　促进两岸语言融合：读《差异与融合——海峡两岸语言应用对比》[N]. 中华读书报，2000-12-27（20）.

[9] 陈珺，周小兵. 比较句语法项目的选取和排序 [J]. 语言教学与研究，2005（2）.

[10] 陈丽琴. 海峡两岸量词"个"使用研究 [D]. 广州：暨南大学，2009.

[11] 陈菘霖. 词汇转类及类推：以台湾地区华语为例 [J]. 汉语学报，2016（1）.

[12] 陈原. 社会语言学 [M]. 北京：商务印书馆，2000.

[13] 陈泽平. 闽语新探索 [M]. 上海：上海远东出版社，上海三联书店，2003.

［14］陈章太. 论语言资源［J］. 语言文字应用，2008（1）.

［15］陈正统. 闽南语漳腔词典［Z］. 北京：中华书局，2007.

［16］褚靓. 海峡两岸语气词对比研究［D］. 北京：北京师范大学，2016.

［17］储泽祥. 在多样性基础上进行倾向性考察的语法研究思路［J］. 华中师范大学学报（人文社会科学版），2011（2）.

［18］储泽祥，张琪. 海峡两岸"透过"用法的多样性与倾向性考察［J］. 语言文字应用，2013（4）.

［19］储泽祥，刘琪. 台湾汉语口语里"觉得说"的词汇化［J］. 云南师范大学学报（哲学社会科学版），2014（2）.

［20］崔平. 海峡两岸程度副词对比研究［D］. 北京：北京师范大学，2015.

［21］崔新颖. 早期现代汉语语法研究（1919—1949）［D］. 北京：北京师范大学，2017.

［22］崔新颖. 论现代汉语史视角下的传统国语及其特点［J］. 河北经贸大学学报（综合版），2018（3）.

［23］戴红亮. 台湾语言文字政策［M］. 北京：九州出版社，2012.

［24］戴维·克里斯特尔. 现代语言学词典［Z］. 沈家煊，译. 北京：商务印书馆，2000.

［25］戴昭铭，赵一凡. "港台式"语法及其对内地汉语的影响［C］//李雄溪，等. 海峡两岸现代汉语研究. 香港：文化教育出版社有限公司，2009.

［26］邓永红. "在X下"格式及与"在X上"之比较［J］. 湖南教育学院学报，1999（4）.

［27］刁晏斌. 关于现代汉语历史发展研究的构想［J］. 语文建设通讯，1992（总36）.

［28］刁晏斌. 新时期大陆汉语与海外汉语的融合及其原因［J］. 辽宁师范大学学报（社科版），1997（4）.

［29］刁晏斌. 台湾话的特点及其与内地的差异［J］. 中国语文，1998（5）.

［30］刁晏斌. 论现代汉语史［J］. 辽宁师范大学学报（社会科学版），2000a（6）.

［31］刁晏斌. 差异与融合——海峡两岸语言应用对比［M］. 南昌：江西

教育出版社，2000b.

[32] 刁晏斌. 新时期新语法现象研究 [M]. 北京：中国文联出版公司，2001.

[33] 刁晏斌. 现代汉语虚义动词研究 [M]. 大连：辽宁师范大学出版社，2004.

[34] 刁晏斌. 现代汉语史 [M]. 福州：福建人民出版社，2006a.

[35] 刁晏斌. 现代汉语史概论 [M]. 北京：北京大学出版社，2006b.

[36] 刁晏斌. 汉语语法研究：修订本 [M]. 沈阳：辽海出版社，2007a.

[37] 刁晏斌. 试论"程度副词＋一般动词"形式 [J]. 世界汉语教学，2007b (1).

[38] 刁晏斌. 当代汉语的效率诉求及其表现 [J]. 燕赵学术，2008 (2).

[39] 刁晏斌. 试论当代汉语"语素词"[J]. 杭州师范大学学报（社会科学版），2011a (6).

[40] 刁晏斌. 两种不同类型的缩略词语：用语缩略与造词缩略——兼论海峡两岸缩略词语的类型差异 [J]. 通化师范学院学报，2011b (9).

[41] 刁晏斌. 试论海峡两岸语言的微观对比研究——以"而已"一词的考察分析为例 [J]. 北京师范大学学报（社会科学版），2012a (4).

[42] 刁晏斌. 两岸四地"获"字句对比考察 [J]. 华文教学与研究，2012b (2).

[43] 刁晏斌. 两岸四地的"遭"字句及其与"被"字句的差异 [J]. 语言教学与研究，2012c (5).

[44] 刁晏斌. 两岸四地"将"字句及其使用情况考察 [J]. 南阳师范学院学报，2012d (5).

[45] 刁晏斌. 两岸四地"有＋VP"形式考察 [J]. 励耘学刊（语言卷），2012e (1).

[46] 刁晏斌. 两岸四地现代汉语常用词"进行"使用情况对比考察与分析 [J]. 武陵学刊，2012f (3).

[47] 刁晏斌. 台港澳地区"搞"的使用情况及其与内地的差异 [J]. 渭南师范学院学报，2012g (9).

[48] 刁晏斌. 关于海峡两岸语言对比研究的思考 [N]. 语言文字报，

2012h-01-04（2）.

　　[49] 刁晏斌. 两岸四地语言对比研究现状及思考［J］. 汉语学习，2012i（3）.

　　[50] 刁晏斌. 当代语法发展变化的宏观考察和分析［J］. 中国语文法研究，2012j（1）.

　　[51] 刁晏斌. 从"华人社区"到"全球华语社区"——两岸四地语言差异与融合研究观念的演进［J］. 云南师范大学学报（哲学社会科学版），2012k（2）.

　　[52] 刁晏斌. 当代汉语词汇研究［M］. 北京：中国社会科学出版社，2013a.

　　[53] 刁晏斌. 两岸四地"（在＋）VP＋中"形式考察［C］//刁晏斌. 两岸四地现代汉语对比研究新收获. 北京：语文出版社，2013b.

　　[54] 刁晏斌. 两岸四地"被"字句对比考察——两岸四地被动句对比研究之一［J］. 语文研究，2013c（2）.

　　[55] 刁晏斌. 两岸三地"做"与"作"使用情况对比考察［J］. 民俗典籍文字研究，2013d（1）.

　　[56] 刁晏斌. 从两个距离差异看两岸共同语的差异及其成因［J］. 杭州师范大学学报（社会科学版），2013e（3）.

　　[57] 刁晏斌. 试论"当代汉语"［J］. 河北师范大学学报（哲学社会科学版），2014a（1）.

　　[58] 刁晏斌. 两岸四地的"把"字句及其使用情况考察［C］//中国语文杂志社. 语法研究和探索：十七. 北京：商务印书馆，2014b.

　　[59] 刁晏斌. 港澳台地区标准书面汉语的共性与个性［J］. 语言教学与研究，2014c（6）.

　　[60] 刁晏斌. 海峡两岸及港澳地区现代汉语差异与融合研究［M］. 北京：商务印书馆，2015a.

　　[61] 刁晏斌. 借形赋义：当代汉语中一种常用的语义扩张模式［J］. 江苏师范大学学报（哲学社会科学版），2015b（3）.

　　[62] 刁晏斌. 论全球华语的基础及内涵［J］. 全球华语，2015c（1）.

　　[63] 刁晏斌. 试论两岸语言"直接对比"研究［J］. 北华大学学报（社会科学版），2015d（1）.

　　[64] 刁晏斌. 当代汉语语法研究［M］. 北京：中国社会科学出版

社，2016a.

[65] 刁晏斌. 论当代汉语"借音赋形"现象 [J]. 辽宁大学学报（哲学社会科学版），2016b（1）.

[66] 刁晏斌. 现代汉民族共同语的多元观 [J]. 云南师范大学学报（哲学社会科学版），2016c（5）.

[67] 刁晏斌. 关于进一步深化两岸四地语言对比研究的思考 [J]. 北京师范大学学报（社会科学版），2016d（2）.

[68] 刁晏斌. 海峡两岸趋向动词的用法差异及相关问题 [J]. 辽宁师范大学学报（社会科学版），2016e（2）.

[69] 刁晏斌. 海峡两岸民族共同语对比研究 [M]. 北京：中国社会科学出版社，2017a.

[70] 刁晏斌. 海峡两岸语言融合的历时考察 [J]. 云南师范大学学报（哲学社会科学版），2017b（1）.

[71] 刁晏斌. 论全球华语史及其研究 [J]. 全球华语，2017c（2）.

[72] 刁晏斌. 全球华语的理论建构与实证研究 [M]. 北京：华语教学出版社，2018.

[73] 刁晏斌. 百年书面汉语与中国语文现代化运动：历史、现实与反思——为纪念现代汉语一百周年而作 [J]. 北华大学学报（社会科学版），2019a（1）.

[74] 刁晏斌. 论普通话研究的国语/华语视角 [J]. 华文教学与研究，2019b（2）.

[75] 刁晏斌. 试论当代汉语"以定代中"现象 [J]. 武汉科技大学学报（社会科学版），2020（1）.

[76] 刁晏斌，邹贞. 基于计算的海峡两岸女性译名性别义溢出情况对比研究 [J]. 云南师范大学学报（哲学社会科学版），2014（2）.

[77] 范继淹. 论介词短语"在＋处所" [J]. 语言研究，1982（1）.

[78] 方清明. 基于口语库统计的两岸华语语气标记比较研究 [J]. 华文教学与研究，2013（3）.

[79] 方清明. 基于口语库统计的两岸华语指示标记比较研究 [J]. 语言科学，2014（2）.

[80] 方清明. 基于口语库统计的两岸华语程度副词比较研究 [J]. 世界华文教学, 2015（第一辑）.

[81] 高名凯. 汉语语法论 [M]. 北京：商务印书馆, 2011.

[82] 高永奇. "除"字句动态浅析 [J]. 濮阳教育学院学报, 1994（2）.

[83] 龚鹏程. 书院何为 [M]. 济南：山东画报出版社, 2016.

[84] 郭伏良. 新中国成立以来汉语词汇发展变化研究 [M]. 保定：河北大学出版社, 2001.

[85] 郭光明. 2000年后台湾地区语言规划研究 [M]. 北京：九州出版社, 2021.

[86] 郭熙. 试论海峡两岸汉语差异的起源 [C]//陈恩泉. 双语双方言与现代中国. 北京：北京语言大学出版社, 1999.

[87] 郭熙. 话说"华语"——答旧金山华文电视台"八方论坛"主持人史东问 [J]. 北华大学学报（社会科学版）, 2010（1）.

[88] 郭熙. 中国社会语言学 [M]. 3版. 北京：商务印书馆, 2013.

[89] 郭熙. 马来西亚华语概说 [J]. 全球华语, 2017（1）.

[90] 郭熙. 语言生活书写时代编年史——新中国70年语言生活回眸 [N]. 光明日报, 2019-08-10（12）.

[91] 郭熙, 王文豪. 论华语研究与华文教育的衔接 [J]. 语言文字应用, 2018（2）.

[92] 郭先珍. 现代汉语量词用法词典 [Z]. 北京：语文出版社, 2002.

[93] 韩存新, 樊斌. 英汉语义韵探索：理论、方法与实践 [M]. 厦门：厦门大学出版社, 2015.

[94] 韩敬体. 海峡两岸词语的歧异和减少歧异的设想 [C]//周荐, 董琨. 海峡两岸语言与语言生活研究. 香港：商务印书馆, 2008.

[95] 郝锐. 中期现代汉语语法研究（1949—1978）[D]. 北京：北京师范大学, 2017.

[96] 何杰. 现代汉语量词研究：增编版 [M]. 北京：北京语言大学出版社, 2008.

[97] 何九盈. 汉语三论 [M]. 北京：语文出版社, 2007.

[98] 贺阳. 从现代汉语介词中的欧化现象看间接语言接触 [J]. 语言文字

应用，2004（4）.

[99] 侯昌硕. 从台湾当代小说看海峡两岸汉语的语法差异——兼析两岸语言融合的态势［J］. 延安大学学报（社会科学版），2003（4）.

[100] 侯润婕. 海峡两岸形状量词及其使用情况对比研究［D］. 北京：北京师范大学，2017.

[101] 侯学超. 现代汉语虚词词典［Z］. 北京：北京大学出版社，1998.

[102] 黄伯荣，廖序东. 现代汉语［M］. 兰州：甘肃人民出版社，1981.

[103] 黄国营. 海外汉语与普通话［J］. 汉语学习，1984（4）.

[104] 黄国营. 台湾当代小说的词汇语法特点［J］. 中国语文，1988（3）.

[105] 黄理秋，施春宏. 汉语中介语介词性框式结构的偏误分析［J］. 华文教学与研究，2010（3）.

[106] 黄裕峰. 两岸新闻用语比较研究［D］. 上海：复旦大学，2011.

[107] 蒋绍愚，曹广顺. 近代汉语语法史研究综述［M］. 北京：商务印书馆，2005.

[108] 金立鑫."把 OV 在 L"的语义、句法、语用分析［J］. 中国语文，1993（5）.

[109] 靳玮. 普通话与台湾华语若干副词比较研究——以口语现象为基点［D］. 北京：北京语言大学，2013.

[110] 康健. 汉语语序教学——遵循功能原则和概念原则［M］. 北京：北京语言大学出版社，2015.

[111] 黎锦熙. 国语运动史纲［M］. 北京：商务印书馆，2011.

[112] 李计伟. 基于对比与定量统计的马来西亚华语动词研究［J］. 汉语学报，2014（4）.

[113] 李计伟. 大华语视域中"帮忙"用法的共时差异与历时变化［J］. 汉语学报，2018（4）.

[114] 李珂. 从"AVP 给 R"格式看动词语义特征对"给"字语法化的影响［J］. 汉语学习，2004（3）.

[115] 李蓝. 现代汉语方言差比句的语序类型［J］. 方言，2003（3）.

[116] 李青梅. 海峡两岸字音比较［J］. 语言文字应用，1992（3）.

[117] 李荣，周长楫. 厦门方言词典［Z］. 南京：江苏教育出版社，1993.

[118] 李晓云. "形容词+过"句式刍议［J］. 青海民族学院学报，2005（1）.

[119] 李行健. 两岸差异词词典［Z］. 北京：商务印书馆，2014.

[120] 李行健. 差异词是两岸词语研究的重点和难点——《两岸差异词词典》编后感言［J］. 全球华语，2015（2）.

[121] 李行健. 深化两岸语言对比研究，促进民族共同语的融合统一［J］. 语言文字应用，2017（4）.

[122] 李行健，仇志群. 汉语文词典编纂的新课题——两岸合编语文词典的一些感受［J］. 辞书研究，2012（6）.

[123] 李行健，仇志群. 一语两话：现代汉语通用语的共时状态［J］. 云南师范大学学报（哲学社会科学版），2014（2）.

[124] 李行健，仇志群. 双言现象与语言差异的层次性［J］. 读书，2018（10）.

[125] 李亚娜. 现代汉语"动宾宾"结构在海峡两岸的变异情况探究［D］. 广州：暨南大学，2014.

[126] 李子瑄，曹逢甫. 汉语语言学［M］. 台北：正中书局股份有限公司，2009.

[127] 梁永红. 立足当代，风光无限——评刁晏斌教授的当代汉语研究［J］. 辽宁师范大学学报（社会科学版），2016（6）.

[128] 廖礼平. 台湾小说单音形容词的重叠形式——海峡两岸词的重叠形式的对比研究［J］. 徐州师范大学学报，1999（3）.

[129] 廖礼平. 台湾小说中词的ABB式结构［J］. 徐州师范大学学报，2000（4）.

[130] 廖礼平. 台湾小说中词的AABB式结构［J］. 盐城师范学院学报（人文社会科学版），2002（2）.

[131] 林文金. 台湾汉语变异漫谈［J］. 当代修辞学，1992（3）.

[132] 林有苗. 关于"现代汉语"和"当代汉语"分期问题之思考［J］. 湖州师范学院学报，2008（3）.

[133] 刘丹青. 当代汉语词典的词与非词问题［J］. 辞书研究，1987（5）.

[134] 刘丹青. 汉语给予类双及物结构的类型学考察［J］. 中国语文，2001（5）.

[135] 刘丹青. 汉语中的框式介词［J］. 当代语言学，2002（4）.

[136] 刘丹青. 差比句的调查框架与研究思路 [C] //戴庆厦，顾阳. 现代语言学理论与中国少数民族语言研究. 北京：民族出版社，2003.

[137] 刘斯奋，谭运长. 雅俗之辩与现代汉语书面语的发展 [J]. 粤海风，2015（1）.

[138] 刘元满."太+形/动"与"了"[J]. 语言教学与研究，1999（1）.

[139] 刘月华，潘文娱，故韡. 实用现代汉语语法：增订本 [M]. 北京：商务印书馆，2001.

[140] 卢福波. 关于"太"字结构的教学与研究——谈对外汉语语法教学的三个平面的结合问题 [J]. 世界汉语教学，2000（2）.

[141] 卢小群，王泉月. 北京话的"给"字句研究 [J]. 贺州学院学报，2014（2）.

[142] 陆俭明. 新加坡华语句法特点及其规范问题（上）[J]. 海外华文教育，2001（4）.

[143] 陆俭明. 对"NP+的+VP"结构的重新认识 [J]. 中国语文，2003（5）.

[144] 陆俭明."大华语"概念适应汉语走向世界的需要 [J]. 全球华语，2015（1）.

[145] 陆俭明. 对汉语教学要有这样的认识 [J]. 语言战略研究，2016（2）.

[146] 吕叔湘. 通过对比研究语法 [J]. 语言教学与研究，1977（2）.

[147] 吕叔湘. 汉语语法分析问题 [M]. 北京：商务印书馆，1979.

[148] 吕叔湘主编. 现代汉语八百词 [M]. 北京：商务印书馆，1980/1999.

[149] 吕叔湘，朱德熙. 语法修辞讲话 [M]. 北京：商务印书馆，1951/2013.

[150] 马重奇，林玉山. 海峡两岸语言及辞书研究 [M]. 福州：福建人民出版社，2013.

[151] 马毛朋. 港式中文连词调查报告 [J]. 汉语学报，2012（4）.

[152] 马孝义."当代汉语"及其特点 [J]. 河南师范大学学报（哲学社会科学版），1994（3）.

[153] 马喆."（在）X下/之下"结构的多功能考察 [J]. 语言学论丛，

2013（1）.

　　[154] 马真. 现代汉语虚词研究方法论：修订本［M］. 北京：商务印书馆，2016.

　　[155] 毛忠美. 台湾书面语中的闽南方言特点初探——以台湾报刊语言为例［D］. 上海：华东师范大学，2007.

　　[156] 殷志平. "除了…以外"的语义辨析——与郑懿德、陈亚川两位先生商榷［J］. 汉语学习，1999（2）.

　　[157] 潘先军. 现代汉语羡余现象研究［M］. 北京：北京语言大学出版社，2012.

　　[158] 彭小川，赵敏. 连词"并"用法考察［J］. 暨南学报（人文科学与社会科学版），2004（1）.

　　[159] 钱宗武，邢芙蓉. 当代汉语概略语刍论［J］. 扬州大学学报（人文社会科学版），2007（5）.

　　[160] 邱质朴. 大陆和台湾词语差别词典［Z］. 南京：南京大学出版社，1990.

　　[161] 仇志群，范登堡. 台湾语言现状的初步研究［J］. 中国语文，1994（4）.

　　[162] 仇志群. 台湾五十年来语文规范化述略［J］. 语文建设，1996（9）.

　　[163] 屈哨兵. "在 NV 下"式的受动特性与成立动因［J］. 汉语学报，2006（1）.

　　[164] 权正容. "在 X 下"格式的结构特点与语义分析［J］. 汉语学习，1995（5）.

　　[165] 邵敬敏.《汉语语法的动态研究》序言［M］//杨海明，周静. 汉语语法的动态研究. 北京：北京大学出版社，2006.

　　[166] 邵敬敏. 说"V 一把"中 V 的泛化与"一把"的词汇化［J］. 中国语文，2007a（1）.

　　[167] 邵敬敏. 论"太"修饰形容词的动态变化现象［J］. 汉语学习，2007b（1）.

　　[168] 邵敬敏. 港式中文与语言接触理论［J］. 佛山科学技术学院学报（社会科学版），2008（6）.

　　[169] 邵敬敏. 新时期汉语语法研究的特点和趋势［J］. 汉语学习，2011（1）.

[170] 邵敬敏. 两岸汉语轻声词异同比较研究 [J]. 语言文字应用, 2016 (1).

[171] 邵敬敏, 马喆. 网络时代汉语嬗变的动态观 [J]. 语言文字应用, 2008 (3).

[172] 沈家煊. 实词虚化的机制——《演化而来的语法》评介 [J]. 当代语言学, 1998 (3).

[173] 沈开木. "除"字句的探索 [J]. 汉语学习, 1998 (2).

[174] 施其生. 闽南方言的比较句 [J] 方言, 2012 (1).

[175] 石定栩, 王灿龙, 朱志瑜. 香港书面汉语句法变异: 粤语的移用、文言的保留及其他 [J]. 语言文字应用, 2002 (3).

[176] 石定栩, 邵敬敏, 朱志瑜. 港式中文与标准中文的比较 [M]. 香港: 香港教育图书公司, 2006.

[177] 苏金智. 台港和大陆词语差异的原因、模式及其对策 [J]. 语言文字应用, 1994 (4).

[178] 苏金智. 语言接触与两岸四地的语言差异 [C] //李雄溪, 等. 海峡两岸现代汉语研究. 香港: 文化教育出版社有限公司, 2009.

[179] 孙德金. 现代书面汉语中的文言语法成分研究 [M]. 北京: 商务印书馆, 2012.

[180] 孙叶林. "搞"的句法、语义和语用 [J]. 南华大学学报, 2004 (1).

[181] 太田辰夫. 中国语历史文法: 修订译本 [M]. 蒋绍愚, 徐昌华, 译. 北京: 北京大学出版社, 2003.

[182] 汤志祥. 当代汉语词语的共时状况及其嬗变——90年代中国大陆、香港、台湾汉语词语现状研究 [M]. 上海: 复旦大学出版社, 2001.

[183] 汤志祥. 中国大陆主体华语吸收海外华语词语的层级、类别及其比例的考察 [C] //李雄溪, 等. 海峡两岸现代汉语研究. 香港: 文化教育出版社有限公司, 2009.

[184] 陶红印. 全球华语语法（美国卷）[M]. 北京: 商务印书馆, 2022.

[185] 田小琳, 马毛朋. 港式中文语序问题略论 [J]. 汉语学报, 2013 (1).

[186] 田原. 评定副词"就"的歧义现象 [M]. 北京: 北京大学出版社, 2006.

[187] 王冬梅. "N的V"结构中V的性质 [J]. 语言教学与研究, 2002 (4).

[188] 王鸿滨. "除"字句溯源 [J]. 语言研究，2003 (1).

[189] 王还. 说"在" [J]. 中国语文，1957 (1).

[190] 王建民. 关于建立两岸关系和平发展架构问题的几点讨论 [J]. 亚非纵横，2009 (1).

[191] 王均. 当代中国的文字改革 [M]. 北京：当代中国出版社，1995.

[192] 王理嘉. 从官话到国语和普通话——现代汉民族共同语的形成及发展 [J]. 语文建设，1999 (6).

[193] 王理嘉. 国语运动与汉语规范化运动 [J]. 云南师范大学学报（哲学社会科学版），2011 (6).

[194] 王力. 中国现代语法 [M]. 北京：商务印书馆，1943/2011.

[195] 王希杰. 修辞学新论 [M]. 北京：北京语言学院出版社，1993.

[196] 王晓梅，张欣怡. 华语区与普通话区的共时融合——兼谈全球华语社区跨区互动的方法论 [J]. 华文教学与研究，2019 (2).

[197] 王幼华. 海峡两岸汉语儿化词异同比较研究 [J]. 语言文字应用，2016 (1).

[198] 魏晖. "语言癌"现象及其应对 [C] //李宇明. 两岸语言文字调查与语文生活. 北京：商务印书馆，2017.

[199] 魏兆惠，华学诚. 量词"通"的历史发展 [J]. 汉语学报，2008 (1).

[200] 魏志成. 翻译语言·当代汉语·翻译标准 [J]. 鹭江大学学报，1994 (2).

[201] 吴继峰. 现代汉语新兴极性程度补语试析 [J]. 海外华文教育，2014 (1).

[202] 吴继峰. 面向对英汉语教学的介词性框式结构"在X上/下"研究 [D]. 北京：北京师范大学，2014.

[203] 吴亮. 传统国语的分化与百年汉语的发展 [J]. 云南师范大学学报（哲学社会科学版），2019 (1).

[204] 肖奚强. "除了"句式句法语义分析 [J]. 汉语学习，2004 (2).

[205] 邢福义. 南味"好"字句 [J]. 华中师范大学学报（哲学社会科学版），1995a (1).

[206] 邢福义. 小句中枢说 [J]. 中国语文，1995b (6).

[207] 邢福义."更"字复句[J].中国语言学报，1995c（5）.

[208] 邢福义."很淑女"之类说法语言文化背景的思考[J].语言研究，1997（2）.

[209] 邢福义.汉语语法研究的展望[C]//马庆株.语法研究入门.北京：商务印书馆，1999.

[210] 邢福义.汉语复句研究[M].北京：商务印书馆，2001.

[211] 邢福义.学术研究不妨多点"小题大做"[N].光明日报，2015-04-02（16）.

[212] 邢福义.汉语语法学：修订本[M].北京：商务印书馆，2016.

[213] 邢福义，汪国胜.全球华语语法研究的基本构想[J].云南师范大学学报（哲学社会科学版），2012（6）.

[214] 邢梅.台湾汉语语法现象研究[D].上海：复旦大学，2003.

[215] 熊南京.台湾语言政策和语言状况研究（1945—2006）[M].北京：民族出版社，2013.

[216] 徐大明，陶红印，谢天蔚.当代社会语言学[M].北京：中国社会科学出版社，1997.

[217] 徐大明，王晓梅.全球华语社区说略[J].吉林大学社会科学学报，2009（2）.

[218] 徐复岭.近现代汉语论稿[M].北京：线装书局，2019a.

[219] 徐复岭.试析两岸汉语"男生/女生"指称对象差异的成因[J].汉字文化，2019b（1）.

[220] 徐流.从汉语词汇史角度论"为"与"搞"[J].辞书研究，1996（5）.

[221] 徐时仪."搞"的释义探析[J].上海师范大学学报（哲学社会科学版），2003（4）.

[222] 徐燕青.状位"在……下"格式中动词的使用考察——兼论动词使用的规范问题[J].莆田学院学报，2012（4）.

[223] 许长安.台湾语文政策概述[M].北京：商务印书馆，2011.

[224] 许嘉璐.携手建设，为两岸为世界做贡献[N].人民日报，2012-02-09（12）.

[225] 许蕾.海峡两岸日常生活词语差异及其原因研究[M].北京：中国

国际广播出版社，2014.

[226] 荀恩东，饶高琦，谢佳莉，黄志娥. 现代汉语词汇历时检索系统的建设与应用 [J]. 中文信息学报，2015 (3).

[227] 荀恩东，饶高琦，肖晓悦，臧娇娇. 大数据背景下 BCC 语料库的研制 [J]. 语料库语言学，2016 (1).

[228] 杨必胜. 台湾新闻的文言色彩与简缩词——两岸新闻用语对比研究之二 [J]. 语文建设，1998 (8).

[229] 杨海明，鲁小龙. 谈台湾口语词"这样子"——兼论两岸语言差异下的互动 [J]. 汉语学报，2016 (1).

[230] 杨丽君. 动词"搞"在现代汉语中的语用考察 [J]. 语言文字应用，2002 (2).

[231] 杨荣祥. 近代汉语副词研究 [M]. 北京：商务印书馆，2005.

[232] 姚德怀. 各华语地区语言现象的异同值得研究 [J]. 语文建设通讯，2007（总 87）.

[233] 姚双云. "搞"的语义韵及其功能定位 [J]. 语言教学与研究，2011 (2).

[234] 姚双云，黄翊. 澳门与内地新闻语篇词汇差异的计量研究 [J]. 语言文字应用，2014 (2).

[235] 姚双云，雷曦，朱芸，高娟. 澳门中文与"的"相关的若干语法变异 [J]. 云南师范大学学报（哲学社会科学版），2015 (1).

[236] 叶蜚声，徐通锵，等. 语言学纲要：修订本 [M]. 北京：北京大学出版社，2009.

[237] 尹世超. 标题语法 [M]. 北京：商务印书馆，2001.

[238] 游汝杰. 台湾与大陆华语文书面语的差异 [J]. 语文建设，1992 (11).

[239] 詹人凤. 试论现代汉语中的"于" [J]. 北方论丛，1979 (6).

[240] 张斌. 现代汉语描写语法 [M]. 北京：商务印书馆，2010.

[241] 张赪. 论决定"在 L＋VP"或"VP＋在 L"的因素 [J]. 语言教学与研究，1997 (2).

[242] 张赪. 现代汉语介词词组"在 L"与动词宾语的词序规律的形成 [J]. 中国语文，2001 (2).

[243] 张和友. 差比句否定形式的语义特征及其语用解释 [J]. 汉语学习, 2002 (5).

[244] 张恒君. 当代汉语中的"形+过+宾"比较式 [J]. 湖南科技学院学报, 2009 (9).

[245] 张辉. 论主观极量义构式"X得不行"[J]. 汉语学习, 2017 (3).

[246] 张明辉. 台湾"给"字句研究——兼谈与大陆"给"字句的差异 [C] //吕同舟, 刁晏斌. 两岸四地现代汉语对比研究新收获 (2). 北京: 语文出版社, 2013.

[247] 张宁. 港台与大陆书面语语法差异 [J]. 山东大学学报 (哲学社会科学版), 1994 (4).

[248] 张普. 动态语言知识更新研究 [M]. 北京: 商务印书馆, 2009.

[249] 张琪昀."太"、"很"考辨 [J]. 汉语学习, 2002 (4).

[250] 张邱林. 偏标"比"字句 [J]. 汉语学报, 2014 (4).

[251] 张世平, 李行健. 语言规划与两岸和平统一——兼论"一语两话"和"一文两体"观下的词典编纂 [J]. 语言文字应用, 2014 (1).

[252] 张兴权. 接触语言学 [M]. 北京: 商务印书馆, 2012.

[253] 张谊生. 名词的语义基础及功能转化与副词修饰名词 [J]. 语言教学与研究, 1996a (4).

[254] 张谊生. 副词的篇章连接功能 [J]. 语言研究, 1996b (1).

[255] 张谊生. 现代汉语副词探索 [M]. 上海: 学林出版社, 2004.

[256] 张谊生."太"的语义内涵和语用规约——兼论副词的语法义和语用义的区别与联系 [J]. 中国语言学报, 2006 (1).

[257] 张谊生. 试论当代汉语新兴的补语标记"到"[J]. 当代语言学, 2014a (1).

[258] 张谊生. 现代汉语副词研究: 修订本 [M]. 北京: 商务印书馆, 2014b.

[259] 张谊生, 赵彧. 当代汉语"尬"的扩展路径与动因以及"尬X"的表达效果——兼论汉语音节语素化、语素单词化的性质 [J]. 当代修辞学, 2019 (2).

[260] 张振兴. 台湾闽南方言记略 [M]. 福州: 福建人民出版社, 1983.

[261] 赵春利,石定栩. 港式中文差比句的类型与特点 [J]. 云南师范大学学报(哲学社会科学版), 2012 (6).

[262] 赵春利,石定栩. 两岸四地汉语"有信心"句式的异同 [J]. 汉语学报, 2014 (2).

[263] 赵春利,石定栩. 港澳中文与标准中文"经"字句比较研究 [J]. 云南师范大学学报(哲学社会科学版), 2015 (1).

[264] 赵金铭. 论汉语的"比较"范畴 [J]. 中国语言学报, 2001 (10).

[265] 赵金铭. 从类型学视野看汉语差比句偏误 [J]. 世界汉语教学, 2006 (4).

[266] 赵世举. 华语的历时流变和共时格局及整体华语观 [J]. 文化软实力研究, 2017 (6).

[267] 郑怀德,孟庆海. 汉语形容词用法词典 [Z]. 北京:商务印书馆, 2003.

[268] 郑懿德,陈亚川. "除了……以外"用法研究 [J]. 中国语文, 1994 (1).

[269] 中国社会科学院语言研究所词典编辑室. 现代汉语词典:第7版 [Z]. 北京:商务印书馆, 2016.

[270] 周殿生. 谈两岸非通用词语 [J]. 新疆大学学报(哲学社会科学版), 2006 (5).

[271] 周国光. 程度副词和程度陈述句的内部区别 [C] //邵敬敏. 语法研究与语法应用. 北京:北京语言学院出版社, 1994.

[272] 周静. 现代汉语递进范畴研究 [M]. 北京:中国传媒大学出版社, 2007.

[273] 周娟. 现代汉语动量词与动词组合研究 [M]. 广州:暨南大学出版社, 2012.

[274] 周明朗. 全球华语大同? [J]. 语言战略研究, 2017 (1).

[275] 周清海. 论全球化环境下华语的规范问题 [J]. 语言教学与研究, 2007 (4).

[276] 周清海. 华语研究与华语教学 [J]. 暨南大学华文学院学报, 2008 (3).

[277] 周清海. "大华语"的研究和发展趋势 [J]. 汉语学报, 2016 (1).

[278] 周绍珩. 马丁内的语言功能观和语言经济原则 [J]. 国外语言学,

1980（4）.

[279] 周永军. 试析言语社区的类型——基于言语社区理论"认同"要素再认识［J］. 宁夏大学学报（人文社会科学版），2015（5）.

[280] 周有光. 漫谈台湾的语文改革［J］. 群言，2010（2）.

[281] 周质平. 台湾语文发展的歧路 是"母语化"，还是"孤岛化"？［J］. 读书，2004（2）.

[282] 朱诚. 同义连用浅论［J］. 古汉语研究，1990（4）.

[283] 朱德熙. 与动词"给"相关的句法问题［J］. 方言，1979（2）.

[284] 朱德熙. 语法讲义［M］. 北京：商务印书馆，1982.

[285] 朱德熙. 现代汉语语法研究的对象是什么？［J］. 中国语文，1987（5）.

[286] 朱磊. 现代汉语程度副词的新形式和新功能研究［D］. 上海：上海师范大学，2018.

[287] 朱一凡. 翻译与现代汉语的变迁（1905—1936）［M］. 北京：外语教学与研究出版社，2011.

[288] 竺家宁. 台北话音档［M］. 上海：上海教育出版社，1999.

[289] 竺家宁. 论两岸语音差异的形成背景［J］. 江苏师范大学学报（哲学社会科学版），2019（2）.

[290] 邹嘉彦，莫宇航. 陆港台书面语近年演变比较——以语料库为依据［C］//冯胜利. 汉语书面语的历史与现状. 北京：北京大学出版社，2013.

[291] 邹贞. 论两岸通用词语的隐性差异——以"起跑"为例［J］. 武陵学刊，2014a（6）.

[292] 邹贞. 台湾社区词在大陆使用情况之考察［J］. 廊坊师范学院学报（社会科学版），2014b（5）.

[293] 邹贞. 海峡两岸词汇的差异与融合研究［D］. 北京：北京师范大学，2015.

[294] 邹贞. 海峡两岸词语融合研究的重要概念——融合度［C］//刁晏斌，曹儒. 海峡两岸暨香港、澳门现代汉语对比研究新收获（4）. 北京：北京师范大学出版社，2016a.

[295] 邹贞. 海峡两岸同素异序词历时考察——以"熊猫"和"猫熊"为例［J］. 全球华语，2016b（2）.

[296] CORNELIUS C. KUBLER（顾百里）. *The Development of Mandarin in Taiwan：A Case Study of Language Contact* [M]. Taipei：Student Book Co., Ltd, 1985a.

[297] CORNELIUS C. KUBLER（顾百里）. *A Study of Europeanized Grammar in Modern Written Chinese* [M]. Taipei：Student Book Co., Ltd, 1985b.

[298] JOAN BYBEE（琼·拜比）. *Language, Usage and Cognition* [M]. Cambridge：Cambridge University Press, 2010.

[299] KAWAI CHUI and HUEI-LING LAI（徐嘉慧，赖惠玲）. *The NCCU Corpus of Spoken Chinese：Mandarin, Hakka, and Southern Min* [J]. Taiwan Journal of Linguistics, 2008, 6 (2)：119-144.

[300] YUAN REN CHAO（赵元任）. *A Grammar of Spoken Chinese* [M]. Beijing：The Commercial Press, 2011.